国家级职业教育规划教材

全国中等职业技术学校饭店服务专业教材

GUOJIAJI ZHIYEJIAOYU GUIHUA JIAOCAI

彭淑清 主编 （第四版）

中国旅游地理

人力资源社会保障部教材办公室 组织编写

中国劳动社会保障出版社

简介

本教材介绍了旅游地理的基础知识，并对地文景观，水域风光，生物景观，气象、天象、气候景观、历史古迹与现代建筑，宗教文化，民俗风情旅游资源，文学艺术旅游资源等旅游地理资源进行了阐述。本教材实用性强、表现形式丰富，适于中等职业技术学校教学使用。

本教材由彭淑清主编，卢丽蓉副主编，刘婷、陈立峰参加编写，贺湘辉主审。

图书在版编目（CIP）数据

中国旅游地理 / 彭淑清主编. —4版. —北京：中国劳动社会保障出版社，2016
全国中等职业技术学校饭店服务专业教材
ISBN 978-7-5167-2555-9

Ⅰ. ①中…　Ⅱ. ①彭…　Ⅲ. ①旅游地理学－中国－中等专业学校－教材
Ⅳ. ①F592.99

中国版本图书馆CIP数据核字（2016）第140299号

中国劳动社会保障出版社出版发行
（北京市惠新东街1号　邮政编码：100029）

*

三河市华骏印务包装有限公司印刷装订　新华书店经销

787毫米×1092毫米　16开本　16.75印张　286千字
2016年6月第4版　2017年1月第3次印刷
定价：32.00元

读者服务部电话：（010）64929211/64921644/84626437
营销部电话：（010）64961894
出版社网址：http://www.class.com.cn

Preface 前言

全国中等职业技术学校饭店服务专业教材自出版至今已有二十年，在此期间，我们密切关注行业的发展以及职业学校教学需求的变化，先后对教材进行了两次修订和增补开发，使得教材内容不断更新，体系逐步完善。

在新一轮的教材修订工作中，我们收集饭店企业对于技能型人才的具体要求以及学校使用教材的反馈意见，组织骨干教师与行业、企业的专家进行充分研讨，确定重点做好以下几方面工作：

◆更新教材内容　根据饭店企业的发展变化，补充有关饭店管理的最新理念，以及在线预订、智能系统等互联网时代出现的新方法、新技术，更新与饭店及旅游相关的人文信息，使教材内容更加具有前瞻性。进一步加大技能训练的比重，在前厅服务、客房服务、餐厅服务、康乐服务等主要技能课教材中，更多地加入实践案例和操作指导，有助于学校开展一体化教学。同时，将职业道德、服务意识、礼仪规范等有机融入到教学内容、课堂问答、课后训练等各环节中，以加强对学生职业素质的培养。

◆提升教材表现力　通过设置“案例分析”“知识链接”“服务提示”等不同栏目，增加教材的亲和力，激发学生的学习兴趣。同时，尽可能多地以图表代替冗长的文字叙述，使教材更加生动直观，易于学习。

◆加强立体化资源建设　将习题册修订与教材修订同步进行，同时补充开发配套的电子课件。习题册答案及电子课件可登陆 www.class.com.cn，搜索相应的书目，在相关资源中下载。

本套教材的编写得到了有关省市人力资源和社会保障部门以及一批中等职业技术学校的大力支持，教材的编审人员做了大量的工作，在此，我们表示衷心的感谢！同时，恳切希望广大读者对教材提出宝贵的意见和建议。

人力资源社会保障部教材办公室

Contents 目 录

第一章 概述

旅游是现代人生活不可缺少的一部分，是人们休闲度假的主要方式之一。旅游已成为促进经济发展和社会进步的新产业，但也必然会对自然环境产生全方位的冲击和影响。随着社会经济的发展，人类的旅游活动也一步一步地走向成熟，旅游与地理的结合已成必然。因此，学习并了解旅游地理知识，是服务行业从业者做好工作的必备条件。

学习目标

- ☆ 了解旅游地理学的概念、研究对象及内容。
- ☆ 明确旅游资源的概念及范畴。
- ☆ 掌握旅游资源的分类及特点。
- ☆ 掌握世界遗产的类型及中国的世界遗产概况。

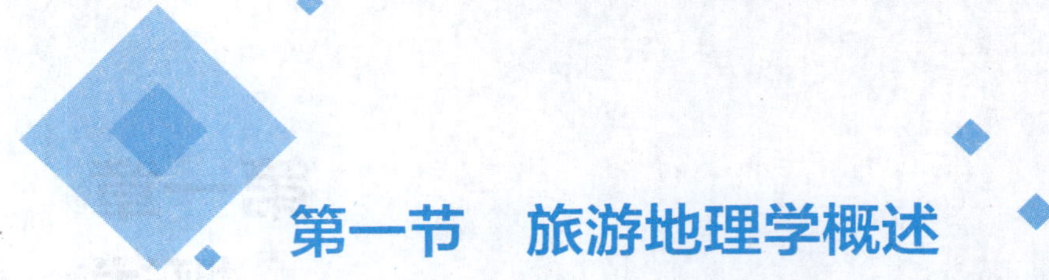

第一节　旅游地理学概述

一、旅游地理学的产生

旅游地理学是研究人类的旅游活动与地理环境、社会经济发展之间相互关系的一门学科。作为一门学科，旅游地理学的历史是非常短暂的，它是随着现代旅游业的迅速发展而兴起的一门新兴学科。20世纪30年代，美国学者麦克默里（K.McMurry）在《地理评论》上发表“娱乐活动与土地利用关系”一文，被认为是旅游地理学的开山之作，标志着现代旅游地理学的诞生。1976年在第23届国际地理大会上成立了旅游地理专业组，旅游地理学正式成为地理学的一门分支学科。

二、旅游地理学的发展

1．旅游地理学的研究发展趋势

第一，各国学者对自己研究领域的称谓虽略有差别，但总的趋势是将研究视野放到闲暇时间从事的所有活动。

第二，理论与实用研究并举。随着旅游地理学研究领域的拓展和研究方法的多样化，旅游地理学者在注重实用的同时兼顾理论的提升与完善。

第三，研究领域日趋多元化。旅游地理学的研究领域，从传统的旅游资源、旅游开发与规划、土地利用，转移到服务设施的空间经济分析、旅游者的空间行为与旅游目的地的推销、旅游目的地生命周期与环境容量，以及旅游对于区域自然、经济和社会文化影响的过程与机制等研究领域。

第四，跨学科、多视角的研究成为主流，并注重新技术手段的运用。

2．我国旅游地理学的研究发展趋势

我国现代旅游地理学的研究和发展只有几十年的历史，但在一些领域已取得了丰硕的成果，是我国旅游学科研究中的一支中坚力量，并成为地理学中一个非常活跃的阵地。我国的旅游地理学研究者先后发表了一批关于旅游地理学、中国旅游地理、旅游开发、旅游者行为研究等方面的论文，并出版了一些专著和普及性读物，许多院校也开设了相应专业与课程。这些研究在促进我国旅游业的发展中起到了非常重要的作用。目前我国旅游地理学研究发展趋势表现在以下几点：

第一，社区旅游、节事旅游、遗产名录旅游、城市旅游、旅游流等成为研究热点。旅游地理学的研究方向在原有的基础上发生显著变化。在旅游资源开发与区域规划、区域旅游竞争与合作、旅游动机与行为、旅游生态与环境、旅游影响等传统研究领域出现一批新的研究成果。与此同时，伴随国内社会经济发展，在一些新兴和热点领域，如社区旅游、节事旅游、遗产名录旅游等方面也取得了丰富的研究成果。

第二，跨学科交流促进研究方法趋于多元化。旅游地理学越来越注重数理方法和GIS技术的合理运用，强调结论的可靠性和方法的严谨性，研究结论具有理论深度，并更为直观。在学科间，旅游地理学借鉴社会学、人类学、管理学、经济学、生态学等学科的理论和方法，增强了对现实问题的解释力度。

第三，注重学术规范。中国的旅游地理学研究经历了几十年的积累，一些旅游地理学者逐渐开始认识和反思旅游地理学的学科发展与学术贡献、实用价值的关系，积极回顾和评价学科发展问题。经过近几年的努力，旅游地理学研究的学术规范问题已经得到普遍重视。

第四，国内外研究的差距不断缩小。国内外旅游地理学研究在方法和技术层面的差距不断缩小，而在价值、理念和视角层面的差异不断分异。在实用主义价值观下，中国的旅游地理学研究侧重于解决旅游发展中的实际问题。

三、旅游地理学的研究对象及内容

任何一门学科都有其特定研究对象和研究内容，旅游地理学的研究对象是整个人类的旅游活动与地理环境之间的关系。其研究内容如图1—1所示，主要包括以下几个方面：

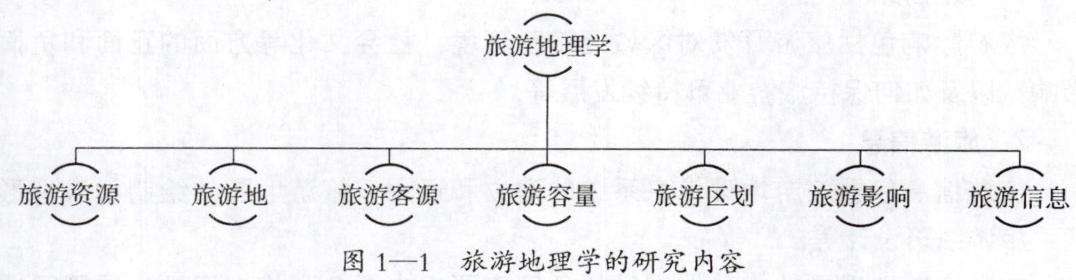

图1—1 旅游地理学的研究内容

1. 旅游资源

旅游资源是我国旅游地理学最早涉足和研究的重点，在西方一些国家称之为旅游吸引物。旅游资源是实现旅游活动的基本要素之一，是旅游活动的客体和旅游业发展的物质基础。旅游资源的研究包括旅游资源的定义、分类、观赏、调查、评价、开发与保护等。

2．旅游地

近几年，对旅游地系统的研究发展比较迅速，也取得了一些重要的成果。知名学者运用旅游地生命周期理论对旅游地演化规律进行了初步探讨，而对旅游地形象策划所进行的初步研究已经应用于实践工作中。

3．旅游客源

旅游客源即旅游者，是旅游活动的主体，也是旅游业发展的市场基础。旅游客源的研究包括旅游者的概念、旅游者的基本类型、旅游者产生的地理背景、旅游动机、旅游者行为规律、旅游需求预测等。

4．旅游容量

旅游容量又称旅游环境容量，是一个概念体系，包含着多种多样的旅游容量类型，而且不同容量的特征、影响因素、单位基本空间容量标准等差别较大，其中有很多又是建立在经验基础上，研究尚不成熟，目前存在许多争议问题。

5．旅游区划

旅游区划是从发展旅游的角度出发，根据旅游地域分工原则，按照旅游资源的地域分异性及社会、经济、文化等条件，在地域上划分出不同等级的旅游区，制定相应的发展规划，为因地制宜地发展旅游业提供保障，从而达到合理开发、利用和保护旅游资源的目的。

近年来，我国一些学者根据教学或科研工作的需要，先后提出了一些中国旅游区划方案。据不完全统计，有关中国的旅游区划方案目前约有十多种。这些区划方案主要从两方面加以考虑，一是旅游资源、旅游条件发展现状的相似性，二是行政区划体系的完整性。各种方案在进行旅游区命名时，基本上采用了区域名称和自然（或文化）因素复合命名法或单一区域方位命名法。

6．旅游影响

旅游影响包括旅游开发对区域经济、环境、社会文化等方面的正面和负面影响，以及如何保持旅游业可持续发展等。

7．旅游信息

旅游信息包括旅游地理信息系统的建立和运用、旅游地图的绘制和表现形式、旅游线路设计等。

中国旅游地理是从旅游地理学的角度来研究中国各类旅游资源，属于区域旅游地理学范畴。本书将侧重于中国旅游资源地理的学习，强调地域特色，增强对旅游资源的鉴赏能力和实际应用能力。

第二节 旅游资源概述

一、旅游资源的概念

自然界和人类社会凡能对旅游者产生吸引力，可以为旅游业开发利用，并可以产生经济效益、社会效益和环境效益的各种事物和因素，统称为旅游资源。

旅游资源的表现形式可以是有形的物质景观，如自然风光、历史古迹等，也可以是无形的精神现象，如神话传说、社会文明等。

自然界中的巍巍高山，冰峰塔林，奇峰幽谷，一泻千里的江河，秀丽宁静的湖泊，洁净无垠的沙滩，繁盛艳丽的树木花草，飞翔跳跃的鸟兽虫鱼，气象万千的朝晖夕阴，神奇变幻的佛光海市……无不对游人充满了强烈的诱惑，都可成为富有吸引力的旅游资源。

人类社会中，历史古迹、亭台楼阁、寺庙陵寝、诗词歌赋、神话传说，以及各民族多姿多彩的服饰、节庆、歌舞、风物特产等，同样具有极高的旅游价值，可以成为富有吸引力的旅游资源。

二、旅游资源的范畴

随着社会的发展、科学技术的进步、人们生活水平的提高、生活方式的转换、视野的开阔，那些传统的旅游方式已不能满足人们的旅游需求，旅游资源的内容越来越丰富、范畴越来越广阔。从旅游活动的地域来看，旅游者已可到达他们想去的任何地方，从世界最高峰到大洋海底，从繁华的都市到杳无人烟的沙漠和严寒的极地，甚至是浩渺的太空。从旅游活动的形式来看，现代旅游已不仅仅只是局限于山水观光，而是要进一步寻求亲身体验、感受刺激、康体疗养、增长知识，重在娱乐性、参与性、体验性，各种探险旅游、科考旅游、生态旅游、工业旅游、农业旅游、校园旅游等蓬勃兴起。旅游资源的范畴无所不及：除传统的自然风光、名胜古迹、风土人情之外，过去属于其他行业的事物或现象，如知名工厂、水库电站、著名店铺、科研基地、文教单位、战争遗迹、火山喷发和地震等自然灾害，甚至监狱等都可用来发展旅游业。可以说，在现代社会里已很难找出哪一类事物和现象绝对不能用作旅游资源了。

未来的旅游从业者应该认识到旅游资源范畴的变化，并且应具备发现新旅游资源的意识和创造新旅游资源的能力。

三、旅游资源的分类

如上所述，旅游资源的范畴极广，根据不同的需要，可从不同的角度对旅游资源进行分类。下面主要介绍三种分类方法。

1．根据旅游资源的属性及成因分类

这是最基本的旅游资源分类方法。根据旅游资源的属性及成因，可把旅游资源分为两个基本的类型，即自然旅游资源和人文旅游资源。

（1）自然旅游资源

自然旅游资源是指自然界天然赋存的，能对旅游者产生吸引力并为旅游业所利用的各项因素。其最基本的组成要素是山、水、气、光、动植物等。它们巧妙组合，构成千变万化的自然景象，如山光水色、奇石异洞、阳光海滩、流泉飞瀑、珍禽异兽、名花异卉、天象奇观等。

中国幅员辽阔，有无数的名山大川，自然环境复杂多样，拥有丰富的自然旅游资源。

（2）人文旅游资源

人文旅游资源是指古今人类所创造的，能对旅游者产生吸引力并为旅游业所利用的物质财富和精神财富的总和，包括历史古迹、建筑园林、宗教文化、民俗风情、文化艺术、购物美食等，集中反映了民族风采和地区特色。我国有5000年的悠久历史，在漫漫的历史长河中，我们的先辈留下了大量珍贵的文化古迹。因此，我国的人文旅游资源异常丰富，为我国旅游事业的发展提供了极为有利的资源条件。

一些著名的旅游胜地大多是自然旅游资源与人文旅游资源巧妙结合的典型，既有迷人的自然风光，又是文物荟萃的地方。

2．根据国家标准《旅游资源分类、调查与评价》分类

这是一种最常见的旅游资源分类方法，基本思路是：先将旅游资源分为几个大类，再划分出亚类、基本类型等几个层次。国家标准《旅游资源分类、调查与评价》（GB/T 18972—2003）由国家质量监督检验检疫总局于2003年2月发布，依据旅游资源的性状，将其分为“8主类”“31亚类”和“155基本类型”，共三个层次。具体分类见表1—1。

表 1—1 根据《旅游资源分类、调查与评价》对旅游资源进行分类

主类（8 类）	亚类（31 类）	基本类型（155 类）
地文景观	综合自然旅游地、沉积与构造、地质地貌过程形迹、自然变动遗迹、岛礁	37 类
水域风光	河段、天然湖泊与池沼、瀑布、泉、河口与海面、冰雪地	15 类
生物景观	树木、草原与草地、花卉地、野生动物栖息地	11 类
天象与气候景观	光现象、天气与气候现象	8 类
遗址遗迹	史前人类活动场所、社会经济文化活动遗址遗迹	12 类
建筑与设施	综合人文旅游地、单体活动场馆、景观建筑与附属型建筑、居住地与社区、归葬地、交通建筑、水工建筑	49 类
旅游商品	地方旅游商品	7 类
人文活动	人事记录、艺术、民间习俗、现代节庆	16 类

上述两种分类可用图 1—2 表示：

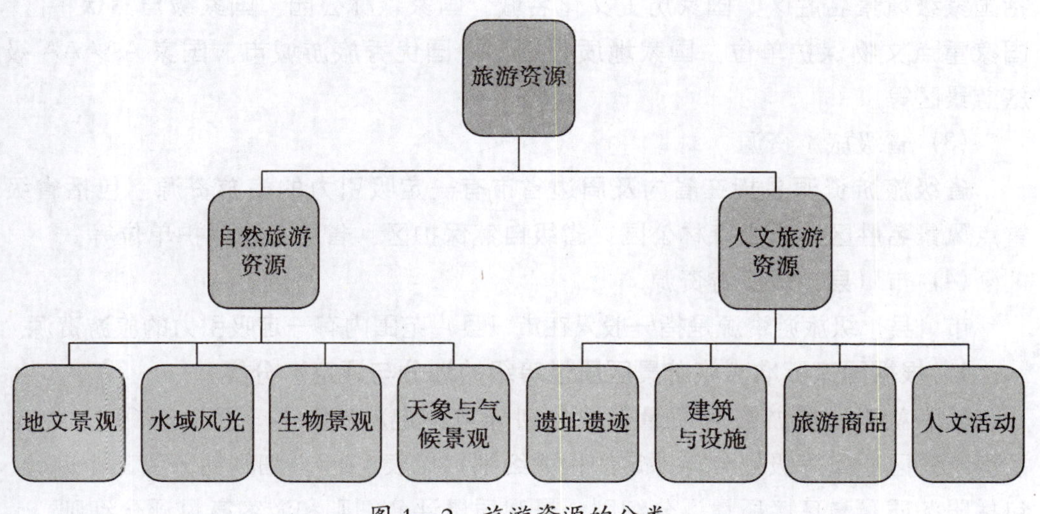

图 1—2 旅游资源的分类

3. 根据旅游资源的吸引程度进行分类

根据旅游资源的吸引程度进行分类，可将其划分为世界级旅游资源、国家级旅游资源、省级旅游资源、市（县）级旅游资源。我国的世界级和国家级旅游资源统计信息见表 1—2。

（1）世界级旅游资源

世界级旅游资源是指具有世界意义的旅游资源，如列入《世界遗产名录》《世界生物圈保护区网络》和《世界地质公园》的旅游资源。

表 1—2　　我国的世界级与国家级旅游资源

吸引程度	类型	统计时间	数量
世界级	列入《世界遗产名录》的旅游资源	2015 年 7 月	48 项
世界级	列入《世界生物圈保护区网络》的旅游资源	2015 年年底	33 项
世界级	列入《世界地质公园》的旅游资源	2015 年年底	33 项
国家级	国家级风景名胜区	2012 年年底	225 处
国家级	国家森林公园	2014 年年底	791 个
国家级	国家级自然保护区	2015 年年底	429 处
国家级	国家重点文物保护单位	2013 年年底	4295 项
国家级	国家历史文化名城	2015 年年底	127 座
国家级	中国优秀旅游城市	2010 年年底	339 座
国家级	国家地质公园	2014 年年底	240 个
国家级	国家 AAAAA 级旅游景区	2015 年 10 月	213 家

（2）国家级旅游资源

国家级旅游资源是指在全国范围内有较大吸引力和影响力的旅游资源，包括国家级风景名胜区、国家历史文化名城、国家森林公园、国家级自然保护区、国家重点文物保护单位、国家地质公园、中国优秀旅游城市、国家 AAAAA 级旅游景区等。

（3）省级旅游资源

省级旅游资源是指在省内及周边省市有一定吸引力的旅游资源，包括省级重点风景名胜区、省级森林公园、省级自然保护区、省级文物保护单位等。

（4）市（县）级旅游资源

市（县）级旅游资源是指一般只在市（县）范围内有一定吸引力的旅游资源。

4．根据国家标准《旅游景区质量等级的划分与评定》分类

国家标准《旅游景区质量等级的划分与评定》（GB/T 17775—2003）制定了旅游景区质量等级划分与评定的相关细则，见表 1—3。细则共分为三个部分，包括服务质量与环境质量评分细则、景观质量评分细则和游客意见评分细则。

表 1—3　　旅游景区质量等级的划分与评定

标准 等级	细则一 （1000 分）	细则二 （100 分）	细则三 （100 分）
AAAAA	950 分	90 分	90 分
AAAA	850 分	85 分	80 分
AAA	750 分	75 分	70 分
AA	600 分	60 分	60 分
A	500 分	50 分	50 分

知识链接

中国 AAAAA 级景区

中国旅游景区的质量等级共分为五级，从高到低依次为AAAAA、AAAA、AAA、AA、A。AAAAA是一套规范性、标准化的质量等级评定体系，是全国旅游景区（点）最高等级荣誉，代表了世界级旅游品质和中国旅游精品景区的标杆。AAAAA级旅游景区较AAAA级旅游景区更加注重人性化和细节化，更能反映出游客对旅游景区的普遍心理需求，突出以游客为中心，强调以人为本。申报的AAAAA景区要通过旅游交通、游览区域、旅游安全、接待能力等12项指标考核，评选难度系数甚至超过了申报世界遗产的难度。截至2014年6月，全国共有176家AAAAA级旅游景区。AAAAA级旅游景区标志如图1—3所示。

图1—3 AAAAA级旅游景区标志

四、旅游资源的特点

旅游资源涉及自然、经济、社会等多方面的因素，是一种特殊的资源，既具一般资源的共性，又有许多特性。

1．广域性和多样性

旅游资源具有空间分布的广域性和内容的多样性等特点。就空间而言，从城市到乡村，从高山到深谷，从赤道到极地，甚至是遥远的太空，旅游资源无处不在。那些旅游业发展落后的地区并不一定是缺乏旅游资源，而是缺乏对旅游资源的发现和开发能力；就内容而言，因为各种自然的、人文的因素都有成为旅游资源的可能，如前所述，昔日的监狱、废弃的矿井、荒芜的沙漠，甚至火山喷发、地震等都可以成为旅游资源，故旅游资源具有多样性的特点。

2．地域性和地带性

旅游资源的地域性是指旅游资源的总特征、景观基调、色彩等具有地域分布特色。地域性可以表现为地带性差异或非地带性差异。地带性差异以自然环境中的气候、植被、水体等因素最为明显，由此形成自然旅游资源的地带性特征。如常用“北雄、南秀、西旷、东密”形容中国风景特征；中国饮食方面有“北咸南淡、西辣东甜”的地方风味。非地带性差异以地质地貌和某些人文旅游资源表现最为突出，如典型的地貌造型、民族风情、文学艺术等。文物古迹多分布在人类文明发展较早、人类活动频繁的地区；现代城市及游乐项目多分布于现代经济较发达的地区；少数民族风情则多分布于边远地区。旅游资源的这种地域差异是使人们产生游览动机的原因之一，并且旅游资源的地域差异越明显，对游客的吸引力越强。

3. 组合性和综合性

在特定地域中，绝大部分旅游资源都不是单一存在的孤立个体，而是各资源要素相互联系、相互渗透、相互依存而共同形成的资源体。如杭州西湖风景区的湖光山色之中点缀着众多人文古迹，使杭州赢得“人间天堂”的美誉；桂林山水则是由漓江的水与两岸的山、奇峰相映衬而形成。总的说来，自然资源离不开人文资源的烘托点染，人文资源离不开自然资源的造型布局，共同构成完善的观赏对象。旅游资源的组合性和综合性越强，其吸引力就越大，开发利用的价值也就越大。

4. 季节性与节律性

旅游资源的季节性是指旅游资源的特征和吸引力随季节不同而变化，尤以气候、生物、水体等旅游资源的季节性变化最为明显。如哈尔滨的冰雪景观只有在冬季才可以看到；北京香山的红叶出现在每年的秋天；壮观的钱塘大潮出现在每年农历八月十六至八月十八日；云南大理“蝴蝶会”在每年农历四月底至五月初；杭州西湖“断桥残雪”只能在积雪半融时才能领略得到；昆明“曹溪印月”奇观（月光从窗外射入，犹如明珠，刚好照在大佛的额头上，慢慢往下移动，直到肚脐为止）每隔 60 年才能出现一次，即每逢甲子年的中秋之夜才最见奇妙。

节律性是指因重大的节庆和政治、文化、商业、体育活动而引起的旅游客流有规律的变化。如每四年一度的奥运会使主办地成为国际旅游的一个热点，就体现了旅游资源的节律性。还有如美国奥斯卡电影节、法国戛纳电影节、意大利威尼斯电影节、德国柏林电影节、上海电影节、维也纳国际音乐节、中国潍坊国际风筝节、意大利木偶节等，都使主办地成为旅游热点。一些旅游目的地正是由于旅游资源的季节性与节律性这一特点的影响而出现旺季和淡季之分，这就要求旅游地必须采取有效措施，缩短或控制旅游淡季，延长旅游旺季。

5. 时代性与变化性

时代性是指在不同历史时期所形成的不同特点和风格的旅游资源，特别是人文旅游资源会打上时代的烙印。如西安古城主要是汉唐长安城遗址，北京故宫则是明清建筑的代表。

变化性是指随着社会的发展、旅游需求的变化和人类开发旅游资源能力的提高，旅游资源范畴不断发生变化。原有旅游资源可能会随着人们旅游需求的变化而对游客失去吸引力，原本不是旅游资源的事物也会因受到游客的欢迎而被开发利用。旅游资源的这种特点使旅游地具有明显的生命周期变化。

6. 永续性与不可再生性

永续性是指旅游资源具有重复使用的特点。因为大多数旅游资源在利用过程中，其本身并不会被旅游者的旅游活动消耗掉，旅游者只是从种种旅游活动中（如游览观光、泛舟滑雪、登山健行、观鸟赏花等）获得自身所需的身心放松和美好感受，并不消耗旅游资源本身。因此，从理论上讲，旅游资源具有开发利用的永续性，可以长期甚至永远地重复使用下去。

但是，这种永续性并非是绝对的，它只有在对旅游资源进行适度开发利用并有效保护的前提下才能实现。无论是自然旅游资源还是人文旅游资源，都容易受到破坏。对旅游资源使用不当、旅游者的不文明行为、各种自然灾害、战争等都会使旅游资源遭到破坏。而旅游资源一旦遭到破坏，就很难恢复了，故具有不可再生性。如地质地貌资源是经上亿年的地质变迁而形成，一旦破坏不可恢复；原始森林中的大树至少需几百年才能重新长成，一旦破坏也难恢复；而文物古迹是古人所创造，一旦破坏后即使加以人工修复也难现昔日风采，其价值无法与真品相比。

因此，在任何时候，都要十分注意对旅游资源的保护。

知识链接

世界地球日

世界地球日即每年的4月22日，是一项起源于美国的世界性的环境保护活动。1970年4月22日，在美国民主党参议员盖洛德·尼尔森和哈佛大学学生丹尼斯·海斯的倡议和组织下，美国数十万群众参与了的“地球日”这个重要的活动，呼吁创造一个清洁、简单、和平的生活环境。作为现代环保运动的开端，“地球日”活动推动了多个国家环境法规的建立。2009年4月22日，第63届联合国大会一致通过决议，决定将今后每年的4月22日定为“世界地球日”。

20世纪90年代，“地球日”的发起人创立了“地球日网络”组织，将全世界环保主义者联合起来推动“地球日”活动的开展。地球是人类的共同家园，但人类的活动却对地球造成了严重的破坏。生物赖以生存的森林、湖泊、湿地等正以惊人的速度消失；煤炭、石油、天然气等不可再生能源因过度开采而面临枯竭；能源燃烧排放的大量温室气体导致全球气候变暖，由此引发的极地冰盖融化、海平面上升等问题威胁到人类的生存发展。保护地球资源环境、寻求可持续发展模式已刻不容缓。

专题活动

参观、游览学校所在地区的部分旅游点，总结这些旅游点包含哪几类旅游资源。了解当地旅游资源的保护情况，并就如何有效保护当地的旅游资源，向当地旅游管理部门提交一份建议书。

第三节　世界遗产

一、世界遗产及其由来

世界遗产特指被联合国教科文组织和世界遗产委员会确认的具有突出意义和普遍价值的自然景观与文物古迹，是人类罕见且目前无法替代的财产。世界遗产分物质性遗产与口头和非物质文化遗产两大类别，其中物质性遗产又可分为文化遗产、自然遗产、文化与自然双重遗产、文化景观遗产。其中，自然遗产包括具有高度美学和科学价值的地质结构、地貌形态、生物种群等，文化遗产包括具有高度历史、艺术、科学及美学价值的文物、建筑群、遗址等。

世界遗产是全人类共同继承的文化和自然遗产，为了确定、保护和恢复全人类的共同遗产，1972 年联合国教科文组织在法国巴黎通过了《保护世界文化和自然遗产公约》，同时决定建立《世界遗产名录》。凡加入《保护世界文化和自然遗产公约》的缔约国，其国家级的文化与自然遗产均可申请列入《世界遗产名录》，一经列入则作为全人类的共同遗产得到保护，即使在战争中也不能成为军事攻击的目标，以确保遗产的价值能永续保存下去。1985 年，我国正式加入《保护世界文化和自然遗产公约》。1991 年，我国当选为“世界遗产委员会”成员。

二、中国的世界遗产

截至 2015 年 7 月，我国已成功地申报了 48 项世界遗产，其中文化遗产 30 项，自然遗产 10 项，文化与自然双重遗产 4 项、文化景观遗产 4 项，见表 1—4。此外，还有昆曲、古琴等 30 项被列入口头和非物质文化遗产。这些世界遗产是我国不可多得的珍贵旅游资源，也是国际游客到中国旅游的首选目的地。

表 1—4　　中国世界遗产名录

序号	名称	遗产类型	所在地区	批准时间
1	长城	文化遗产	北京市	1987.12
2	明清皇宫（北京故宫、沈阳故宫）	文化遗产	北京市、辽宁省	1987.12
3	陕西秦始皇陵及兵马俑	文化遗产	陕西省	1987.12
4	甘肃敦煌莫高窟	文化遗产	甘肃省	1987.12
5	北京周口店北京人遗址	文化遗产	北京市	1987.12
6	山东泰山	文化与自然双重遗产	山东省	1987.12
7	安徽黄山	文化与自然双重遗产	安徽省	1990.12
8	湖南武陵源国家级名胜区	自然遗产	湖南省	1992.12
9	四川九寨沟国家级名胜区	自然遗产	四川省	1992.12
10	四川黄龙国家级名胜区	自然遗产	四川省	1992.12
11	西藏布达拉宫	文化遗产	西藏自治区	1994.12
12	河北承德避暑山庄及周围寺庙	文化遗产	河北省	1994.12
13	山东曲阜的孔庙、孔府及孔林	文化遗产	山东省	1994.12
14	湖北武当山古建筑群	文化遗产	湖北省	1994.12
15	江西庐山风景名胜区	文化景观遗产	江西省	1996.12
16	四川峨眉山—乐山风景名胜区	文化与自然双重遗产	四川省	1996.12
17	云南丽江古城	文化遗产	云南省	1997.12

续表

序号	名称	遗产类型	所在地区	批准时间
18	山西平遥古城	文化遗产	山西省	1997.12
19	江苏苏州古典园林	文化遗产	江苏省	1997.12
20	北京颐和园	文化遗产	北京市	1998.11
21	北京天坛	文化遗产	北京市	1998.11
22	重庆大足石刻	文化遗产	重庆市	1999.12
23	福建武夷山	文化与自然双重遗产	福建省	1999.12
24	四川青城山和都江堰	文化遗产	四川省	2000.11
25	河南洛阳龙门石窟	文化遗产	河南省	2000.11
26	明清皇家陵寝：明显陵、清东陵、清西陵、盛京三陵	文化遗产	湖北省、北京市、河北省、辽宁省、江苏省	2000.11
27	安徽古村落：西递、宏村	文化遗产	安徽省	2000.11
28	山西大同云冈石窟	文化遗产	山西省	2001.11
29	云南三江并流	自然遗产	云南省	2003.7
30	中国高句丽王城、王陵及贵族墓葬	文化遗产	吉林省	2004.7
31	澳门历史城区	文化遗产	澳门特区	2005.7
32	四川大熊猫栖息地	自然遗产	四川省	2006.7
33	安阳殷墟	文化遗产	河南省	2006.7
34	中国南方喀斯特	自然遗产	云南省、贵州省、重庆市	2007.6
35	开平碉楼与村落	文化遗产	广东省	2007.6
36	福建土楼	文化遗产	福建省	2008.7
37	江西三清山	自然遗产	江西省	2008.7
38	山西五台山	文化景观遗产	山西省	2009.6
39	登封“天地之中”历史建筑群	文化遗产	河南省	2010.7
40	中国丹霞	自然遗产	湖南省、广东省、福建省、江西省、贵州省、浙江省	2010.8
41	杭州西湖	文化景观遗产	浙江省	2011.6

续表

序号	名称	遗产类型	所在地区	批准时间
42	元上都遗址	文化遗产	内蒙古自治区	2012.6
43	澄江化石地	自然遗产	云南省	2012.7
44	新疆天山	自然遗产	新疆维吾尔自治区	2013.6
45	红河哈尼梯田	文化景观遗产	云南省	2013.7
46	大运河	文化遗产	北京市、天津市、河北省、山东省等2市6省	2014.6
47	丝绸之路	文化遗产	中国、哈萨克斯坦、吉尔吉斯斯坦	2014.6
48	中国土司遗产	文化遗产	湖南永顺土司城、湖北唐崖土司城、贵州播州海龙屯	2015.7

思考与练习

1. 旅游地理学的研究内容主要有哪些?
2. 简述旅游资源的概念及特点。
3. 世界遗产分为哪几类?中国目前有多少项旅游资源列入《世界遗产名录》?

第二章 地文景观

地文景观是指在长期地质作用和地理过程中形成，并在地表或浅地表留存下来的各种景观，是自然旅游资源的重要组成部分。地文景观包括地质景观和地貌景观两大类。地文景观因造型丰富而具有极高的观赏价值和探险健身功能，同时又因其蕴含着深厚的文化内涵，可以作为地质科普教育基地。

学习目标

☆ 了解地质地貌对旅游的影响。

☆ 了解各类地质景观及地质灾害的规避方法。

☆ 初步掌握各类地貌景观的成因、特征、分布及典型景区。

☆ 掌握我国各类山地的类型、旅游功能及我国的名山旅游资源。

第一节　地文景观概述

一、地文景观的形成

地文景观是指地球内外应力综合作用于地球岩石圈而形成的各种现象与事物的总称，主要包括地质景观和地貌景观两大类。

地球在漫长的演变过程中，经历了沧海桑田的巨大变化，在地球内外应力的共同作用下形成了今天的地质地貌景观。其中，来自地球内部的能量——热能、重力能、旋转能等引起地壳运动、岩浆活动、变质作用和地震，使地壳产生变形或变位，使地面抬升或沉降，产生褶皱、节理或断裂，从而形成陆地、海洋、高山、深谷、高原和盆地等各种地貌形态。与此同时，来自地球外部的能量，如太阳能、风能、生物能等对由内力作用而形成的各种地表形态进行风化、改造、精雕细刻，从而形成了丰富多彩和极具旅游价值的地质地貌景观。

二、地文景观与旅游

1．地质地貌对自然风景的影响

地质地貌不仅对人类的生产、生活产生着重要的影响，而且对自然风景有着极其重要的影响，是构成风景的最基本要素，决定了自然风景的美感特征。例如，以中国的区域景观特征而言，除高山、极高山多数分布于青藏高原外，中国北方多大山脉、大高原、大平原，对比强烈，又受气候影响降水较少，多数山地植被覆盖率较低，故而山石多裸露在外，总体上给人以雄浑博大之感；南方则多为中小型山脉、丘陵，与小平原、盆地交错分布，气候湿润，雨热同期，多数地区植被覆盖率较高，且河流纵横，湖泊棋布，所以总体上给人以纤巧秀丽之感。正如明杨慎在《艺林伐山》所言：“玲珑剔透，桂林之山也；巉嵯窳窆，巴蜀之山也；绵延庞魄，河北之山也；俊俏巧丽，江南之山也。”因此，人们从总的观赏感受出发，常将中国风景概括为“北雄南秀”。

人们在形容不同景区的特征时，往往用雄、奇、险、秀、幽、旷、野等形容词，不同景区之所以有不同美感，都同地貌有着直接关系。

2．地质地貌对人文景观的影响

俗话说：一方水土养一方人。地貌对长期生活于此的人的思维、性格会产生一定的影响。如蒙古大草原开阔坦荡的地势，造就了长期生活在此的蒙古族牧民热情豪放、胸怀坦荡的性格特征；再如武汉人性格直率爽朗，与武汉开阔的地貌不无关系；而苏州人温文尔雅，一口吴侬软语，与苏州山灵水秀的地貌不无关系。

地貌影响人的思维和性格，人们的思维和性格又体现于一切人文景观中，故而地貌也会影响人文景观。所以秀雅玲珑的江南园林不同于恢宏粗犷的北方园林。江南地貌山清水秀，故江南园林青瓦白墙、小桥流水、秀丽雅致、玲珑纤巧；北方地貌雄浑博大，故北方园林规模宏大、建筑厚重、苍松翠柏、风格粗犷，这正是与地貌相协调的缘故。同样，轻盈通透的南方民居不同于厚重严整的北方民居，在用料、结构方式、屋顶坡度上有明显差别。黄土高原的窑洞、草原的帐篷、北方的四合院、东北林区的“木格楞”、南方湿热地区的干栏式建筑等，无不显示出不同地貌的影响。

3．地质地貌对旅游项目的影响

地质地貌不仅影响自然景观和人文景观，在很大程度上决定着旅游项目的选择和兴建。不同的地貌形态，适于开展的旅游项目也不同，有的适宜观光游览，有的适宜度假疗养，有的适宜攀登探险，故在进行旅游规划时，首先应考虑其地质地貌特点，并且通过人为的努力突出其特点，弥补其不足。

第二节 地质景观

地质景观即具有观赏价值的地质地貌景观，包括构造运动遗留下来的痕迹，古生物化石遗迹，有特殊价值的矿物、岩石及典型产地，典型的地质灾害遗迹等。地质学上将其统称为地质遗迹，其主要类型体现在以下几个方面。

一、岩石景观

1. 岩石分类

岩石是天然产出的由一种或多种矿物组成的，具有一定结构构造的集合体。如花岗岩由长石、石英、云母等多种矿物组成；砂岩由石英、云母、长石、角闪石等矿物组成，也可由石英单独组成；大理石主要由方解石组成。岩石按其成因主要分为三大类：岩浆岩、沉积岩、变质岩。

（1）岩浆岩

岩浆岩又名火成岩，由岩浆活动所形成，可分侵入岩和喷出岩两种。地壳深部岩浆向地壳浅处转移，进入地下某一部位而未达到地表，逐渐变冷、结晶而形成的岩石叫侵入岩，如花岗岩、闪长岩、橄榄岩、正长岩等。其中，花岗岩是分布最广的深成侵入岩，也是重要的含矿岩石，许多重要的有色金属和贵金属矿床，都产于花岗岩体中。同时，花岗岩也是重要的构景岩石。岩浆从地下深处向上运移，最后冲破上覆岩层喷出地表，造成火山爆发，喷出地表的岩浆，其挥发成分大部分逸失，称为熔岩，熔岩在地表冷凝而成的岩石，称为喷出岩，也叫火山岩，如玄武岩、流纹岩、安山岩等。

（2）沉积岩

沉积岩又名水成岩，是在常温常压条件下由原来已经形成的岩石经过风化、剥蚀、搬运、沉积、固结成岩等外力作用而形成的产物，是原生岩经过破坏和再建设形成的次生岩石，因是在地表附近形成，在形成过程中有生物参加，所以含有生物和有机质成分，如砂岩、砾岩、碳酸盐类岩石（石灰岩、白云岩）等。沉积岩是地壳发展历史的重要记录，一层层的沉积岩层犹如万卷史书，向人们展示了地壳的发展历程。沉积岩中含有丰富的矿产资源，它提供了全部可燃性矿产和90%的铁矿。另外，所有的古生物化石也几乎全部保存在沉积岩中。

（3）变质岩

变质岩由变质作用所形成，是指岩石在固体状态下，由于温度、压力及化学活动性流体的作用，发生化学成分、矿物成分、结构构造的变化而形成的岩石。

岩石是地貌的基础。不同岩石形成的地貌有不同的形态特征，构成各具特色的风景，如石灰岩是岩溶山水风景的素材，红色砂砾岩是丹霞风景的基础。

2. 有特殊价值的矿物、岩石及典型产地

许多矿物和岩石具有坚硬、稀有、耐久、透明且颜色美丽的特点，常被用来作为装饰品，称为宝石。随着旅游业的发展，国际上的珠宝价格日益高涨，各类宝石供不应求。据统计，自然界有230多种矿物和岩石可作为宝石，如金

刚石、红宝石、蓝宝石、绿柱石、金绿宝石、蛋白石、水晶、玛瑙、翡翠、青田石、寿山石等。

(1) 钻石

钻石又称金刚钻，矿物名称为金刚石，化学成分是碳，是唯一由单元素组成的宝石，也是宝石中最贵重的一种。金刚石是自然界最硬的矿物，摩比硬度达 10 级，原石呈类似球形的八面体或六八面体。金刚石有很高的折射率，经琢磨后光辉灿烂，晶莹似水。钻石的评价标准有四个方面：重量、颜色、净度、切工（称为 4C 标准）。钻石越大越珍贵，超过 100 克拉的钻石全世界仅 40 颗左右，10 克拉以上的总共也不到 100 颗。

我国的金刚石原生矿床主要分布于山东、辽宁、湖南、西藏等地，1977 年在山东临沭县发现迄今我国所产最大的一颗金刚石，重 158.8 克拉，被命名为"常林钻石"。

知识链接

世界最大的钻石

世界最大的金刚石于 1905 年发现于南非的普列米尔矿山，原石重达 3 106 克拉，被命名为"非洲之星"，亦以该矿总经理名字命名为"库里南"。它纯净透明，带有淡蓝色调，是最佳品级的宝石金刚石。后南非政府送给英国王室。经切割后共琢磨成 9 颗大钻石和 96 颗小钻石。最大的一颗称为库里南Ⅰ号（亦称非洲之星），重 530.2 克拉，呈水滴形，如鸡蛋般大小，它有 74 个刻面，如图 2—1 所示。次大的一颗称为库里南Ⅱ号，重 317. 克拉，如鸽子蛋般大小，呈方形，有 64 个刻面。这也是世界上最大的两颗钻石。

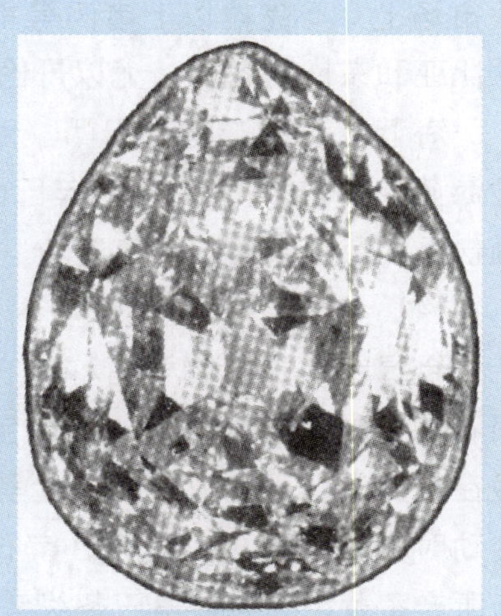

图 2—1　库里南Ⅰ号钻石

(2) 红宝石和蓝宝石

红宝石和蓝宝石的矿物名称为刚玉，其中红色的宝石级刚玉称为红宝石，红宝石之外其余各色的宝石级刚玉都称为蓝宝石，如金色蓝宝石、紫色蓝宝石、绿色蓝宝石等，以鲜艳蓝色为上品。红宝石和蓝宝石色泽鲜艳，晶莹剔透，其价值、硬度仅次于钻石，又属同一种矿物，故又有"姊妹宝石"之称。

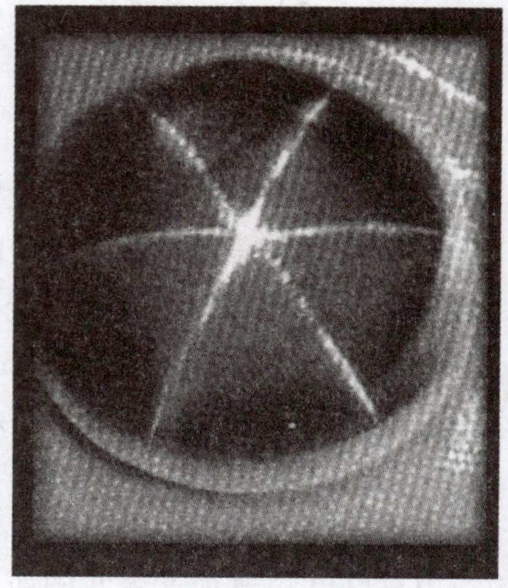
图 2—2　蓝宝石

红宝石产量稀少，颗粒较小。优质红宝石主要产于缅甸和斯里兰卡，尤以缅甸所产的鸽血红为最高档品种，价值超过金刚石，被视作国宝。我国山东、河北、新疆等地也产红宝石。

蓝宝石产量较多，不如红宝石稀有，主要产于缅甸、斯里兰卡、印度、澳大利亚、中国等地。迄今发现的最大蓝宝石原重 19 千克，产于斯里兰卡。现存于美国纽约自然历史博物馆著名的林肯头像即是一块蓝宝石的雕琢品，重达 318 克拉。蓝宝石如图 2—2 所示。

（3）祖母绿和海蓝宝石

祖母绿和海蓝宝石的矿物名称为绿柱石，晶体呈六方柱状，柱面有直立条纹，一般为浅绿色。翠绿透明者则较为珍贵，称为祖母绿。颜色呈天蓝色至海蓝色的则称为海蓝宝石。其余宝石级的绿柱石通称绿宝石。祖母绿有“绿色宝石之王”的美誉，尤为东方民族喜爱。高级祖母绿晶体颗粒极少大于 2 克拉，故市场上 0.5 克拉以上者同等重量的祖母绿价格高于钻石。优质祖母绿产于哥伦比亚和东南亚各国，尤以哥伦比亚产的质量最佳。

海蓝宝石的产地有巴西、俄罗斯、中国的新疆和云南等。世界上优质大颗粒海蓝宝石较多，如 1970 年巴西发现 243 磅海蓝宝石大晶体，后被切割成许多颗贵重的海蓝宝石，价值连城。

（4）金绿宝石

金绿宝石是矿物学名称，它的宝石品种包括猫眼石、变石和变石猫眼。猫眼石特指具有猫眼效应的金绿宝石，矿物内含有定向排列的纤维状晶体，当光线在其抛光弧面上散射时，会呈现出一条带状的丝绢状光束，宛若凝视的猫眼，转动时猫眼效应更为迷人。宝石界视金绿宝石猫眼石为真正的猫眼石。斯里兰卡所产蜜黄色、光带呈三条线者为特优品。

变石特指具有变色效应的金绿宝石，因在阳光下呈绿色，在烛光和白炽灯下呈红色而被称为“变石”，素有“白昼的祖母绿，黑夜的红宝石”之美誉。变石于 1830 年首次发现于俄罗斯乌拉尔山，正值沙皇亚历山大二世成年日，也称为“亚历山大石”。

变石猫眼是指既具有变色效应又具有猫眼效应的金绿宝石，是极为罕见的稀世珍品。

金绿宝石泛指不具有变色或猫眼效应的品种。

钻石、红宝石、蓝宝石、祖母绿（见图 2—3）、金绿宝石（见图 2—4）是国际公认的五大珍贵天然宝石。

图 2—3　祖母绿

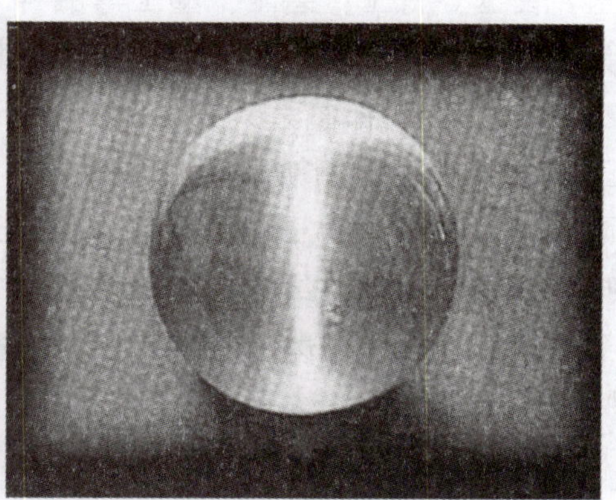
图 2—4　金绿宝石

（5）水晶、玛瑙、蛋白石

水晶、玛瑙和蛋白石这三种宝石都是石英的变种。水晶是显晶质的石英晶体，纯粹者无色透明，含锰的呈紫色，称为紫水晶，含有机质的呈烟黄色，称为烟水晶，黑色者称为墨晶，淡红色者称为蔷薇石英。

玛瑙是具有同心圆状或平行条带状结构的隐晶质石英，颜色千变万化，极有特色，以花纹美丽、颜色鲜明者为上品。

蛋白石是含水的非晶质石英，具变彩效应的即为贵蛋白石，宝石市场上叫欧泊。当转动欧泊时，随着光源照射方向不同会出现五颜六色的闪光，十分美丽。宝石界按底色把欧泊分为黑欧泊、白欧泊、火欧泊三种，尤以黑欧泊最为名贵。澳大利亚出产的优质黑欧泊价格超过钻石。

（6）翡翠

翡翠是一种以硬玉矿物为主的辉石类矿物集合体，是玉石中的一种，人称“玉石之王”，因其颜色美丽、经久耐磨而深受东方民族的喜爱。翡翠质地细腻，微透明至半透明，市场上按其透明度高低和结晶细腻程度，将其质地分为 10 个级别。翡翠的颜色因矿物成分和所含微量元素的不同而千变万化，且浓淡色调各异，总的来说有绿、红、紫、蓝、黄、灰、黑、白、无色等。

全世界有价值的翡翠矿石只产于缅甸，一级品极为稀少，已被缅甸列为国宝，禁止出口，市场上的都是二级品以下的翡翠。我国云南也产翡翠，是一种含铁量较高的硬玉变种，呈深绿色，并有黑色斑，透明度低。

（7）软玉

软玉的矿物名称为透闪石，隐晶质，致密块状，抛光面上呈油脂光泽，柔中滋润。软玉对温度变化不敏感，有冬暖夏凉的感觉，故人们历来把它制成玉佩，贴身佩戴。软玉以质地细腻、纯净、坚密、无瑕者为优质，按颜色分为黄玉、白玉、青玉、碧玉、墨玉等品种，其中白玉为高档品种，尤以羊脂白玉最为名贵，黄玉产出稀少，贵重程度不亚于羊脂白玉。

我国玉石品种很多，如河南独山玉、辽宁岫岩玉、河北东陵玉、陕西蓝田玉、甘肃酒泉玉、新疆和田玉和天山玉等。新疆是驰名全球的中国软玉之乡，以和田玉和天山碧玉最为著名。和田玉主要产自昆仑山下的玉龙喀什河、喀拉喀什河及和田河，经亿万年冰雪雨水的冲刷洗礼，造就了其温润光洁、坚韧密实的特点。其中最为名贵的是全世界独一无二的羊脂白玉，色似羊脂，质地细腻，为玉中的稀世珍品。

知识链接

大禹治水图玉山简介

大禹治水图玉山（见图2—5），高224 cm，宽96 cm，座高60 cm，重5 000 kg。是清宫中最大的玉雕，现藏北京故宫博物院。玉山用料产自我国新疆和田密勒塔山，为致密坚硬的青玉。玉上雕成峻岭叠嶂，瀑布急流，遍山古木苍松。在山崖峭壁上，成群结队的劳动者在开山治水，此景即用夏禹治水的故事。玉料从和田运至北京，再经设计、绘图、制蜡样、制木样，然后发运江苏扬州，由匠师施工，再运回北京，择地安置，刻字钤印，前后共费时十余年，才制成这一件中国乃至世界玉器史上最大的玉雕作品，在中国工艺美术史上堪称伟大的壮举。

图2—5 大禹治水图玉山

（8）珍珠

珍珠是产于珍珠蚌类和珠母贝类等软体动物内，由于内分泌作用而生成的有机质的矿物球粒，矿物名称为文石，化学成分为碳酸钙。水中砂粒进入蚌贝，产生摩擦刺激，使蚌贝分泌碳酸钙将其包裹，日久成为珍珠。珍珠外观呈银白色球状，玲珑剔透，以不需要琢磨抛光便珠光闪闪而优于其他宝石。珍珠按成因有天然珠和养殖珠之分，天然珠虽形状、色泽不如养殖珠，但价格高于养殖珠10至20倍。世界最优质的天然珍珠产自阿拉伯湾渔场。养殖珠又有淡水珠和海水珠之分，以中国淡水珠和日本海水珠最为驰名。我国养珠历史悠久，广西合浦是传统的珍珠产地，故成语中有“合浦珠还”之说。

除宝石外，有些岩石如太湖石、大理石等因造型、色彩等因素而成为观赏石。而典型矿床除了有重要的地质科学研究意义和现代工业开采价值以外，其产地本身就是旅游及科普教育的重要场所。如湖北黄石大冶铜绿山铜矿区兴建的“铜绿山古铜矿遗址博物馆”，是我国最大的矿冶遗址博物馆。

二、地球运动景观

观赏火山喷发、探险休眠火山口、体验模拟地震发生的情景已成为当今旅游的新视点。如日本的阿苏火山、美国的夏威夷火山、意大利西西里岛的埃特纳火山等，都是观赏火山喷发、探险休眠火山口的胜地。

全球火山地震主要集中分布于三大地带：环太平洋火山地震带、地中海—喜马拉雅火山地震带、大西洋海岭火山地震带。我国火山地震主要集中于环太平洋带、喜马拉雅带、内蒙古高原带，如台湾大屯火山群、云南腾冲火山群、山西大同火山群、黑龙江的五大连池火山群等。此外，各处断裂构造带是地震多发区。

三、地壳运动痕迹景观

这一类景观包括褶皱、构造断裂、断层崖、典型地层剖面等。如天津前寒武纪地层剖面为距今38亿年至8.5亿年之间的地质剖面，可见连续10亿年的沉积物，厚达9 200米，显露完整，世所罕见。又如大连白云山庄莲花状地质构造，外形如一朵盛开的莲花。这类地质景观既有重要的地学科研价值，也有较高的旅游价值。

四、古生物化石遗迹

化石是指保存在地层中的地质时期的生物遗体、遗物和遗迹。它们都经过石化作用，变得坚硬如石，但仍能保持生物原来的形状和结构。化石是地球历史的见证，是研究生物起源和进化等的科学依据。古生物化石不同于文物，它是重要的地质遗迹，是宝贵的、不可再生的自然遗产。

我国是古生物化石资源比较丰富的国家之一，古生物化石几乎遍布全国各地。特别是近年来先后发现的四川自贡、河南南阳西峡、湖北十堰郧县、内蒙古二连浩特恐龙蛋及骨骼化石，辽西的鸟化石，云南澄江动物群化石，山东山旺动植物化石等珍稀的古生物化石，受到国际上特别是国际科学界的广泛关注。其中不少化石产地是国家乃至世界的宝贵遗产。如四川自贡地质公园2008年入选为世界地质公园，云南澄江化石地2012年被列入《世界遗产名录》。

知识链接

自贡世界地质公园

自贡世界地质公园是一个以恐龙化石遗迹、井盐开采与生产遗址、桫椤子遗植物群落为主要保护对象的世界级地质公园。

自贡世界地质公园的核心——大山铺恐龙化石群遗址是我国重要的恐龙化石产地，也是世界上最重要的古生物化石产地之一，局部如图2—6所示。在已发掘的3 000多平方米范围内就获得了恐龙及其他脊椎动物200多个个体、上万件化石标本，从中已鉴定出鱼类、两栖类、龟鳖类、鳄类、翼龙类、似哺乳爬行类等23个属27个种，包括14个新属、24个新种，其中有很多世界级的珍品。如世界上最原始、最完整的剑龙——太白华阳龙，世界上保存最完整的原始的蜥脚类恐龙——李氏蜀龙，世界上最完整的小型鸟脚类恐龙——劳氏灵龙，世界上首次发现的蜥脚类恐龙尾锤——蜀龙和峨眉龙尾锤，以及20余个完整而特别珍贵的恐龙及其他脊椎动物头骨等化石。这些珍贵的化石标本对研究恐龙及相关古动物的系统演化、生理特征、生活环境等具有十分重大的科学价值。

图2—6　自贡世界地质公园的恐龙化石标本

五、典型的地质灾害遗址

地震是破坏性极大的地质灾害，但人们为了了解自然，寻求预防地震的有效方法，对地震遗迹非常重视。将典型的地震遗址有针对性地保护起来，既利于开展科学研究，可以为减震防灾提供科学依据，也具有科普与教育意义。

我国是多地震国家，历史上和现代都曾发生过多次大地震。如海南岛北部沿海曾于1605年7月13日发生震级8级、烈度11度的大地震，琼山区有72处村庄因地陷沉入海底，琼州海峡的东寨港和演州海即为当时陆陷成海处，至今仍可见海底村庄遗迹，现已开展海底考察和观光旅游。新中国成立以来破坏性最强的地震分别是1976年唐山大地震和2008年汶川大地震，都已建立地震遗址博物馆。

知识链接

唐山地震遗址纪念公园和汶川地震遗址博物馆

1976年7月28日，河北唐山发生里氏7.8级地震，造成24万人遇难。在重建唐山时，经国务院批准，在唐山市区内保留唐山机车车辆厂铸钢车间、唐山矿冶学院图书馆、唐山十中厕所、唐山钢铁公司俱乐部、唐山陶瓷厂办公楼、唐柏路食品公司仓库、吉祥路树行错动7处地震遗址，列为重点保护项目。这些遗迹展示了当年地震的惨烈程度和地震对各种建筑物及地面的破坏情况。2007年5月，唐山市政府在40公顷地震遗址上建设了唐山大地震遗址纪念公园。有关专家指出，唐山大地震遗址纪念公园的建设体现了“对自然的敬畏、对生命的关爱、对科学的探索、对历史的追忆”的设计宗旨。

2008年5月12日14点28分，四川阿坝藏族羌族自治州汶川县、北川县发生8级强震，重创超50万平方千米的中国大地，直接受灾人口1 000多万，死亡人数达8万人。汶川大地震发生之后，建立地震纪念设施缅怀遇难同胞，记录地震巨大破坏性和全国军民团结一心抗震救灾事迹已成为各界共识。根据国家《汶川地震灾后恢复重建总体规划》中关于“汶川地震遗址的保护和建设”的要求，新县城易地重建，老县城拟建北川地震遗址博物馆，以祭奠亡灵，警示后人，为研究地质构造、预防地质灾害提供科学依据。北川地震遗址博物馆区以北川中学遗址为中心，集中布置博物馆、展示设施和纪念场所，作为开展抗震纪念、体验、防灾教育和科学研究的基地，如图2—7所示。

图 2—7　北川地震遗址

第三节　构造地貌景观

我国的地貌环境复杂，千姿百态，构成了各具特色的风景。若以自然景观为基础，以成因为主要依据，综合考虑景观美学与人文特征，可将其分为花岗岩地貌、丹霞地貌、流纹岩地貌、熔岩地貌、岩溶地貌、雅丹地貌、冰川地貌、海岸地貌等类型。

一、花岗岩地貌

花岗岩分布十分广泛，岩体造型丰富，质坚形朴。

花岗岩是一种酸性侵入岩，由地球内部岩浆侵入地表处冷却凝固而成，由石英、长石和云母等矿物组成，俗称"麻石"，颜色呈肉红色或灰白色，花纹美丽，岩性坚硬，不易风化，节理发育。

花岗岩地貌依据海拔高度和造型地貌的尺度，可分为花岗岩山地、花岗岩丘陵和花岗岩石块三种特色迥异的景观。

1．花岗岩山地

花岗岩山地都是构造运动形成的断块抬升山地，具有山体高大、主峰突出、群峰簇拥、峭拔危立、雄伟险峻、岩石裸露的特征，局部多奇峰、深壑、怪石、球状风化明显。许多花岗岩山峰顶部轮廓圆滑，犹如含苞待放的莲花，故多以花山命名，如华山、九华山（因古代“华”同“花”）、黄山的莲花峰（见图2—8）等。我国的花岗岩山地分布极广，尤以东部沿海地区最为集中，典型的有泰山、华山、衡山、黄山、九华山、大别山、三清山、天台山、天柱山、崂山、千山等。

图2—8　黄山莲花峰

2．花岗岩丘陵

花岗岩丘陵一般是早期构造运动中形成的断块山地，成山后长期处于外力的持续作用下，因此山体高度较小，起伏和缓。著名的花岗岩丘陵有浙江的普陀山、福建厦门的鼓浪屿和泉州的清源山、天津蓟县的盘山等。

3．花岗岩石块

花岗岩石块是花岗岩在球状风化的作用下形成的各种轮廓浑圆、造型奇特的石头蛋和“风动石”，遍布在花岗岩山地、丘陵和沿海岸的海滩上，以海南及福建沿海景观特征最典型。如黄山的“猴子观海”（见图2—9）、海南岛的“天涯海角”、辽宁千山的“无根石”、福建漳州东山岛的“风动石”（见图2—10）等。

图2—9　猴子观海

图2—10　风动石

知识链接

黄山天下奇

黄山位于安徽省黄山市，古称黟山，相传古代轩辕黄帝曾在此采药炼丹，唐玄宗因此下令改名为黄山。黄山景区内有72峰，最高峰莲花峰，海拔1864米，峰顶为小峰簇拥，俨若新莲初开，仰天怒放，故名“莲花峰”，天都峰、光明顶海拔皆在1 800米以上。黄山重峦叠嶂、峰峰竞秀、怪石林立、巍峨挺拔、雄奇瑰丽，集天下奇景于一山，兼有泰山之雄伟、华山之险峻、衡山之烟云、庐山之飞瀑、峨眉之清秀、雁荡之怪石，素有“天下第一奇山”之誉，并以“奇松、怪石、云海、温泉”四绝闻名于世。明代大旅行家徐霞客曾赞叹道：“五岳归来不看山，黄山归来不看岳。”黄山于1990年被列入《世界遗产名录》，为世界文化与自然双重遗产。

二、丹霞地貌

丹霞地貌是在红色砂砾岩地区发育而成的。红色砂砾岩结晶大，硬度低，易受流水侵蚀、重力崩塌等外力影响。地质历史时期由红色砂砾岩构成的山间盆地在内外应力作用下，易形成中尺度的造型地貌，多由方山、奇峰、赤壁、岩洞等构成。因这种地貌最早发现于广东仁化的丹霞山，故地质学家将其命名为丹霞地貌。

丹霞地貌的景观特征是碧水丹山、玲珑精巧。广东仁化丹霞山景区20多座冈丘，临江拔起，如垒如堡，如柱如塔，色渥如丹，灿若明霞，给人以俊秀挺拔、奇特优美之感，如图2—11所示。

图2—11　广东丹霞山风光

我国丹霞地貌分布较广，主要分布在东南部、西南部和西北部干旱区的26个省区。其中广东丹霞山、福建武夷山、江西龙虎山、四川青城山、安徽齐云山、贵州梵净山、甘肃麦积山及崆峒山等，都是著名的游览胜地。

三、流纹岩地貌

流纹岩是一种酸性火山喷出岩，致密坚硬，有流纹状构造，在外力作用下，可以形成丰富多彩的造型地貌，并且有变幻之妙，故被誉为"变幻造型地貌博物馆"。这种地貌主要分布在浙闽一带，以浙江雁荡山最为典型。雁荡山主峰灵峰，白天观如双掌相合，曰"合掌峰"；晚上看则如夫妻相会，故名"夫妻峰"；月夜下从特定角度观看，又似双乳高悬，故名"双乳峰"；再移步则形似雄鹰，故又名"雄鹰峰"，若背对该峰，仰面后看，那鹰更有振翅欲飞之感。郭沫若有诗赞曰："灵峰有奇石，入夜化为鹰。势欲凌空去，苍茫万里征。"如图2—12所示为雁荡山灵峰的不同造型（左为合掌峰，右为夫妻峰）。

图2—12　雁荡山灵峰的不同地貌造型

四、玄武岩地貌

玄武岩是一种基性火山喷出岩，也称熔岩，由地下岩浆喷出地表后经结晶、冷却、凝固而形成。玄武岩地貌形态主要有火山锥、火山弹、火口湖、熔岩台地、喷气锥、熔岩隧道、堰塞湖等，此外，火山地貌区常伴有温泉出露。这种地貌主要分布在地壳活动地带，如云南腾冲、山西大同、黑龙江五大连池、吉林长白山、台湾大屯等地。最典型的有黑龙江五大连池火山群，历史上多次爆发，最后一次爆发于1719—1721年，留下了14座火山锥及5个水体相连的火山堰塞湖，"五大连池"由此得名。五大连池火山群的火山地貌形态完整，保存完好，熔岩流动景象清晰，岩浆喷发场面跃然如初，地貌复杂多样，形态各异，面积达64平方千米，奇丽壮观。地质专家称其是"中国少有，世界罕见"，被誉为“火山地貌博物馆”。

五、岩溶地貌

岩溶地貌在国际上通称为喀斯特地貌，是以碳酸岩类岩石（主要是石灰岩）为主的可溶性岩石在以水的溶蚀为主的内外应力作用下形成的地貌。石灰岩在纯水中溶解度很小，只有水中含有二氧化碳时，溶解作用才会显著增加，而且这个过程是可逆的。

岩溶地貌的基本特征是地表山地高度不大，石峰林立或孤峰突起，而且造型丰富，地下溶洞遍布，洞内常有地下湖或地下暗河，以及由石灰岩溶解沉淀而形成的石钟乳、石笋、石柱、石花等千姿百态的洞穴景观。

岩溶地貌在我国分布极广，面积达130多万平方千米，以广西、云南、贵州分布最为广泛和典型，粤西、鄂西、湘西、重庆、川东、川南、苏南、浙西、辽中、北京等地也有分布。2007年，中国南方喀斯特（云南石林、贵州荔波、重庆武隆）被列入世界自然遗产名录。

岩溶地貌中，观赏价值较高的地貌形态主要有峰林、石林、石灰华、溶洞、天生桥、岩溶漏斗等。

1．峰林地貌

峰林地貌是一种发育成熟典型的岩溶地貌。峰林即成群分布、基座不相连的石峰，以地面奇峰为主，孤峰、峰林遍布。峰林地貌以广西桂林山水为代表。桂林至阳朔一段83公里的漓江两岸（见图2—13），奇峰突起，怪石峥嵘，江流弯转，岩洞幽深，形成所谓桂林四绝：山清、水秀、洞奇、石美。漓江蜿蜒曲折穿行于峭拔挺秀的群峰之间，沿途竹翠林荫，田园似锦，绘成一幅天然山水画卷，故赢得古人赞美：“江作青罗带，山如碧玉簪”“桂林山水甲天下，阳朔风景甲桂林”。

图2—13　桂林山水

2. 石林

石林在地貌上称为石芽。众多石芽排列如莽莽森林，又似刀峰剑林，故称石林，以云南路南石林为代表，如图 2—14 所示。数十米高的石峰如林，层理明显，寸土不受，寸草不生，峭拔尖利，姿态万千，如“凤凰灵仪”“孔雀梳翅”“阿诗玛”（见图 2—15）“万年灵芝”“母子偕游”和“双鸟捕食”等，故被称为“天然雕塑博物馆”。

图 2—14　路南石林

图 2—15　阿诗玛

3. 石灰华

在四川松潘黄龙寺地区，还分布有一类特殊的岩溶地貌类型——石灰华，即碳酸盐沉积物，一般出现于溶洞底部或岩溶泉露头处，很少形成于地表，而黄龙寺所在的黄龙沟谷坡则有上下近 600 米一连串起伏的乳黄色石灰华，犹如梯田，凹处积水，水藻丛生，而呈现蓝、绿、橙、红、紫等色调，共有 3 400 多个彩池，五彩缤纷，异常壮观，其景色同美国黄石公园相似，只是规模稍逊。

4. 溶洞

溶洞是地下水沿可溶性岩层层面、裂隙、节理或断裂带进行溶蚀扩大而成，大小不一，形态多样，既具备观赏和疗养的功能，又具备探险和科学考察的意义。因溶洞中既有山、水、河、湖、瀑布，还有众多微地貌景观，如钟乳石、石笋、石柱、石幔、石花、石珍珠、太湖石、上水石等，多姿多彩，观赏价值极高。其中，太湖石是古典园林中不可缺少的部分，用于堆叠假山或作为独立的观赏石（如上海豫园的“玉玲珑”）；上水石是制作盆景的材料。我国溶洞资源非常丰富，分布极为广泛，如桂林芦笛岩、南宁伊岭岩、柳州都乐岩、安顺织金洞、宜兴三洞、桐庐瑶琳仙境、辽宁本溪洞、肇庆七星岩、湖北腾龙洞（见图 2—16）等。其中，腾龙洞是目前我国已探明的最大的岩溶洞穴，有洞口 80 多个，已探明长度 52.8 千米，为中国之最。

5．天生桥

天生桥多由溶洞顶部两侧崩落或地下河不断溶蚀形成，顶板未全部崩塌，两侧与地面相连，形成中间悬空的桥状地形。如贵州黎平县天生桥高 78.8 米，宽 112 米，拱高 38.8 米，跨度 118.9 米，为世界最大的天生桥。

图 2—16　湖北腾龙洞

6．岩溶漏斗（天坑）

岩溶漏斗也叫天坑，是一种碟形或漏斗形的洼地，平均宽度和深度均大于 100 米，主要由流水沿裂隙溶蚀而成。如重庆奉节小寨天坑、云阳县云阳天坑和兴文县天泉洞后洞大漏斗，均为典型的岩溶漏斗。有些天坑区会形成地缝奇观，旅游价值极高。

知识链接

重庆奉节小寨天坑和地缝景观

小寨天坑（见图 2—17）位于距奉节县城 91 千米的荆竹乡小寨村。小寨天坑坑口地面标高 1 331 米，深 666.2 米，坑口直径 622 米，坑底直径 522 米。坑壁四周陡峭，天坑四壁如削，气势恢宏，只有一条 2 800 余级的石径小道蜿蜒盘旋至坑底。坑壁有两级台地：位于 300 米深处的一级台地，宽 2～10 米，台地有两间房屋，曾有人隐居；另一级台地位于 400 米深处，呈斜坡状，坡地上草木丛生，野花烂漫，天坑壁四面绝壁，如斧劈刀削，有几个悬泉飞泻坑底，坑底的暗河从高达数十米的洞中飞奔而出，咆哮奔腾，再从坑底破壁穿石而出，形成了美丽如画的迷宫河。在天坑底部还有小山，山中幽静，可以仰视蓝天，即所谓的“坐井观天”，别有一种滋味。小寨天坑属当今世界洞穴奇观之一。

地缝是两座起伏平行的山峦间凹下去呈“V”字形的一条大裂缝，发源于奉节县长安乡火烧二坝，全长 37 公里，如图 2—18 所示。缝上段地势开阔，林木繁茂，小桥流水；中段逼仄如巷，宽处达 70 米左右，最窄处仅容一人通行，最深处达 900 米，溪水自“黑眼”一带注入地下暗河，形成干谷；下段是地下峡谷，中外探险家曾多次深入地缝中探险，专家推测地缝暗河流向了小寨天坑。地缝天井峡一段，上部宽 10～30 米，谷底宽仅 0.5～15 米，悬崖最深处达 250 米，是世界罕见的“一线天”景观。

图 2—17 小寨天坑

图 2—18 地缝

六、风沙地貌

风沙地貌是干旱地区由于风力的侵蚀、搬运和堆积作用所形成的地貌形态的总称，主要有风积地貌和风蚀地貌两种类型。

风积地貌的形态有沙丘和鸣沙。沙丘中最具观赏价值的是新月形沙丘和金字塔形沙丘。鸣沙是沙漠中的奇观，流沙在沙丘上滚动，会发出巨大的轰鸣声，被称为“会唱歌的沙丘”。甘肃敦煌鸣沙山、宁夏中卫沙坡头（见图 2—19）、内蒙古达拉特旗银肯沙丘是我国著名的三大鸣沙。

图 2—19 宁夏中卫沙坡头

风蚀地貌是指巨厚的河湖相沉积岩层经强风侵蚀及瞬时洪水冲刷后形成的地貌，常呈现风蚀垄脊、土墩、石笋、石兽、石亭、石塔、风蚀沟槽、洼地等形态，远望犹如废弃的古城堡，嶙峋古怪，然而人迹全无，故俗称“魔鬼城”。因最早发现于新疆罗布泊附近的雅丹地区，故此命名为雅丹地貌。此外，新疆的乌尔禾、将军崖的魔鬼城也非常典型。“雅丹”源于维吾尔语，意为“有陡壁的小丘”，是最典型的风蚀地貌。中国的雅丹地貌面积约 2 万平方千米，主要分布于青海柴达木盆地西北部、甘肃疏勒河中下游、新疆罗布泊周围和乌尔禾地区。

七、冰川地貌

冰川地貌主要由冰川的侵蚀和堆积作用形成，包括冰川侵蚀地貌和冰体地貌。冰川侵蚀地貌有冰斗、角峰、刃脊、冰川槽谷、峡湾、羊背石等冰蚀地貌形态；冰体地貌是冰碛物堆积的各种地形及未融化的冰体构成地貌的总称，有冰碛丘陵、终碛堤、鼓丘、冰砾扇等冰碛地貌形态，以及冰体融化所形成的冰瀑（见图2—20）、冰桌、冰桥、冰蘑菇（见图2—21）、冰塔（见图2—22）等。冰川地貌发育在高纬地带或高山地区的现代冰川分布区。冰川地貌既是科学考察的对象，同时也有较高的旅游价值。目前已有一些地区开发了冰川旅游风景区，如四川贡嘎山的海螺沟、新疆阿尔泰山的喀纳斯冰川湖、天山的扎木尔峰、云南的玉龙雪山等，其中，海螺沟已建成我国第一座冰川公园。

图2—20　冰瀑

图2—21　冰蘑菇

图2—22　冰塔

八、海岸地貌

海岸地貌是指海岸在地质构造运动、海浪、潮汐冲刷和堆积、生物作用和气候因素等共同作用下形成的各种形态。海岸地貌从总体上可分为海岸侵蚀地貌和海岸堆积地貌。

侵蚀海岸又称岩岸、基岩海岸，主要分布在山地丘陵海岸地区。海岸在海浪、海潮等的强冲蚀作用下，易形成海蚀穴（龛）、海蚀崖、海蚀平台、海蚀拱、海蚀蘑菇等海岸侵蚀地貌景观，多具很高的观赏价值，如大连的金石滩、台湾的清水断崖和野柳海岸（见图 2—23）等。我国的侵蚀海岸主要分布在杭州湾以南的大部分海域，以及杭州湾以北的山东半岛和辽东半岛。

图 2—23　台湾野柳海岸

海岸堆积地貌又可分为沙砾质海岸、淤泥质海岸和生物海岸等类型。其中，沙砾质海岸简称为沙岸或砂岸，主要发育于平原地区及岬角与港湾相间的平阔基岩海岸，在波浪、潮汐等的搬运和沉积作用下，易形成由沙、砾石堆积而成的沙滩、砾石滩、沙嘴、连岛沙洲等海岸堆积地貌。其中，沙粒细软、沙质纯净、坡度相宜的宽阔沙滩海岸，是开展海滨度假旅游的最佳场所，可进行海水浴、日光浴、沙滩浴等活动，我国的大连、青岛、北戴河、厦门、北海、三亚等都为著名的海滨胜地。值得一提的是，我们常见的多是金色或银色沙滩，实际上世界上还有多处彩色沙滩，同样也是很好的旅游胜地。例如澳门的黑沙滩，巴哈马哈伯岛的粉色沙滩，夏威夷群岛既有黑色沙滩，更有罕见的红色沙滩和绿色沙滩。淤泥质海岸简称泥岸，目前未用于旅游活动，但可开辟为海盐场，如海南的莺歌海，为我国最大的海盐场。沙岸和泥岸主要分布在杭州湾以北的海域及杭州湾以南岬湾相间的海岸地区。

生物海岸又有红树林海岸和珊瑚海岸之分，两者都是在热带和亚热带气候条件下形成的特殊堆积地貌。红树林是一种稀有的木本胎生植物，在中国共有 37 个树种，其生态奇特，根系发达，耐盐碱度高，繁殖方式特殊。红树林较易成林，形成天然防波堤，且外形美观，极具观赏价值。我国的红树林海岸主要分布在海南、台湾、广东、广西、福建及浙江南部海岸。珊瑚海岸是由造礁珊瑚、有孔虫、石灰藻等生物残骸构成的海岸。珊瑚生长在温度高于 20℃ 的海水中，形态多样，有鹿角状、枝状、板状、蘑菇状等，色彩鲜艳，有红、绿、白、黄等多种颜色，极具观赏价值。珊瑚礁区域又是热带鱼类的理想生活环境，热带鱼类聚居，因此珊瑚海岸往往成为潜水旅游胜地。世界著名的以观赏珊瑚和鱼类为特色的旅游地当属澳大利亚大堡礁，纵贯澳大利亚东北沿海，绵延 2 000

多千米，是世界最大最长的珊瑚礁群，也是世界最大的海底大花园。我国的珊瑚海岸主要分布在台湾东南海岸、海南岛沿岸和雷州半岛沿岸，此外，南海诸岛中有众多的珊瑚岛礁。

九、黄土地貌

我国的黄土高原是世界上最大的黄土分布区，深厚的黄土层在流水的侵蚀、切割作用下形成了黄土塬、黄土梁、黄土峁、黄土柱、黄土坪等千沟万壑的地貌形态（见图 2—24），以及独特的窑洞民居形式。位于陕西延安的洛川黄土国家地质公园，是世界上独一无二的以黄土剖面和黄土地质地貌景观为特色的公园，公园以黑木沟为主体，沟内黄土微地貌众多，如黄土滑坡、崩塌、黄土悬沟、黄土落水洞、黄土桥、黄土柱、黄土墙等。这些微地貌构造奇特，天然成趣，观赏性极强。

图 2—24　洛川黄土地貌

第四节　山地地貌景观

地貌按常态可划分为山地、丘陵、平原、高原、盆地五种形态。各种地貌都有旅游价值，但平原和盆地因地势低平，历史上往往是人类聚居地，人类长期活动的结果，已经不同程度地改变了原来的面貌，因而以人文旅游资源为主要特色。山地则相对受人类影响较少，较多地保留了自然的本来面貌，故从旅游的角度而言，价值最大的地貌旅游资源是山地地貌。

山地按高度的不同，可划分为五种类型，见表 2—1。

表 2—1　山地分类

类型	海拔高度（米）	相对高度（米）
极高山	大于 5 000 米	大于 1 000 米
高山	3 500 ~ 5 000 米	200 ~ 1 000 米
中山	1 000 ~ 3 500 米	200 ~ 1 000 米
低山	500 ~ 1 000 米	200 ~ 1 000 米
低低山（丘陵）	低于 500 米	低于 200 米

我国是一个多山的国家，山地面积占国土面积的 2/3，其中海拔超过 1 000 米的山地高原占国土面积的 1/2 以上。我国山地分布以兰州—成都—昆明一线为界，此线以东主要为中低山，以西则是高山和极高山集中分布地。

若按旅游功能划分，山地大致可分为体育探险登山旅游胜地（高山和极高山）和风景观赏山岳旅游胜地（中低山）两大类。

一、高山、极高山——登山探险和科学考察胜地

高山和极高山海拔高度高，相对高差大，地形险峻峭拔，气候垂直差异明显，山上气候复杂多变，空气稀薄，严重缺氧，许多山地峰顶终年极雪，冰川广布。这样恶劣的条件对人的意志、毅力与体力是严峻的考验，适于人们进行体育登山探险、科学考察和冰雪旅游活动，是登山探险和科学考察的最佳场所。这类资源在世界上分布较广，如欧洲的阿尔卑斯山、美洲的安第斯山、非洲的乞力马扎罗山等。

中国拥有世界上独一无二的登山资源，世界上海拔超过 8 000 米的高峰共有 14 座，全部坐落在青藏高原及其周围地区。其中，位于喜马拉雅山脉和喀喇昆仑山脉的中国国境线上和国境内者即有 9 座（见表 2—2）。而海拔超过 5 000 米的高峰更是数以千计，至于海拔 3 500 米以上的高山则更多。目前部分山地已对外开放，如喜马拉雅山、喀喇昆仑山、天山、贡嘎山、四姑娘山等，都是中外闻名的登山胜地。

表 2—2　海拔 8 000 米以上高峰一览

世界排名	峰名	海拔高度	地理位置	所属山脉
1	珠穆朗玛峰	8 844.43 米	中国、尼泊尔边界	喜马拉雅山脉中段
2	乔戈里峰	8 611 米	中国、巴基斯坦边界	喀喇昆仑山脉
3	干城章嘉峰	8 586 米	尼泊尔、印度边界	喜马拉雅山脉中段
4	洛子峰	8 516 米	中国、尼泊尔边界	喜马拉雅山脉中段
5	马卡鲁峰	8 463 米	中国、尼泊尔边界	喜马拉雅山脉中段
6	卓奥友峰	8 201 米	中国、尼泊尔边界	喜马拉雅山脉中段
7	道拉吉利峰	8 172 米	尼泊尔	喜马拉雅山脉中段
8	马纳斯鲁峰	8 156 米	尼泊尔	喜马拉雅山脉中段
9	南迦帕尔巴特峰	8 125 米	巴基斯坦	喜马拉雅山脉西段
10	安纳普尔那峰	8 091 米	尼泊尔	喜马拉雅山脉中段
11	迦舒布鲁姆Ⅰ峰	8 068 米	中国、巴基斯坦边界	喀喇昆仑山脉
12	布洛阿特峰	8 047 米	中国、巴基斯坦边界	喀喇昆仑山脉
13	迦舒布鲁姆Ⅱ峰	8 034 米	中国、巴基斯坦边界	喀喇昆仑山脉
14	希夏邦马峰	8 012 米	中国	喜马拉雅山脉

知识链接

世界第一高峰——珠穆朗玛峰

珠穆朗玛峰位于中尼边界东段，海拔 8 844.43 米，是世界第一高峰（见图 2—25）。北坡在中国日喀则地区定日县境内，距定日县城 110 公里，南坡在尼泊尔王国境内。

约 6 500 万年前，珠穆朗玛峰所在的地区爆发了著名的“喜马拉雅造山运动”，使青藏地区由海洋抬升为陆地。在地质运动的长期作用下，青藏高原不断抬升，终于成为“世界屋脊”，而珠穆朗玛峰也最终成为世界第一高峰。其山体呈巨型金字塔状，威武雄壮，地形险峻。在它周边 20 千米的范围内，群峰林立，重峦叠嶂，仅海拔 7 000 米以上的高峰就有 40 多座，海拔超过 8 000 米的高峰有 5 座。

在雪线以上高山地区，冰川广布，冰峰林立，到处都是冰塔林、冰斗、角峰、冰洞等奇异的冰川地貌，还可以欣赏到独有的“珠峰旗云”和美丽的晚霞、星空、明月。

珠穆朗玛峰也是所有登山家、探险家和考古学家梦想征服的高峰。珠穆朗玛峰峰顶气候极为复杂、恶劣，一年中只有5月、9月、10月三个月的天气条件适宜登山，尤其5月份以风速小、雨雪少而成为登山的黄金季节。自1953年新西兰人埃德蒙·希拉里首登珠穆朗玛峰成功以来，到1997年，全世界有20多个国家的50多个登山队计200多人享有登临世界巅峰的殊誉。在攀登珠峰的路线中，中国一侧的北坡较尼泊尔一侧的南坡自然条件更为复杂，气候更为恶劣，地形更为险峻，攀登更为艰难。1960年5月25日，中国登山队首次从北坡征服珠峰。1988年，中、日、尼三国联合登山队还创下从南、北坡双跨会师顶峰的壮举。

成立于1988年的珠穆朗玛峰国家级自然保护区，是世界上最独特的生物地理区域。保护区区内生态系统类型多样，基本保持原貌，生物资源丰富，珍稀濒危物种、新种及特有种较多，初步调查共有高等植物2 348种、哺乳动物53种、鸟类206种、两栖动物8种、鱼类10种，含有代表该地域特色的国家重点保护的珍稀濒危动植物47种，其中国家一级保护动植物10种、国家二级保护动植物28种。同时，保护区还具有丰富的水能、光能和风能资源，以及由独特的生物地理特征、奇特的自然景观、民族文化和历史遗迹构成的重要的旅游资源。珠穆朗玛峰国家级自然保护区的科学价值无法估量，是研究高原生态地理、板块运动和高原隆起及环境科学的宝贵基地。

图2—25　珠穆朗玛峰

课堂讨论

● 在计划前往海拔较高的山地进行登山旅游前应做哪些准备？应携带哪些装备及物资？不同季节、不同气候对登山的准备有何影响？

二、中低山——观光旅游胜地

中低山的旅游价值主要表现在以下三个方面。

1．景观丰富

中低山的高度处于平原与高山之间，既不像平原那样因地势低平而被人类充分开发利用，难以看到大自然的本来面目，又不像高山和极高山那样人迹罕至，而是经过一定程度的开发，自然景观和人文景观都非常丰富。

（1）地貌景观丰富

因地势的原因，中低山保留着许多原生的大自然鬼斧神工所形成的奇观，且由于不同山地岩性的差异、所经历的地质过程不同，加之外力作用的千差万别，构成中低山峻拔陡峭、奇峰林立、怪石嶙峋而又姿态万千的地貌特征。

（2）动植物资源丰富

中低山的动植物资源丰富，既美化山地风景，又给游人提供了观赏奇花异草、珍禽异兽的机会，如黄山奇松、峨眉山的杜鹃和猴子、北京香山的红叶都是当地有特色的风景。

（3）气象奇景荟萃

山地由于地势高、气温低、湿度大，适于夏季的消夏避暑；同时多云雾及山的秀色背景，还可观赏云海、日出、佛光等自然奇景。如庐山云雾、黄山云海、泰山日出、峨眉山佛光等，都是有口皆碑的奇景。山地区域湿度大，加之地形的影响，易形成地形雨，故山地降水也多于平地，常形成流泉、飞瀑、积雪或冰川，更增添观赏和活动的内容。

（4）人文特色明显

历代僧人隐士寄情于自然山水，隐居山林；历代帝王为树立君权神权的地位，登山封禅；文人墨客游览名山大川，留下众多脍炙人口的诗词歌赋……从而赋予中低山浓郁的人文特色，积淀了深厚的文化内涵。

所以，中低山无论在自然景观方面，还是人文景观方面，可供观赏的内容都比较丰富。

2．气候宜人，适于避暑疗养

（1）温度适宜

受气候垂直分布的影响，在大气层的对流层中，气温是随着海拔高度的升高而降低的。因此，山地气温低于同纬度平原地区的气温，特别适宜于夏季的消夏避暑旅游，如江西庐山、浙江莫干山、河南鸡公山等都是著名的避暑胜地。

（2）空气清新、环境幽静

山区一般自然植被保存较好，植被覆盖率高，生态优美，环境幽静，空气清新，氧气和负氧离子含量高，利于人们消除疲劳，尤其适于度假疗养。

3．高度适中，易于登攀

中低山高度适中，也是多数游人较易到达的，再加上中国素有登高的传统，所以成为受游人青睐的旅游地。中低山能满足游客游览观光、登山探险、休闲度假、避暑疗养、森林旅游、科学考察、采集狩猎、绘画摄影等众多旅游需求，是游览自然景观的首选之地。

三、中国名山

中国人自古就爱山、敬山、崇山，对山有着特殊的心理。山承载着中国人太多的情感，是精神的寄托、文学的源泉、宗教的圣地、隐士的家园……山又深藏着无数自然的奥秘，记录着地球的历史、地质地貌的成因、生物的神奇……提起山，总会令人想起“高山仰止”“气吞山河”“地动山摇”“泰山北斗”等成语。

由于历史的原因，我国的名山众多，相传《山海经》中即列出当时的名山451座。我国传统的风景名山是指在具有自然美的典型山岳景观基础上，渗透人文美的山地空间综合体。名山从海拔高度来看，多为中、低山；从地区分布来看，南方居多，但历史悠久的传统名山则多分布在北方。根据我国名山的文化价值取向，可将其分为五岳名山、宗教名山、传统山水文化名山、近现代历史名山和当代风景名山等。

1．五岳名山

五岳名山是源于远古人们对“山神”的敬畏和天地信仰而形成的历史名山。“五岳”是由历代帝王根据封禅祭天、巡幸天下的需要，按地理方位加封的五座大山。封禅活动起源很早，相传夏、商、周三代曾有72位君王登泰山祈祷，但自秦始皇开始才有史记载。新帝登基，须前往高山祭告上苍，感谢上天保佑自己取得了政权，并祈祷上天继续保佑帝祚永存，借助天神的力量来达到巩固统治的目的。帝王的举动当然会产生较大的影响，封禅地点便成为天神的化身，常被用作封禅的五座山被称为“五岳”。道教产生后，“五岳”又成为道教的圣地，影响也就更大。

“五岳”最早的记载出自《尔雅·释山》，“泰山为东岳，华山为西岳，衡山为南岳，恒山为北岳，嵩山为中岳”。

从自然景观特色而言，东岳泰山之雄，西岳华山之险，北岳恒山之幽，中岳嵩山之峻，南岳衡山之秀，早已闻名于世界。而清代魏源在《衡岳吟》中更以“恒山如行，岱山如坐，华山如立，嵩山如卧，唯有南岳独如飞”来形容五岳之势，形象地再现了五岳的特点（见表2—3）。

表 2—3　五岳名山一览

五岳名称	所在位置	海拔高度	景观特点	主要景点
东岳泰山	山东泰安市	1 532.7 米	巍峨挺拔，以雄著称，被誉为“五岳独尊”。泰山崛起于平原，山体形象高大，给人以“稳如泰山”之感，有“拔地通天”之势。众多的名胜古迹与优美的自然胜景和谐地融为一体，别具一格。为世界文化与自然双重遗产	旭日东升、晚霞夕照、云海玉盘、黄河金带、岱庙、岱宗坊、中天门、南天门、岱顶、黑龙潭及众多碑碣石刻等
西岳华山	陕西华阴市	2 154.9 米	山势陡峭，以险著称。“自古华山一条路”。华山山路奇险，谷底至峰顶高差达千米以上，壁立千仞，极为陡峭，有“奇险天下第一山”之誉	千尺幢、百尺峡、上天梯、猢狲愁、沉香劈山处、苍龙岭、玉泉院、西岳庙等
中岳嵩山	河南登封市	1 491.7 米	嵩山以峻著称，上有七十二峰，下有七十二寺，峰峦奇特，山色秀丽，地处中州，自古是帝王游憩之所，又是佛教、道教、儒教三教汇集之地，名胜古迹繁多，享有“文物之乡”的美称	中岳庙、汉三阙、嵩阳书院、少林寺、嵩岳寺塔、观星台等
北岳恒山	山西浑源县	2 016.1 米	寺古林茂，以幽著称。恒山是我国道教名山之一。恒山半山以下很少树木，半山以上松柏参天，人烟稀少，十分清静，给人以幽静之感	悬空寺、朝殿、九天宫、会仙府、北岳庙等
南岳衡山	湖南衡山市	1 300.2 米	峰峦秀丽，以秀著称。衡山属于亚热带气候，温暖湿润，植物繁茂，处处是茂林修竹，烟云奇特，变幻莫测，有“七分山水三分云”之说，自然景色秀丽，享有“五岳独秀”的美称	祝融峰、藏经楼、水帘洞、方广寺、南岳书院等

2．宗教名山

宗教名山是指在历史发展过程中，因宗教的因素而形成的名山，包括佛教名山和道教名山。

（1）佛教名山

佛教自东汉传入中国以来，尤其是唐代禅宗兴起之后，远离尘世、风景优美、环境清幽的山林之所，成为僧侣修持和信徒礼佛的主要选址，由此也形成了“天下名山僧占尽”的态势。其中山西五台山、四川峨眉山、浙江普陀山、安徽九华山分别被设为文殊、普贤、观音、地藏之道场，分别象征大智、大行、大悲、大愿，历史上兴建众多寺庙，香火旺盛，成为地方佛教中心，故被称为四大佛教名山。明代起有“金五台、银普陀、铜峨眉、铁九华”之说，以此反映四座山在信徒心目中的不同地位。此外，还有八小佛教名山，包括北京香山、陕西终南山、河南嵩山、浙江天台山、云南鸡足山、湖南衡山、江西庐山、江苏狼山。

(2) 道教名山

道教崇尚云雾缥缈的高山胜岳、奇峰异洞，以期修身养性，采药炼丹，得道成仙，由此形成了“十大洞天”“三十六小洞天”“七十二福地”“十洲三岛”等一大批道教名山。此外，人们又常把湖北武当山、江西龙虎山、四川青城山和安徽齐云山称为四大道教名山。

3. 传统山水文化名山

传统山水文化名山主要指以突出的自然山水风光或具有世外桃源般的田园风光著称，渗透中国传统山水审美文化的名山，如安徽黄山、福建武夷山、浙江雁荡山、江西庐山等。

4. 近现代历史名山

近现代历史名山是指由近现代政治、军事、经济、文化等重大历史活动和历史过程，尤其是社会变革过程所形成的风景山岳，如江西井冈山。

5. 当代风景名山

当代风景名山主要指经新发现、新开发而成的当代旅游名山，也包括可部分为旅游利用、具有突出自然特色的著名山地自然保护区，如武陵源、梵净山等。

知识链接

观赏型山地登山时应注意的问题

上山：上体放松并前倾，两膝自然弯曲，两腿加强后蹬力，用全脚掌或脚掌外侧着地，也可用前脚掌着地，步幅略小，步频稍快，两臂配合两腿动作协调有力地摆动。

下山：上体正直或稍后仰，膝微屈，脚跟先着地，两臂摆动幅度稍小，身体重心平稳下移。不可走得太快或奔跑，以免挫伤关节或拉伤肌肉。

坡度较陡时：上下山可沿“之”字形路线来降低坡度。必要时，也可用半蹲、侧身或手扶等姿势下山。

通过滑苔和冰雪山坡时：除用上述方法外，还可使用锹、镐等工具挖掘坑、坎、台阶行进，或用手脚抠、蹬、三点支撑、一点移动的方法攀缘爬行。

通过丛林、灌木时：用手拨挡树枝，防止钩戳身体，对不熟悉的草木，不要随便攀折，以防刺伤，并尽量选择草木较少的路线。

通过乱石山地时：通过乱石浮石地段，脚应着落在石缝或凸出部位，尽可能攀拉牢固的树木，以协助行进。必要时，应试探着踩踏石头，以防止因石块松动而摔倒。

四、山地景观欣赏

山地与自然因素或人文因素配合可产生不同的景致。山地地貌具有主体形象感染力，它以雄、奇、险、秀、幽、旷等美学特征给人以美的享受。但如果是单纯的山地地貌本身，景色就相对比较单调，与自然因素以及人文因素配合后，就能增加风景层次和风景内涵，从而增强美感。

1．山地与自然因素的配合

山地与自然因素协调配合能产生一种协调美。宋代画家郭熙曾以“山无云则不秀，无水则不媚”来说明山地与自然因素配合的必要性。所谓“山得水而活，得草木而翠，得亭榭而媚，得烟云而秀”，又说明了配合协调的好处。这种配合包括山地与水体的配合，山地与气象、气候的配合，山地与植物的配合，以及山地与动物的配合等。

山地与水体的配合，可以使“山得水而活”“山因水而奇”“山得水而媚”。山地与气象、气候的配合，可以使“山因云而神秘”“山得云而秀”。山地与植物的配合，可以使“山借树为衣，树借山为骨”，“山以草木为毛发”，“山得草木而翠、而秀、而华”。山地与动物的配合，可以使山得异兽而富有情趣。

在山地与所有自然因素的配合中，山与水的配合是最基本的配合，是其他各种配合的核心和基础。人们常说的“山清水秀”“丹山碧水”“山环水绕”“山重水复”“湖光山色”等，都是山与水协调配合并融为一体所形成的景观特色，也是人们对山地自然景观的一种概括。我国的许多风景名胜区，大多有山有水，是山与水协调配合的结果。例如，由红色砂砾岩所形成的武夷山与九曲溪的配合，便构成了著名的丹霞风光；桂林到阳朔之间，由石灰岩所形成的山地与含有二氧化碳的水配合，并与漓江等河流配合，便构成了山清水秀的岩溶山水景色等。

至于山与其他各种因素配合，且融为一体所形成的美景，可以从古代诗句中看得十分清楚。如《山居秋暝》一诗中的“空山新雨后，天气晚来秋，明月松间照，清泉石上流，竹喧归浣女，莲动下渔舟”，就是山地与雨、秋、月、松、泉、石、竹、女、莲、舟多因素配合并融为一体时，形成的富有诗情画意的景色。我国许多风景名山的景观也都是综合配合的结果。例如，由花岗岩组成的黄山，有许多风景点和风景特点，而奇松、怪石、云海、温泉被称为黄山“四绝”。“四绝”因黄山而产生，黄山因“四绝”而闻名。

2．山地与人文因素的配合

我国的名山很少是纯自然景观。由于它们大多拥有悠久的开发历史和文化遗产，因而形成了人工点缀自然美的景色，甚至有一部分山地直接转化为历史文化名山。导游人员在讲解时，要联系历史因素、宗教因素等方面的内容。

（1）联系历史因素

重大历史事件的发生与影响，重要历史人物的活动与影响，历史文化的遗存，包括古建筑、名人故居、陵墓、诗词歌赋、书法、楹联、碑碣、题刻、掌故、传说等，所有各种形式的文化遗产，分别从不同的角度，以不同的方式记录了民族前进的历史足迹，反映了特定历史阶段我国社会的发展水平和民族风貌。我们不但要从物质层面去了解这些文化遗产，还要透过物质层面，从精神层面对它们进行了解和挖掘，受到有益的启迪和教育。需要注意的是，在联系历史和文化遗产时，除了“正史”和“史实”之外，还有一些是人们主观编造的“野史”“掌故”和神话传说。我们应分清“正史”和“野史”，要认真地使用历史掌故，并挖掘其文化内涵。

历史掌故能够帮助人们更好地欣赏自然美，丰富自然景观的美的意蕴，使人们从单纯的自然风景中体会到一种诗情画意，不但能看到它外在的形象美，还能欣赏它的理性美，看到其中的历史文化美，给人以心灵的启迪。对于人文景观的讲解，应当在突出弘扬其科学内容的同时，着重发掘其内涵的史学、艺术和社会学重要意义，切不能用神话、传说、迷信和庸俗的说教，去愚弄群众和污染社会。这对于历史悠久、文化灿烂、遗存丰富且分布广泛的中国尤其显得重要。

（2）联系宗教因素

中国多名山，名山多古寺。因此，在中国旅游必要游山，而游山又往往要游寺。寺因山而雄、险、奇、幽，山因寺而气象高古。这种富于中国山水气韵和文化特色的景致，成了中国传统旅游的一种形式，至今仍吸引着许多游人。这其中有很多原因：一是佛教、道教所追求的境界，有利于保护自然景观，优化生态环境，如泰山岱庙的秦松、汉柏、唐槐，有的已逾一两千年，成了有生命的文物，若非僧道代代保护，是断然难存至今的。二是寺院建筑，包括殿、堂、造像、壁画、石刻、碑、碣、塔、窟、龛等构成了与自然景观和谐交融的人文景观，成为我国一大旅游资源，产生了巨大的社会效益、经济效益和环境效益。三是寺庙建筑多“因山就势”“因境而成”，调动了游人的审美视觉，充实了游人对自然景观的审美感受。例如，九华山的天台、峨眉山的金顶、泰山的南天门，因有高屋建瓴之势，而增添了山的“雄伟”；临崖攀壁、凭险而居的华山南天门、下棋亭、长空栈道和“飞梁穿石缝、楼阁通栈道”的恒山悬空寺，无不渲染了山的“险峻”；“入山不见寺，入寺不见山”的鼓山涌泉寺，又平添了山的“幽奥”。此外，林林总总的雕像、摩崖石刻、经书壁画，不仅能为游人提供视觉上的享受，更可使游人受到精神上的启迪，在静观、深思与冥想间体味自然和文化艺术结合之美，获得审美品位的升华。历史、文化、艺术和自然山水结合并融为一体，是我国山水旅游的一大特色，也是我国旅游资源的一大特色。

知识链接

泰山

泰山古称“岱山”，又名“岱宗”，为五岳之尊，位于山东省中部，主峰玉皇顶在泰安市境内，海拔 1 532.7 米。泰山自然景观雄伟壮丽，历史文化博大精深，1987 年被联合国教科文组织首批列入世界文化与自然双重遗产名录，成为全人类的瑰宝。

泰山风景以壮丽著称，四大奇观“旭日东升、晚霞夕照、云海玉盘、黄河金带”驰名中外。随着四季阴晴的变化，泰山景致变幻无穷：每当晴空丽日，可见群峰拱岱，众山若丘，汶河如带；若雨过乍晴，则数峰飞瀑、峭壁生烟、彩虹映辉；清晨可观日出、望东海；日暮可览夕阳返照、黄河耀金；春夏的泰山万木葱茏，山花点点美不胜收；金秋的泰山红叶如烧、云淡天高；冬天雾凇、雪凇令泰山披上了银装，千树万树如梨花怒放。

泰山人文景观极为丰富，堪称一座文物宝库。自古以来，中国人就崇拜泰山，有“泰山安，四海皆安”的说法。从秦皇汉武，到清代帝王，或封禅，或祭祀，绵延不断，并且在泰山上下建庙塑神，刻石题字。文人雅士更对泰山仰慕备至，纷纷前来游历，作诗记文。泰山宏大的山体上留下了 20 余处古建筑群，2 200 余处碑碣石刻。杜甫的“会当凌绝顶，一览众山小”成千古绝唱。从岱庙到山顶的碧霞祠，沿途有无数的碑刻和古建筑。岱庙是历代帝王祭祀泰山举行大典的地方，也是我国几个主要的宫殿式建筑群之一，主殿天贶殿规模宏大，同北京太和殿、曲阜大成殿并称为中国古代三大宫殿。殿内巨幅壁画《泰山神启跸回銮图》，描绘了泰山神出巡的浩荡壮观的场面，同经石峪石刻、岱顶唐摩崖（见图 2—26）一起，被人们称为“泰山三瑰宝”。泰山自然景观雄伟绝奇，更历经数千年的文化渗透渲染和人文景观的烘托，被誉为中华民族精神文化的缩影。

图 2—26　岱顶唐摩崖

专题活动

组织一次游览当地名山的活动，通过游览活动，掌握此山风景特点及主要风景点，充分享受游山之乐。

思考与练习

1. 地质地貌对旅游有何影响？
2. 岩石据成因可分为哪几种类型？举例说明哪些岩石可作宝石。
3. 花岗岩地貌有何特点？
4. 简述岩溶地貌的成因及特征。
5. 海岸地貌又可分为哪些类型？各具何旅游功能？

第三章 水域风光

水作为生命的源泉，在人类与自然界的关系中具有特殊的亲和力。水体作为陆地上江河、海洋、湖泊、泉水和瀑布的总称，广泛地成为旅游活动的中心，也是最有生命力的塑景、构景因素之一。水和山、动植物、建筑物相映成趣，更能彰显风景区的活力。

学习目标

☆ 了解水体的旅游欣赏的概念。

☆ 掌握水体旅游资源的基本类型。

☆ 掌握不同水体的旅游功能。

☆ 掌握我国著名水景及分布。

第一节　水域风光与旅游

水域风光是由水体旅游资源构成的。水体旅游资源包括泉、溪、江、河、湖、海等以液态水为主要景致的旅游资源，也包括冰川、雪地等以固态水为主要景致的旅游资源。

自古以来，人类逐水域尤其是逐淡水水域而居，水体因此也往往构成了人文旅游资源分布的基础。比如，杭州西湖就有很深的历史积淀，著名的"西湖十景"都是由人文景观和水景共同构成的。江南的水乡，人依水而居，建筑依水而建，人与水和谐共处，形成了独特的景观和文化氛围。

课堂讨论

- 你知道哪些水上运动？你最喜欢的水上运动是什么？它有什么特点？

一、水体资源与旅游的关系

1．水体是各类景区的重要构景要素

水体是各类景区的重要构景要素，是其重要的物质基础。特别是自然风景区，都要以水作为其吸引因素。郭熙曾说："山无云则不秀，无水则不媚"。例如，被人们称为"童话世界"的九寨沟以及"人间天堂"的苏杭一带，都是以水体资源形成了富有魅力的奇丽景观。其次，依托水体而建的人文景观，也正是因为水随景转，景因水活，才有了万千变化。

2．水体自身可形成多种多样的美景

水体资源在大多数情况下，自身就能形成优美的风景。例如，贵州的黄果树瀑布、陕西宜川的黄河壶口瀑布、杭州的西湖、我国最大的内陆湖——青海湖，都是以水体资源而单独成景的。特别是对于固态的水体资源——冰雪，表现更为突出。例如，可以利用这种固态的水体形成冰雕、雪雕等艺术产品，并举办各种类型的"冰雪艺术节"。

3．水体可开展各种丰富多彩的旅游活动

随着人们旅游需求个性化和多样化的不断发展，旅游活动不仅仅局限于看、游、赏，旅游者越来越注重体验与参与。水体资源既可以观赏，又可以体验、参与，因此对于水体类旅游产品的开发颇具优势。旅游者也总是对水给予青睐和厚爱，观水、戏水、漂流总是情趣无限，魅力不减，水总是能给人们刺激和愉悦的感受，如游泳、划船、滑冰、滑雪、潜水、冲浪、滑水、垂钓，以及疗养、品茗等。

二、水域风光的概念、类型与分布

1．水域风光的概念

水域风光是指以水体为中心，在地质地貌、气候、生物及人类活动等因素的配合下，形成的不同类型水体景观的总称。凡能吸引旅游者进行旅游活动，并产生经济效益、社会效益和生态效益的水体现象都可以视为水域风光类旅游资源。

2．水域风光的类型

水在自然界中分布非常广泛。它无处不在，不仅存在于水圈，而且在大气圈、生物圈、岩石圈均能见到水。因此，水的存在形式多样，是地球上以三种聚合态——液态、固态、气态共存于自然界的唯一物质，既有液态的海洋水、河流水、湖泊水、水库水、地下水、泉水、瀑布等，也有固态的冰川水、积雪，还有气态的云、雾等。

水域风光类旅游资源按水体的基本形态、使用价值和潜在功能，可以划分为河段、湖泊与沼泽、瀑布、泉水、海洋、冰雪等类型。

3．水域风光的分布

地球上除了存在于各种矿物中的化合水、结合水，以及地壳深部被岩石所封存的水分以外，海洋、河流、湖泊、地下水、大气水和冰雪，共同构成了水体资源，其中海洋水占全球总水量的96.5%，淡水资源只占总水量的3.5%。而淡水资源中，与人类生活密切相关的河水、湖泊水和浅层地下水，仅占淡水资源总量0.34%，那些深层地下水、极地与高山冰川、永冻层的冰等难以被利用的淡水资源却占了绝大部分。此外，因受海陆位置、水汽来源、地形条件、季节变化等因素影响，水资源的时空分布很不均匀。例如，我国水资源的地区分布总趋势是由东南沿海向西北内陆递减，季节变化是以夏季降水最多，冬季最少，春季和秋季居中。

三、水域风光的旅游功能

1．具有审美功能，可以开展观赏旅游

（1）水的壮阔之美

面对浩瀚无边的大海、飞流直下的瀑布、奔流不止的江河，人们往往会感到心胸豁然开朗，惊叹于大自然的波澜壮阔，产生仰慕或敬畏之情。我国贵州的黄果树瀑布，陕西的壶口瀑布，都是以雄壮著称；非洲的维多利亚瀑布、南美洲的安赫尔瀑布和伊瓜苏瀑布，也都以壮美闻名世界。

（2）水的秀丽之美

清澈的溪流、水山相映的湖泊、舒缓的江面，都会给人清丽柔和的美感，使游人感到轻松活泼，静雅舒适。例如，浙江的富春江，“如情似梦”的桂林漓江，“淡妆浓抹总相宜”的杭州西湖，都给人以秀美之感。

（3）水的奇特之美

水的奇特之美，源自其形、色、声等方面的变化。有“天下奇”之称的黄山，瀑布景观中的人字瀑、一字瀑、九龙瀑等都具有奇特的形状；世界自然遗产九寨沟，最奇妙的就是它的水景了，共有108个彩色湖泊，高低错落，水中倒映红叶、绿树、雪峰、蓝天，变幻无穷；位于以色列和约旦两国交界处的内陆咸水湖——“死海”，堪称世界之奇。

2．具有疗养功能，开展休闲健体旅游

温泉、矿泉、海水、湖泊等均具有疗养的功能，对于人体的保健和医疗，有着重要的作用。这些水体中含有多种微量元素及其他化学成分，有一定的矿化度，通过对人体的药理和化学生物作用，而达到治病健身的效果。“深知海内长生药，不及崂山一清泉”，是人们对崂山温泉理疗价值的评价。我国大多数温泉所在地山川秀丽，风景如画，是人们疗养和旅游的好去处，如北京闻名遐迩的小汤山温泉、辽宁鞍山汤岗子温泉、西安久负盛名的华清池温泉度假区等。

3．具有品茗功能，开展茶文化旅游

饮茶品茗，修身养性，陶冶情操，是我国人民生活中一项颇具典型意义并富有特色的生活艺术。茶与水的关系极为重要，好茶须配好水。杭州西湖的龙井茶，最好地保持了茶的本色，用杭州虎跑泉的水沏茶，妙就妙在无论茶与水，都不失真味。中国的名泉有北京的玉泉、济南的趵突泉、镇江的金山泉、无锡的惠山泉、杭州的虎跑泉等，用这些泉水泡茶才能泡出好茶。

4．具有娱乐功能，开展水上游乐旅游

借助于水体资源，人们可以开展丰富多彩的娱乐活动，包括游泳、垂钓、潜水、划船、冲浪、漂流、滑水、海水浴等活动。例如，我国大连的老虎滩、金石滩海滨游览区，以及河北的北戴河、山东的青岛、广西的北海、海南的三亚等旅游胜地，都是借助于一定的水体资源、良好的气候条件、优美迷人的自然风景开展海水浴、驾船扬帆、潜水、观景等体验性的旅游活动，吸引了广大中外旅游者。

5. 含有丰富的文化内涵，可以开展水文化旅游

水体资源不仅是旅游资源的重要部分，也是人们吟诗作赋的主要对象。古往今来，不少的文人墨客以秀丽的江河湖泊、雄浑壮丽的瀑布、清澈甘醇的泉水为题，写下了许多流传至今的优美诗篇。如诗人李白曾写下“飞流直下三千尺，疑是银河落九天”的诗句来赞美庐山瀑布，他笔下的庐山瀑布，气势磅礴，神韵万千；诗人韩愈曾以“江作青罗带，山如碧玉簪”的诗句来赞美如诗似画的漓江；诗人孟浩然则用“气蒸云梦泽，波撼岳阳城”来描写洞庭湖的壮阔景象。除了这些流传下来的诗文以外，许多水体资源周边有摩崖石刻，有的还有优美的传说故事，形成了丰厚的文化积淀和浓郁的文化氛围，提高了水体资源的观赏价值，也为开展水文化旅游创造了有利条件。

第二节 海滨旅游

一、海滨旅游资源

地球表面积5.1亿平方千米，其中海洋面积为3.61亿平方千米，约为地球表面积的71%，可见海洋水体在地球表面所占面积之大，分布之广。而蓝天、白云、碧海、细浪、沙滩、椰林构成了迷人的海滨风光，其浩瀚无际、深邃奥妙的魅力吸引着每一个旅游者，成为水域风光类旅游资源的重要组成部分。因此，海滨地带始终是观光旅游的胜地。据统计，目前全世界已有上千座海上娱乐中心、旅游中心和海洋公园。

海洋，作为一种康乐性旅游资源，大致可以分为海面风光、海滨（海岛）风光、海底世界、海洋生态景观和海洋历史文化景观。

辽阔的海面，浩瀚无际，时而狂涛滚滚，时而风平浪静。这种变化，使人感受到自然界的无穷力量和魅力。因此，海钓、游泳、帆船、摩托艇、冲浪、滑水、热气球、划船和水上飞机等旅游项目应运而生。

良好的气候和海水条件，让海滨成为疗养度假的好去处。地中海沿岸、夏威夷、加勒比海、东南亚、我国的海南等地区气候适宜、阳光充足，是世界著名的避暑、疗养、度假胜地。此外，在河流入海的喇叭状河口地区，常可见到涌潮现象。涌潮是指涨潮时，海水从广阔的海域涌进河口，潮水越前进河口越窄，致使海潮陡立如壁，推进时轰鸣作响，异常壮观。我国钱塘江口的大潮，潮差最高时达 9 米，为世界闻名的涌潮景观。

海水中蕴藏了极为丰富的海洋生物资源，这些资源具有很高的观赏价值和科考价值。随着现代科学技术的发展，海底观光探密和建造“人工海底乐园”已成为海洋旅游活动的一个重要组成部分。游客在潜水员的指引下，潜到水下去观赏鱼类、珊瑚等海生动物，游览和考察海底地貌，以及在游览的过程中进行水下狩猎、摄影和打捞活动等。据统计，世界上已有 30 多个国家建立了海洋旅游中心，每年吸引着众多的中外游客前往观光游览，如美国、澳大利亚、新加坡、泰国、印度尼西亚和我国的海南岛都是潜水旅游者最向往的地方。

我国海岸线总长约为 1.8 万千米，蕴藏着极其丰富的旅游资源，所以沿海地区的海洋景观旅游业方兴未艾，占有越来越重要的地位。

二、海啸与台风

1. 海啸

海啸是由海底地震、海床上的滑坡或崩塌、海底火山爆发或陨石撞击海洋引起的海面水位剧烈涨落的现象。其中，海底地震是引发海啸的主要原因。强烈的海啸进入浅海后会掀起几十米高的巨浪，造成巨大破坏。我国沿海地区由于有许多岛屿可以作为天然屏障，所以很少发生强烈的海啸。强海啸接近海岸的时候，一般有以下现象：

（1）涨潮退潮规律改变，海水突然退潮，甚至露出海底。

（2）沿岸海水出现大量气泡。

（3）海洋动物的行为反常。

（4）沿岸会出现很高的白色巨浪（或水墙）。

上述现象开始出现到海啸登陆，时间非常短暂。由于地震震中在海底，波动传递到海岸大约需要 20 分钟到 2 小时。2004 年 12 月 26 日，罕见的印度洋海啸席卷多个国家，在短短几个小时内就演变成一场巨大的人间惨剧，死亡人数高达几十万人。2011 年 3 月 11 日日本东北近海发生 9.0 级强烈地震，引发约 10 余米高海啸，导致遇难失踪人数达 27 000 多人，并引发福岛核电站爆炸，造成的危害和损失难以估量。

因此，在靠近海岸的饭店工作的服务人员对海啸要有防范意识。除了对上述现象保持警惕之外，还要留意旅游、气象等部门发布的海啸警报。在海啸警报没有解除时，饭店服务人员有责任劝阻住店旅客前往海滩，并按照有关部门的要求采取防护措施。如果没有收到警报，但有上述现象出现，饭店服务人员应该及时通知饭店有关负责人以及相关部门，并设法通知海滩和饭店内的客人撤往高处的平地、防灾中心、山上的建筑等紧急避难场所。海上船只听到海啸预警后应该避免返回港湾，而是在海啸到来前把船开到开阔海面。

知识链接

海啸小英雄——蒂莉·史密斯

只有10岁的英国女孩蒂莉·史密斯随家人来到泰国普吉岛度假。2004年12月26日早晨，史密斯一家正在海滩散步时，蒂莉看到“海水开始冒泡并发出嗞嗞的声音，就像煎锅一样”。蒂莉凭借自己在地理课上学到的知识，立即判断这是海啸来临的前兆。在她的警告下，约100名游客和附近一家饭店的工作人员在海啸到达前几分钟撤退，幸免于难。

仅仅几分钟后，滔天的巨浪便汹涌而来。蒂莉·史密斯不但救了她自己和父母，而且挽救了普吉岛海滩和附近一家饭店共100多人的生命。她因此成为闻名于世的海啸小英雄。

2. 台风

热带气旋是发生在热带洋面上的一种强烈风暴。发生在北太平洋东部和大西洋，中心风力达到12级或以上的热带气旋，称为飓风。发生在北太平洋西部和南海，达到同样强度的热带气旋，则称为台风。

我国是台风多发区，北起辽宁，南至两广的沿海一带，每年都有可能遭受热带气旋的袭击，其中又以登陆广东、福建和台湾三省的热带气旋数量最多。在其活动过程中，伴随有狂风、暴雨、巨浪和风暴潮。台风登陆后深入内陆，受到地面摩擦力的影响，风速会逐渐减小，强度也会削弱。但这时往往会暴雨倾盆，造成山洪暴发，冲毁水库、建筑，淹没田地等。台风预警分为四级，从发布的灾害性台风预警信号来说，有蓝色、黄色、橙色和红色四种。目前我国的台风预警系统比较完善，一般能及时发布预警信号。

（1）台风蓝色预警信号

台风蓝色预警信号表示24小时内可能或已经受热带气旋影响，沿海或陆地平均风力达6级以上，或者阵风8级以上并可能持续。防御指南：做好防风准备，有关部门启动防御工作预案；注意媒体关于热带低压最新消息和防风通知的报道；把门窗、围板、棚架，户外广告牌、临时搭建物等易被风吹动的搭建物紧固，妥善安置易受热带低压影响的室外物品。

（2）台风黄色预警信号

台风黄色预警信号表示24小时内可能或已经受热带气旋影响，沿海或陆地平均风力达8级以上，或者阵风10级以上并可能持续。防御指南：进入防风状态，有关部门启动防御工作预案；关紧门窗，处于危险地带和危房中的居民和船舶应到避风场所避风；高空、滩涂、水上等户外作业人员应停止作业，危险地带工作人员应及时撤离。

（3）台风橙色预警信号

台风橙色预警信号表示12小时内可能或已经受热带气旋影响，沿海或陆地平均风力达10级以上，或阵风12级以上并可能持续。防御指南：进入防风状态，有关部门启动防御工作预案；关紧门窗，危险地带和危房中的居民和船舶应到避风场所避风；高空、滩涂、水上等户外作业人员应停止作业，危险地带工作人员应及时撤离；露天集体活动应及时停止，并做好人员疏散工作；切断霓虹灯招牌电源及危险的室外电源；其他同台风蓝色预警信号。

（4）台风红色预警信号

台风红色预警信号表示6小时内可能或已经受热带气旋影响，沿海或陆地平均风力可达12级以上，或者阵风达12级以上并可能持续。防御指南：进入特别紧急防风状态，有关部门启动防御工作预案，相关应急处置与抢险单位随时准备启动抢险应急方案；关紧门窗，处于危险地带和危房中的居民和船舶应到避风场所避风；高空、滩涂、水上等户外作业人员应停止作业，危险地带工作人员应及时撤离；露天集体活动应及时停止，并做好人员疏散工作；其他同台风橙色预警信号。

饭店员工应熟悉台风预警信号及相关自救保护措施，尽可能做到防患于未然。

专题活动

假如你在一家沿海城市的酒店工作。请你为住店客人写一篇普及台风知识的小文章。文章内容应包括什么是台风、台风有什么特征、海滨旅游如何规避台风带来的危险等内容。写文章时应注意多查资料，也可到当地的气象部门或旅行社了解相关内容。

三、我国主要海滨旅游胜地

1．大连海滨

大连市位于辽东半岛南端，是个港口城市。大连市海岸线长30千米，山水相连，礁石错落，具有观赏价值的海蚀柱、海蚀崖、海蚀洞、海蚀拱桥等景观甚多，海滩坡度小，潮差不大。夏季海表水温达 20℃以上，是优良的海滨浴场。大连海滨如图 3—1 所示。旅顺港地势险要，保留了许多战争遗迹。新开发的金石滩海岸带由四大景区 50 多个景点组成。西南方的老铁山是候鸟的乐园，西北海中的蛇岛是我国唯一的蝮蛇保护区。

图 3—1　大连海滨

2．北戴河海滨

北戴河海滨位于河北省秦皇岛市，背依联峰山，面临渤海。北戴河海滨夏季气候凉爽宜人，全年适于海水浴的天数为 110～120 天，春季无大风沙，附近海域海水清澈，沙滩绵延十多千米，沙软潮平。海岸地区发育了海蚀地貌，老虎石、鹰角石、骆驼石、对语石等形象逼真，栩栩如生。联峰山上奇峰异石遍布，松柏苍劲。登望海楼可俯瞰海滨全景，远眺秦皇岛码头及昌黎碣石山。此外，附近还可观览山海关古长城、姜女庙等古迹。

知识链接

姜女庙

“孟姜女哭长城”的故事早已家喻户晓，姜女庙就是根据这一传说为纪念孟姜女而修建的。它位于山海关东 6.5 千米的望夫石村北凤凰山上。始建于宋以前，于明万历年间、崇祯年间和民国时期三次重修。姜女庙由山门、钟楼、正殿、后殿和振衣亭等建筑组成。相传孟姜女生活在秦始皇时代，她的丈夫万喜良被抓去修长城，多时未归，她不辞辛苦万里寻夫来到长城脚下，却听说丈夫已因修筑长城累死，尸骨埋在长城下。她得此噩耗，悲痛欲绝，放声大哭，将长城哭倒，她把丈夫的尸骨拣出埋葬后，投海自尽。其实孟姜女与万里长城毫无关系，据史学家考证，她应该是春秋时的齐国人。公元前 549 年，她的丈夫杞梁被委任为攻打莒国的先锋，不幸阵亡。她善哭在齐国是有名的。据说她哭杞梁哭得极为哀婉动人，以至把城哭倒。到了唐代，“杞梁妻哭崩城”的故事发生了实质性的变化。一个叫贯休的和尚写了一首诗，把杞梁夫妇与秦长城联系到一起。从此，“孟姜女哭长城”的故事就这么一代代流传下来。

3. 青岛海滨

青岛市是胶东半岛东南的港口城市，港阔水深，风平浪静，不冻不淤。城市随山而建，高低错落，具有青山、碧海、绿树、红墙之美景。青岛海滨最热月均温只有25度，是避暑佳地，如图3—2所示。青岛市在汇泉湾、太平湾一带开辟了广阔的海滨浴场，海岸线曲折多港湾，岩礁星罗棋布，有“石老人”和“玉女盆”等海蚀景观。青岛湾中伸入大海的栈桥及回澜阁是青岛十景之一，也是青岛的象征。栈桥东南海中小青岛（琴岛）上有高15.5米的白色八角灯塔，构成“琴岛飘灯”一景。

图3—2　青岛海滨

4. 三亚海滨

三亚市位于海南岛最南端。市东南有著名的亚龙湾风景区，海滩长7 000米，沙细软洁白，海碧天澄，风平浪静，四季可浴，海底有美丽的珊瑚景观，被称为“东方夏威夷”。三亚海滨如3—3所示。三亚市西天涯海角风景区，海滩上巨石罗列，有立有卧，其中二石上分别镌刻着“天涯”和“海角”，另一巨石上镌刻“南天一柱”四字。海滩平坦，海水洁净，是海水浴和海滨观赏胜地。

图 3—3　三亚海滨

知识链接

海滨旅游须知

1. 夏季到海滨游玩时，阳光直射人体，而且，沙滩和海面反光强度大，因而人的皮肤和头发会受到强烈的紫外线辐射。为避免皮肤受损，防晒品的防晒指数要在 30 以上。游泳时最好选用防水的防晒护肤品。每隔 2～3 小时涂些防晒品，以保护皮肤。出门时最好戴上遮阳帽，能有效保护头发。

2. 不吃不洁食物，吃海鲜时可适量喝点白酒和米醋，可以起到杀菌消毒的作用。

3. 吃海鲜后，1 小时内不要食用冷饮、西瓜等食品，不要马上去游泳。游泳后也不宜立即食用冷饮、西瓜、海鲜等食品。

4. 晕船者在上船前不要吃得太饱，也不要吃太油腻的食品，可预先吃 2 片防晕片，上船后不要频繁走动，产生眩晕感时，可平躺在床上，在手腕及肚脐处各贴一块麝香膏，可以起到防晕的作用。

5. 应随身带好防感冒、发烧、腹泻、皮肤过敏的药品，以备应急之用。

6. 游泳时要保管好随身携带的物品。贵重物品不宜放入衣物箱内，应专项寄存或派人看管。

7. 游泳前要做准备活动，以防抽筋；游泳时要在规定的安全区域内活动，在水中感觉不适时，应尽快上岸休息，并适当控制水上活动时间。

8. 参加高速摩托艇、水上飞机、高速游轮活动的游客要听从工作人员的安排，并穿好救生衣，落实各项安全措施，切忌麻痹大意。携带儿童的游客参加水上活动时应照顾好儿童，不要让他们独自活动。

课堂讨论

- 除了夏季，其他季节到海滨游玩，都需要同样的防晒措施吗？
- 在夏季人们习惯穿浅色衣服出门，以为可以起到保护皮肤的作用。你认为这种看法对吗？夏季到底穿什么颜色的衣服能更好地起到防晒的效果？

第三节　江河旅游

大江大河是大地的血脉，是人类文明的发源地，如黄河、尼罗河、幼发拉底河、恒河等。我国是多河川的国家，黄河、长江、黑龙江、珠江、漓江、钱塘江等遍布南北，沿着大江大河游览既可饱览大峡谷的壮丽风光，也可领略小桥流水的水乡风情，既可探险漂流，也可悠游"赏玩"。

一、长江三峡

长江三峡（见图 3—4）是长江中最为壮丽的一段。它西起重庆奉节白帝城，东到湖北宜昌南津关，全长 193 千米，由瞿塘峡、巫峡和西陵峡组成。瞿塘峡长 8 千米，两壁对耸狭窄，最窄处不到百米，最宽处不过 150 米，以雄伟险峻著称。巫峡以巫山得名，长 45 千米，是三峡中最整齐的峡谷，以幽深秀丽著称。西陵峡全长 76 千米，其特点是峡中有峡，滩内含滩，江流回环曲折，以险著称，举世闻名的三峡水利枢纽工程就在此段内。三峡沿岸分布有纪念大禹治水的黄陵庙、古悬棺、古栈道、白帝城、屈原故里等名胜古迹，是人们寻幽览胜的好去处。

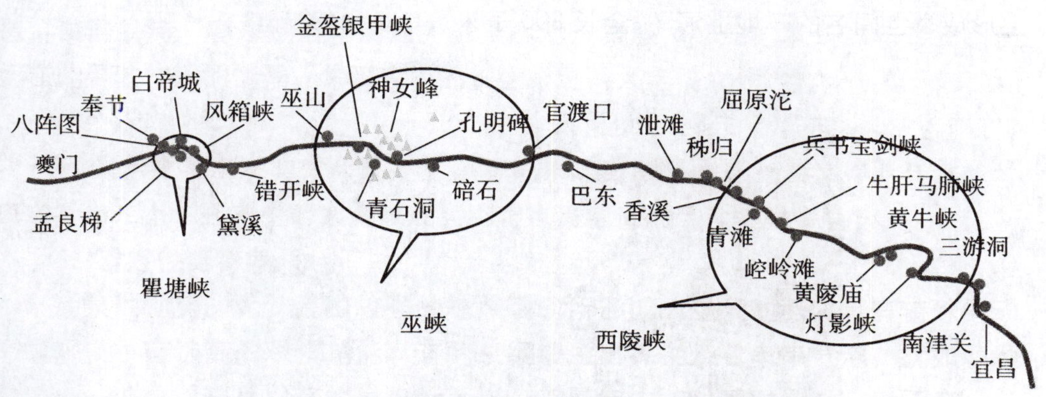

图 3—4　长江三峡

知识链接

长江发源于中国青藏高原群峦叠嶂的唐古拉山主峰——格拉丹东雪峰西南侧的冰川。藏语“格拉丹东”就是“高高尖尖的山峰”的意思。雪峰积存着大量的冰雪，融化的冰水汇集在雪峰脚下，形成了滚滚长江的正源——沱沱河。长江自沱沱河开始，经青海、西藏、云南、四川、重庆、湖北、湖南、江西、安徽、江苏和上海 11 个省、市、自治区，注入东海，全长约 6 300 千米，整个流域面积达 180 万平方千米，是一条名副其实的“长河”，为世界第三大河。

课堂讨论

● 长江是我国第一长河，是我国著名的“黄金水道”和“黄金旅游线”。长江的源头在哪里？流经哪些区域？沿途有哪些著名景点和文化名城？为什么将长江誉为“黄金水道”和“黄金旅游线”？

二、黄河

黄河是我国第二大河，是中华民族的母亲河，它发源于青海省巴颜喀拉山北麓，全长 5 464 千米，流域面积 75.2 万平方千米，流经我国 9 个省、市、自治区。由于黄河中游流经土质疏松的黄土高原，使得黄河成为世界上含沙量最多的河流，它像一条金黄色的巨龙，横卧在祖国北部辽阔的大地上。

黄河上游分布有约 19 个峡谷，如龙羊峡、刘家峡、青铜峡和晋陕峡谷（见图 3—5）等，并在内蒙古高原上冲积形成有“塞上江南”之称的银川平原和河套平原。黄河中游则形成含沙量高居世界各大河之冠的浑浊黄水，并在此段形成著名的龙门和壶口大瀑布。黄河流入河南孟津之后的下游河段，在华北平原上形成举世闻名的“地上河”，全长900千米。

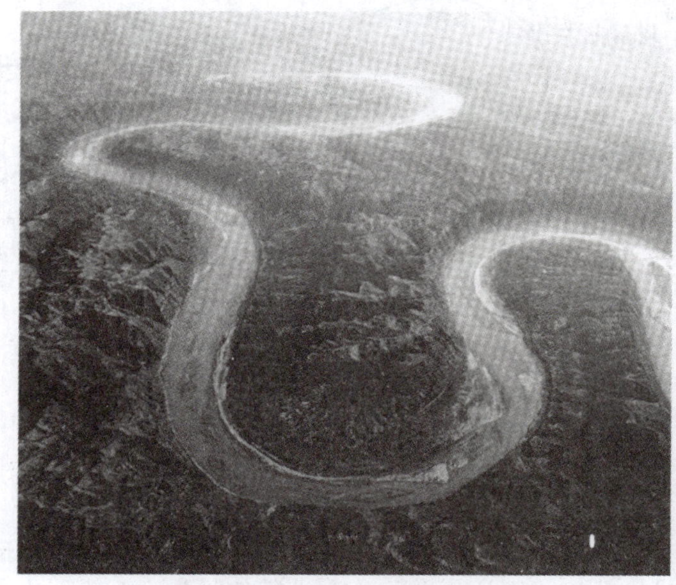

图3—5 黄河中游——晋陕峡谷

黄河流域是中国古代文明的发祥地之一，自古以来我们的祖先就劳动生息在这块土地上，黄河两岸遍布着华夏民族活动的踪迹，黄河及其支流沿岸的咸阳、西安、洛阳、开封，都曾是显赫一时的历史古都，兰州、银川、包头、呼和浩特、郑州、济南等城市，既有大量的文物古迹，又充满了现代都市的风情。

三、雅鲁藏布江

雅鲁藏布江（见图3—6）在古代藏文中称央恰布藏布，意为从最高顶峰上流下来的水，是中国最长的高原河流，位于西藏自治区，也是世界上海拔最高的大河之一。雅鲁藏布江全长2 840千米（包含支流全长3 848千米），流域面积约93.5万平方千米，其中在中国境内长度2 057千米，流域面积24.6万平方千米。以中国境内长度来说，雅鲁藏布江为中国第5大河（仅次于长江、黄河、黑龙江和珠江），其水能蕴藏量丰富，在中国仅次于长江。雅鲁藏布江大拐弯处的雅鲁藏布江大峡谷是世界第一大峡谷。

雅鲁藏布江大峡谷高山密林密布，险峻幽深，具有从高山冰雪带到低河谷热带季风雨林带等九个垂直自然带，生物资源极其丰富，许多地区至今仍无人涉足，堪称“地球上最后的秘境”。雅鲁藏布江还是人类活动的走廊，高地的藏族和低河谷地带的门巴族、珞巴族人民互通有无。藏民族的起源、吐蕃王朝的兴起、雅砻文化的建立和发展等都离不开它。

图 3—6 雅鲁藏布江

四、黑龙江

黑龙江源自海拉尔河，中段为中国与俄罗斯的界河，长 2 854 千米，下游进入俄罗斯境内。黑龙江在我国境内的支流有松花江和乌苏里江，松花江的支流有嫩江和牡丹江等。该区域的景观以莽莽苍苍的森林、绚丽的冰雪景观、珍奇的野生动物和奇特的文化古迹而闻名遐迩。

五、京杭大运河

京杭大运河开凿于隋代，全长 1 764 千米。是世界上开凿最早、最长的人工河。这条古老的运河流经北京、天津、河北、山东、江苏、浙江 6 个省市，连接了海河、黄河、淮河、长江和钱塘江 5 大水系。沿河分布的古城、工商业城市和风景名城有杭州、嘉兴、苏州、无锡、常州、镇江、扬州等。京杭大运河不仅具有交通功能，而且将燕赵、楚汉、鲁豫、吴越文化连环成链，成为贯穿南北的重要旅游景观。江苏、浙江和上海都相继开辟京杭大运河水上游览线。

六、钱塘大潮

钱塘观潮由来已久，历来被誉为“天下奇观”。在农历每月初一至初五、十五至二十，每天的 11 至 14 时均可看到钱塘江涌潮，但一年中最佳观潮时间是农历八月十五至十八日。每到此时，来浙江海宁一带观潮的人，成群结队，络绎不绝。这时的岸边，人山人海，万头攒动，焦急地等待那激动人心的时刻到来。大潮来时，只见远处出现一条白线，由远而近；刹那间，壁立的潮头，像一堵高大的水墙，呼啸席卷而来，发出雷鸣般的吼声，震耳欲聋。真是“滔天浊浪排空来，翻江倒海山为摧”。现今最佳观潮点有三个：盐官镇观海潮涌江，八堡观东潮与南潮汇合，老盐仓观回头潮与涌潮相撞。观潮时必须注意安全。

知识链接

潮　汐

由月球和太阳的引力引起的海水面的周期性运动，叫做潮汐。它包括海面周期性的涨落和海水周期性的水平流动。在一般情况下，每昼夜海面有两次涨落，我国古代称早晨的海水涨落为潮，称晚上的海水涨落为汐，两者合称为潮汐。海水周期性的水平流动则称为潮流。地球表面上的海水，随时随刻都被无形的“三只大手”在争夺着：一只大手是地球对海水的引力，另外两只大手是月亮和太阳对海水的引力。这三个引力相比较，地球的引力最大，使海水永恒地依附在地球表面。太阳虽然比月亮大，但是太阳距离地球比月亮距离地球要远 400 倍，所以月亮对海水的引力比太阳大。据计算，月球对地球的引力作用会使地球表面升高 0.563 米，太阳的引力作用使地球表面升高 0.264 米，两者加起来可知海水最大潮差应为 0.8 米左右。但是，由于海水容量和各地区地形的不同，潮差往往千差万别，有些地方的潮差竟高达 19.6 米。

第四节　湖泊旅游

湖泊是陆地上洼地积水形成的水域宽阔、水量交换缓慢的水体，也是陆地上最大的水体。湖泊在我国各地分别有不同的称呼，如海、海子、库尔、库勒、泡子、诺尔、淖、茶卡、错、荡、淀等。中国是一个多湖泊的国家，共计有 2

万多个湖泊，总面积达 8 万平方千米。其中，面积在 1 平方千米以上的湖泊有 2 800 多个，面积大于 100 平方千米的大湖有 130 多个。我国湖泊分布具有范围广而又相对集中的特点，主要分布在东部平原、青藏高原，其次是云贵高原、蒙新地区和东北地区。

一、湖泊的类型

我国湖泊不仅数量多，且类型齐全。

1．按水质分类

按湖水水质，可将湖泊分为三种类型，即淡水湖、咸水湖和盐湖。

（1）淡水湖

湖水矿化度小于 1 克／升的湖泊为淡水湖，如鄱阳湖、洞庭湖、太湖、洪泽湖和巢湖，它们合称为中国五大淡水湖。

（2）咸水湖

湖水矿化度在 1～35 克／升之间的湖泊为咸水湖，中国最大的咸水湖是青海湖。

（3）盐湖

湖水矿化度大于 35 克／升的湖泊为盐湖，我国最大的盐湖是位于柴达木盆地的察尔汗盐湖。

知识链接

鄱阳湖

鄱阳湖（见图 3—7）古称彭泽，地处江西省北部、长江中下游分界处，最大时面积达 4 600 平方千米，是我国第一大淡水湖。鄱阳湖湖区烟波浩渺、水草丰美，有大量珍贵的鱼类，还有许多珍贵的鸟类栖息于此，是我国国家级的鸟类自然保护区。每年来此越冬的鸟类有 200 多种，其中白鹤的数量超过 4 000 只，囊括了世界白鹤总量的 95%。此外，鄱阳湖自古即为文人墨客会聚之地，许多诗人都在此留下了不朽的诗句，如王勃的“落霞与孤鹜齐飞，秋水共长天一色”，苏东坡的“山苍苍，水茫茫，大姑小姑江中央”，描绘的都是鄱阳湖的胜境。鄱阳湖的著名景点有石钟山、大孤山、南山、落星湖等。鄱阳湖风光如图 3—7 所示。

图 3—7　鄱阳湖风光

2．按成因分类

根据湖泊的成因，可将其分为河迹湖、构造湖、堰塞湖、海迹湖、火口湖、冰川湖、溶蚀湖、风蚀湖和人工湖等类型，见表 3—1。

表 3—1　湖泊类型

类别	成因及特点	分布	代表性湖泊
河迹湖	因河流改道，在废弃的河道积水而形成的湖泊，湖形似弯月，水质一般为淡水	大多分布于大河中游平原地区。如长江中游地区	洞庭湖、湖北洪湖、惠州西湖
构造湖	因地壳断裂、沉陷、褶皱等地质活动形成的洼地积水后形成的湖泊。湖水一般较深，湖形多呈椭圆或狭长形，湖岸平直，岸坡陡峭	云贵高原及青藏高原	滇池、洱海、抚仙湖，青海湖（我国最大的咸水湖）、台湾日月潭
堰塞湖	因山崩、火山熔岩、泥石流等物质堵塞河道而形成的湖泊	东北地区较多	黑龙江省的镜泊湖、五大连池等
海迹湖	是由古海湾封闭而成的湖泊，又称泻湖	主要分布于滨海三角洲冲积平原地区	无锡太湖、杭州西湖
火口湖	因火山喷发后遗留的火山口积水而成的湖泊。其特点是湖泊外形近圆形或马蹄形，湖岸陡峭，湖水较深	火口湖在我国分布广泛，长白山、大兴安岭、云南、广东、台湾等地均有分布	长白山天池
冰川湖	由冰川侵蚀的洼地积水而成的湖泊	多分布于高山、高原或高纬度地区。我国主要分布于青藏高原和新疆等地	天山天池、阿尔泰山的喀纳斯湖
岩溶湖	岩溶作用的溶蚀洼地积水而成的湖泊	分布于岩溶地貌发育的广西、云南和贵州等省区	贵州草海、肇庆星湖

续表

类别	成因及特点	分布	代表性湖泊
风蚀湖	因强风侵蚀的洼地积水而成的湖泊	主要分布于我国西北的干旱、半干旱地区	敦煌鸣沙山月牙泉、内蒙古苏古诺尔湖
人工湖	即人工水库，是指人工拦堤筑坝修筑的具有蓄水、防洪、发电、灌溉、养殖等多种功能的蓄水水体	多修筑在大江大河的中上游地区	三峡水库、密云水库

知识链接

青海湖

青海湖古称“西海”，蒙语称为“库库诺尔”，藏语称为“错温波”，意即“青色的海”或“蓝色的海洋”。青海湖位于青海省境内，面积达4 400平方千米，是我国最大的咸水湖，也是典型的构造湖。青海湖四周雪山高耸，草原如茵，湖中盛产肉嫩鲜美的湟鱼，是我国西北地区最大的天然鱼库。青海湖最诱人的景色是鸟岛奇观。鸟岛其面积仅0.8平方千米，每年五六月份，来自我国南方和东南亚等地的斑头雁、棕头鸥、鱼鸥、鸬鹚和黑颈鹤等10多种候鸟云集于此，最多可达10万只以上，天空中是密密麻麻的飞鸟，鸟声鼎沸，地上到处是五颜六色的鸟蛋，形成青海湖一大奇观。

二、湖泊的旅游环境

我国湖泊旅游资源虽然很多，但资源环境却不容乐观，许多湖泊富营养化严重。此外，还有许多近海海滨、河流、城镇内河等均遭到不同程度的污染。例如，深圳大梅沙海滨在旅游高峰时日产垃圾高达60吨。

这些污染虽然有多方面的因素，但旅游开发活动和旅游者的活动对当地环境的影响是不容忽视的。比如在旅游地过多地修建宾馆、饭店、都市化的娱乐设施，使用影响景区环境的包装和商品，以及直接排放的生活污水等，都会对当地的水体、植被等环境造成一定程度的破坏。旅游者丢弃的垃圾、食品及随意捕采等也给景区环境带来破坏。饭店的运营应保护当地的环境和自然资源，节约用水，减少能源消耗，建立“绿色饭店”。旅游者要关心环境管理和遵守规则，少使用一次性物品，不乱丢垃圾等。只有人们都自觉从身边做起，共同保护我们的环境，才能保持旅游资源的可持续发展。例如，我国旅游城市杭州为了保护西湖的风景，搬迁了西湖周围10多家有排污的工厂，沿湖各单位污水全部纳入环湖截流管道，疏导西湖，放养水草和食草浮游生物来净化水质，开渠引水，使西湖之水保持纯净，确保了“绿色明珠”的美誉。

知识链接

中国的水环境——2013年中国环境状况公报（摘录）

全国十大水系水质一半污染；国控重点湖泊水质四成污染；31个大型淡水湖泊水质17个污染；9个重要海湾中，辽东湾、渤海湾和胶州湾水质差，长江口、杭州湾、闽江口和珠江口水质极差……

《2013年中国环境状况公报》显示，全国地表水总体轻度污染，其中黄河、淮河、海河、辽河、松花江五大水系水质污染，全国4 778个地下水监测点中，约六成水质较差和极差。2013年十大流域水质状况如图3—8所示。

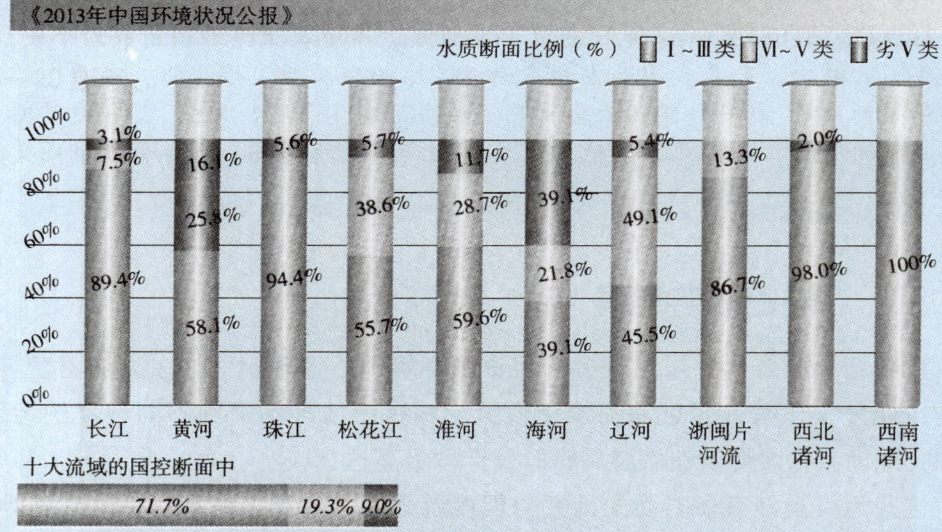

图3—8 2013年十大流域水质状况

再看湖泊，国控重点湖泊中，水质为污染级的占39.3%。31个大型淡水湖泊中，17个为中度污染或轻度污染，白洋淀、阳澄湖、鄱阳湖、洞庭湖、镜泊湖赫然在列，滇池水质重度污染。而且，大量天然湖泊消失或大面积缩减，“第一大淡水湖”鄱阳湖和“气蒸云梦泽”的洞庭湖湖面大幅缩小，“水情即省情”的湖北湖泊面积锐减、湿地萎缩。

趋势是严峻的——水污染已由支流向主干延伸，由城市向农村蔓延，由地表水向地下水渗透，由陆地向海域发展。

现实是沉重的——全国657个城市中，有300多个属于联合国人居署评价标准的“严重缺水”城市和“缺水”城市。

专题活动

到当地的饭店、旅行社或旅游景区进行一次小调查，了解“绿色饭店”“绿色旅游”的概念，以及一些环保信息，与同学进行交流，发表自己对“绿色饭店”的见解，并讨论如何从自己生活中的每个细节做起，养成良好的环保习惯。

三、我国的风景名湖

湖泊素称“大地明珠”，其构景水天一色，视野开阔，幽美静谧，是水域风光中最能体现相对静态的形、影、光、色等审美特征的水体，尤其是湖与山结合，湖光山色，岛屿缥缈，更加妩媚动人。此外，湖泊还可开展游泳、划船、垂钓、滑水、品尝水鲜等休闲娱乐活动，一定条件下也可开展冬季冰上运动。湖区气候往往适于休闲度假，因此，湖泊是陆地水域休闲度假活动最重要的场所。

我国名湖众多，景色各异，现将代表性湖泊介绍如下：

1．杭州西湖

杭州西湖为海迹湖。这里原属古海湾的一部分，北面的宝石山和南面的吴山在当时是这个海湾的岬角，由于泥沙淤积，海退陆进，形成了举世闻名的西湖。杭州西湖位于杭州城西面，面积5.6平方千米，三面环山，一面临城，湖中点缀着一山、二堤、三岛。“一山”即是孤山，孤山景区名胜古迹多达30多处。“二堤”为苏堤和白堤，分别为纪念历史上整治开发西湖有功的苏轼和白居易而命名，苏堤和白堤把西湖分隔成外西湖、里西湖、北西湖、岳湖和小南湖五个部分。三岛是小瀛洲、湖心亭和阮公墩。西湖之美，妙在不管晴雨风雪，她总是别具风韵，奥妙无穷，令人百看不厌。正如北宋大文豪苏轼在《饮湖上初晴后雨》中所描述：“水光潋滟晴方好，山色空蒙雨亦奇，欲把西湖比西子，淡妆浓抹总相宜。”更为难得的是丘壑林泉之间深藏着数不清的人文胜迹，如岳飞墓、灵隐寺、雷峰塔、放鹤亭、楼外楼、西泠印社等。自然与人文和谐巧妙地结合在一起，构成人人称誉的“人间天堂”。如图3—9和图3—10所示为西湖风光。

图 3—9 西湖风光——夏荷

图 3—10 西湖风光——冬韵

知识链接

西 湖

西湖可谓处处是景，历史上最著名的首推“西湖十景”，即苏堤春晓、曲院风荷、花港观鱼、柳浪闻莺、双峰插云、平湖秋月、三潭印月、断桥残雪、南屏晚钟、雷峰夕照。这十景之妙就在于它有情、有景、有物、有时，并荟萃了西湖最美的景致。

随着旅游业的发展，西湖风景更加多彩迷人，1985 年又评出“西湖新十景”。分别是虎跑梦泉、龙井问茶、云栖竹径、满陇风雨、九溪烟树、吴山天风、玉泉飞云、宝石流霞、阮墩环碧、黄龙吐翠。

2011 年，杭州西湖作为文化景观遗产入选《世界遗产名录》。

2. 洞庭湖

洞庭湖位于湖南省北部，北通长江，南纳湘、资、沅、澧四水，最大面积曾达 6 000 平方千米，史有“八百里洞庭”之称，现存面积 2 740 平方千米，为我国第二大淡水湖。洞庭湖湖区烟波浩渺，气象万千，风光如图 3—11 所示。江南三大名楼之一的岳阳楼临湖矗立，岳阳楼因宋代名臣范仲淹的《岳阳楼记》而名垂青史，其造型端庄，结构严谨，飞檐盔顶，别具一格，历史上有“洞庭天下水，岳阳天下楼”之说。湖中秀丽的君山岛被古代诗人誉为“白银盘里一青螺”，风景秀丽，古迹遍布，著名的有湘妃墓、柳毅井、斑竹等。相传舜帝南巡，不幸病故，其二妃娥皇、女英悲痛万分，泪水滴落在君山的竹子之上而留下斑斑泪痕，故名斑竹。后二妃悲痛而绝，葬于君山，化为湘水女神，极富神话色彩。

图 3—11　洞庭湖风光

3．天山天池和长白山天池

天山天池位于新疆天山主峰博格达峰北侧，是世界著名的高山湖泊。天山天池海拔 1 980 米，湖形呈半月状，面积 4.9 平方千米，平均水深 40 米，最深处达 105 米。湖水清澈透明，水色瓦蓝碧绿，与天山雪峰相映衬，分外妖娆，是传说中周穆王会见西王母的"瑶池仙境"。天山天池风光如图 3—12 所示。

长白山天池位于吉林长白山主峰峰顶，海拔 2 189 米，面积 9.8 平方千米，平均水深 204 米，最深处达 373 米。长白山天池湖水深邃，清澈湛蓝，湖岸陡峭，四周群山掩映，视野开阔，美不可言，如图 3—13 所示。长白山天池北侧有一熔岩缺口，湖水从此飞泻而下，形成了著名的长白瀑布。近百年来，不时有人在此发现"天池怪兽"，引起游人极大的兴趣，也成为长白山天池的一大未解之谜。

图 3—12　天山天池风光

图 3—13　长白山天池

4．五大连池

五大连池位于黑龙江省五大连池市，公元 1719 — 1721 年，由于火山连续喷发阻塞了白河河道，形成五个串珠状的湖泊，故称五大连池。五大连池纵长 20 千米，面积 40 平方千米，最深处达 100 多米。五个湖泊之间水体相连，姿态各异，周围有 14 座火山环绕，凝固的熔岩千姿万态，更有医疗价值极高的矿泉。五大连池已建成世界地质公园。

第五节　泉水旅游

地下水的天然露头称为泉。地下水遍布各地，但其出露的规模却有限。泉水是一项非常珍贵的旅游资源。其旅游功能主要体现在三个方面：其一是泉水源自地下，或水温较高，或含有多种对人体有益的矿物质、微量元素和气体，往往具有明显的医疗保健价值；其二是泉水在地下经过多次过滤，水质纯净，味道甘美，是品茗酿造的上好水源；其三是因不同地区地下水压力的不同，其喷涌的状态也不同，从而产生不同的美感，具有很高的观赏价值。

一、泉水的分类

1．据泉水矿化度分类

（1）淡水泉

矿化度小于 1 克／升的泉水，称为淡水泉。淡水泉含杂质极少，甘醇可口，适于品茗和酿造。

（2）矿泉

矿化度大于等于 1 克／升，且有明显医疗价值的泉水，称矿泉。矿泉水因含有对人体有益的矿物质，微量元素和气体，或可饮，或可浴，能起到康体疗养、延年益寿之功效。

2．据泉水水温分类

由于地下水的深度及地壳活动情况的差异，泉水的温度各不相同。根据泉水的温度，可将其分为冷泉、微温泉、温泉、热泉、高热泉、沸泉等类型，见表 3—2。

表 3—2　　据水温划分的泉水类别

水温	类型
<25℃	冷泉
25～33℃	微温泉
34～37℃	温泉

续表

水温	类型
38～42℃	热泉
>43℃	高热泉
> 当地沸点	沸泉

从表 3—2 中可知，水温在 25℃ 以下的泉水为冷泉，水温在 25℃ 以上的泉水是广义上的温泉，而狭义温泉是指水温为 34～37℃ 的泉水。冷泉的水质清纯甘洌，常供饮用及酿酒；温泉可供沐浴、游泳、治病，多成为温泉疗养地。汉代张衡在《温泉赋》中曾写道“有病疠兮，温泉浴焉”，说明很早人们就懂得利用温泉水。温泉多为矿泉，而矿泉则不一定是温泉。

二、我国泉水的分布

泉水的分布、特点与气候、地形、地质、水文地质条件等有密切的关系。一般来说，大气降水丰富、地表多水地区多泉，地表容易渗水地区多泉，地壳活动地区多泉且多温泉。我国泉水资源异常丰富，总数达十万多处，仅温泉便有 2 600 多处，分布遍及全国各地，主要密集于西藏、云南、广东、福建、台湾等地，不仅分布密集，且水温普遍偏高。

青藏高原是世界上最年轻的高原，地壳活动频繁，地热资源丰富，已发现的温泉有 630 多处。不仅水温高，出露面积大，且形式罕见。青藏高原的温泉多以地热田、热水塘、热水河、热水沼泽、间歇喷泉、水热爆炸泉等形式出露，如西藏羊八井湿蒸汽田，已开发建成我国第一座地热发电站。

云南地处青藏高原东侧地震、火山多发地带，地壳活跃，地热资源丰富，已发现温泉 440 多处，尤其集中于滇池、洱海、澜沧江、怒江及腾冲地区，如安宁碧玉泉有“天下第一汤”之誉。

广东境内目前已知温泉有 230 多处，几乎每个县市都有出露，其中最著名的是从化温泉。其以富含氡气为特色，对多种疾病有不同程度的疗效，深受海外华侨的喜爱。

福建省温泉密度很高，仅水温在 50 度以上的就有 50 多处，省会福州市是我国有名的“温泉城”。

台湾正处环太平洋火山地震带之中，地下温泉富集，目前已知有 103 处。其中，以园林景色驰名的阳明山温泉、旅游胜地北投高温泉、“水火同源”闻名的台南关子岭温泉、水质优异的恒春四重溪温泉合称为台湾四大温泉。

三、我国的名泉胜地

1. 泉城

（1）“泉城”济南

山东济南名泉密布，素以“泉城”闻名天下。古人有“齐多甘泉，甲于天下”的美誉。金代曾有人立“名泉碑”，列举济南名泉72处，以“趵突泉”为首（见图3—14），享有“天下第一泉”之称。实际上济南仅市区就有泉眼百余处，形成了趵突泉、黑虎泉、珍珠泉、五龙潭四大泉群，百泉争涌，各具风采：或急湍翻滚，如狮吼虎啸，或晶莹灿烂，似串串珍珠。众泉之水汇集一处，形成了荷柳辉映、风景秀丽的大明湖。“家家泉水，户户垂柳”“四面荷花三面柳，一城山色半城湖”，这是古人对济南绮丽风光的赞美。此外，千佛山、四门塔等名胜荟萃，李清照、辛弃疾等名人辈出，使济南成为一座世人瞩目的历史文化名城。

图3—14 济南“趵突泉”

（2）“温泉城”福州

福建省省会福州市是一座有着2 000多年悠久历史的文化古城，背山依江面海，气候宜人，古迹遍布，风景秀丽，雅称“榕城”，此外还有“温泉城”的美誉。这是因为福州市区有一条5千米长、1千米宽的温泉带，约占市区面积的1/7，在此地带，泉眼密布，且水压大，水量足，水温高，水质优异，尤其适于疗养。

2. 历史名泉

根据品茶的需要，冲泡茶宜用矿化度小于1克/升的淡水泉。淡水泉清纯甘洌，中无杂质，能泡出最纯真的茶味。我国唐代以来即盛行“好茶须用好水煮”的茶风，由此评出了不少名泉。

（1）天下第一泉——镇江金山中泠泉

中泠泉位于镇江金山，又名南零水，早在唐代即已天下闻名。唐代品茶大师刘伯刍把宜于煮茶的水分为七等，中泠泉因“水质轻，无涩味，清甜有余，赛过甘露”而名列第一，自此之后有“天下第一泉”之誉。南宋文天祥曾有诗写道：“扬子江心第一泉，南金北来铸文渊，男儿斩却楼兰首，闲品茶经拜羽仙。”

按理“天下第一泉”应该只有一个，但因历史上不同的人用不同的方法、标准来评定，故而出现多个“天下第一泉”。除中泠泉之外，有考证的“天下第一泉”还有北京玉泉、济南趵突泉、庐山谷帘泉、安宁碧玉泉等。

知识链接

天下第一泉的来历

庐山谷帘泉：我国唐代茶圣陆羽根据茶与水的关系，将天下泉水分为20等，谷帘泉名列第一。

北京玉泉：乾隆皇帝喜欢舞文弄墨，附庸风雅，曾令人制作银斗品量天下泉水，结果以北京玉泉水质最轻而评为天下第一。

济南趵突泉：乾隆皇帝在下江南途中，路过济南，被趵突泉沁人心脾的泉水所陶醉，封其为天下第一，并亲笔题下了“天下第一泉”几个大字。

安宁碧玉泉：明朝状元杨慎被皇帝贬职后，远游至此，见风景秀丽，水温宜人，亲书“天下第一汤”，自此后安宁碧玉泉也有“天下第一”之誉。

（2）天下第二泉——无锡惠山泉

惠山泉位于无锡惠山景区，于唐代大历十四年（公元779年）开凿，至今已有1 200多年历史。惠山泉被茶圣陆羽、品茶大师刘伯刍都评为“天下第二”，元代大书法家赵孟頫和清代吏部员外王澍分别书有“天下第二泉”，刻石于泉畔。这就是“惠山天下第二泉”的由来。惠山泉分上、中、下三池，以上池水质最佳。相传唐代宰相李德裕极嗜饮此水，常令地方官吏用坛封装泉水，通过驿站从镇江运到京师长安，全程数千里，不惜劳民伤财。为此唐诗人皮日休有诗讽刺曰：“丞相常思煮茗时，郡侯催发只嫌迟，吴关去国三千里，莫笑杨妃爱荔枝。”此外，我国民间音乐家、双目失明的阿炳，长期在惠山一带流浪，受环境熏陶，在汩汩泉水声中，他思绪万端，谱写了二胡名曲《二泉映月》，惠山泉也因此而名扬海外。

（3）天下第三泉——杭州虎跑泉

虎跑泉位于杭州西湖以南的虎跑山下，相传唐代有一高僧居此，苦于无水。只得准备迁往他处。这时佛祖托梦说："没水不要紧，当遣二虎送来。"果然，第二天，有二虎跑地作穴，泉水涌出，故名"虎跑泉"。虎跑泉水质优异，宜于泡茶，乾隆皇帝评其为"天下第三"。"龙井茶虎跑水"自古即为西湖最佳茗品，号称"双绝"。

3．著名温泉疗养地

我国温泉众多，已形成康体疗养度假地的有辽宁汤岗子、北京小汤山、内蒙古阿尔山、山东即墨、湖北应城、南京汤山、广西象州、云南安宁、贵州息烽、广东从化，以及台湾北投、阳明山、关子岭等。代表性介绍如下：

（1）内蒙古阿尔山温泉

阿尔山温泉位于内蒙古科尔沁右翼前旗阿尔山市，在面积35 000平方米的范围内，大大小小密布着48口泉眼，温度各异，从3～48℃不等，水质也各不相同，医疗功能也因而不同，且分别对人体的某一部位有疗效，因此分别称问病泉、头病泉、眼病泉、耳病泉、胃病泉、五脏泉等。凡来此疗养的游客先在问病泉处"问病"，再去"对症下泉"。而最神奇的还是五脏泉：五泉之水相距不过一尺，分别称心泉、肝泉、肺泉、脾泉、肾泉，水温也各异，各对一个脏器有疗效，引五泉之水汇于中央为浴泉，则主要治疗消化系统疾病。整个矿泉系统就像一个综合性医院。

（2）广东从化温泉

从化温泉位于广东从化市，分布于流溪河河床及其两岸，有泉眼十多处，水温60度左右，以礁石泉、沙滩泉最著名。从化温泉的泉水中含有钙、镁、钾、钠、氡、二氧化硅等多种化学元素和矿物质，尤以富含氡气为特色。氡是一种弱放射性气体，由镭衰变而成，在其蜕变的过程中所产生的α、β、γ射线具有穿透能力和很强的电离能力，医药上用来治疗癌症，也叫镭射气。氡泉对神经衰弱、心律不齐、血压偏高或偏低、糖尿病、内分泌紊乱、皮肤瘙痒等30多种疾病都有不同程度的疗效，故有"矿泉之精"的美誉，被海外华侨誉为"包医百病的良药"。

（3）陕西骊山华清池

华清池位于西安临潼骊山脚下，有泉眼四处，水温43℃，无色透明，略有硫化物气味，水中富含钾、钠、氯、硅、氟、氡、硫酸根等微量元素和离子，适于沐浴疗养。

因地处关中腹地的古代政治中心，骊山温泉开发历史极为悠久，早在西周时期，周幽王即开始在此修建离宫。唐玄宗在此建华清池，常携杨贵妃来此游憩。白居易诗“春寒赐浴华清池，温泉水滑洗凝脂”描绘的就是当年帝王、贵妃在此寻欢作乐的情景。华清宫中的长生殿是两人定情之处。

课堂讨论

- 小李是某温泉宾馆的服务生，有一旅游团队到此进行温泉疗养，该旅游团成员由几个三代同堂的家庭组成，小李应提醒他们注意哪些事项？

4. 观赏性奇特泉

涌泉的动势，尤其是由较强的地热活动所形成的温泉动势，具有特殊的动态景观美，有极高的观赏功能。有的泉缓缓溢出并夹带着串串气泡，犹如颗颗珍珠——这是珍珠泉；有的泉喷涌而出，直冒空中，时喷时歇，定时而变——这是间歇泉；有的泉喷出时伴有巨大的爆炸声，泉水夹杂着大量蒸汽和泥沙直射高空，可达八九百米，极为壮观——这是水热爆炸泉；台南的关子岭温泉，则有“水火同源”奇观。此外，云南大理的蝴蝶泉、河北野三坡的鱼泉、广西桂平西山的乳泉、安徽寿县的喊泉、四川广元的羞泉、湖北神农架的潮泉，以及苦泉、盐泉、酸泉等，都是较著名的观赏性奇特泉。

（1）大理蝴蝶泉

蝴蝶泉位于大理苍山脚下，泉水从岩缝沙层中浸透而出，清澈若镜。而更令人称绝的是这里有“蝴蝶会”的奇景：泉边有一古树，是为蝴蝶树（合欢树），枝叶婆娑，每到春末夏初，古树花开，状如蝴蝶，且散发出诱蝶的香味，吸引着众多蝴蝶云集于此，一只只“连须钩足”，形成一条条蝴蝶的彩带，从枝头悬至泉面。该景色尤以四月中旬最为壮观，万蝶云集，人来不惊，投石不散，蔚为奇观。白族人民把这一天定为蝴蝶会。每年蝴蝶会，四方白族青年都要云集这里，“丢个石头试水深”，用歌声寻找自己的意中人。故蝴蝶泉是一眼象征爱情和忠贞的泉。

（2）台湾关子岭温泉

关子岭温泉位于台湾省台南县白河镇东面，四周群山环抱，清水一泓，为台湾南部第一温泉，又称水火同源、水火泉。因为那里岩隙涌泉时同喷烈焰，高达丈余，水不淹火，火不下水，泉水滚滚如沸，火焰从水中腾起，水火相容，蔚为奇观。

（3）河北野三坡鱼泉

野三坡鱼泉位于河北涞水县的野三坡国家级风景名胜区内，泉水从山石窟中流出，极为清澈，而每到农历谷雨前后，会有活蹦乱跳的鲜鱼从泉眼中喷出，数量不少，达1 000千克左右，甚为可观，到9月份这些鱼又复归山洞越冬，就像候鸟一样，年复一年，周而复始，成为鱼泉奇观。野三坡鱼泉是河北“八大怪泉”之一。

第六节 瀑布景观

从河床纵断面陡坡或悬崖处倾泻而下的水流称为瀑布。瀑布由溪流、跌水和深潭组成，具有有形、有声和动态的景观特点，是陆地上最活跃、最生动的水景，极具美学欣赏价值。瀑布的大小、气势主要取决于地势落差和水量。由于瀑布的形成原因不同、所在环境各异，其景观也各具特色。秦岭淮河以南地区，由于地形和气候的原因，形成的瀑布较多，特别是在雨季，山区常可见到“山中一夜雨，处处挂飞泉”的胜景。

一、黄果树瀑布

黄果树瀑布（见图3—15）是黄果树瀑布群的主瀑，位于贵州镇宁布依族苗族自治县境内的白水河上，宽81米，落差74米，河水从断崖顶端凌空飞流而下，直捣犀牛潭，激起浪花飞溅，水珠轻扬。尤其到了夏秋季节，瀑布水量大增，那撼天动地的磅礴气势，令人有惊心动魄之感。有时瀑布激起的雪沫烟雾高达数百米，竟使其周围经常处于纷飞的细雨之中。绝妙的是瀑布后的水帘洞，长134米的洞内有6个洞窗，5个洞厅，3个洞泉和1个洞内瀑布。游人穿行于洞中，可在洞窗内观看洞外飞流直下的瀑布。每当日薄西山，凭窗眺望，犀牛潭里彩虹缭绕，云蒸霞蔚，苍山顶上绯红一片，迷离变幻，这便是著名的“水帘洞内观日落”。而且风景区内瀑布成群，洞穴成串，峰峦叠翠，植被奇特，伏流、溶洞、石林、石壁、峡谷比比皆是，呈现出层次丰富的喀斯特山水旖旎风光。

二、黄河壶口瀑布

壶口瀑布（见图3—16）位于山西省吉县以西，是黄河流域的一大奇观。黄河一路奔腾，到山西吉县与陕西宜川一带，被两岸苍山挟持，约束在狭窄的石谷中。滔滔黄河，到此由300米宽骤然收束为50余米宽，此时河水奔腾怒啸，山鸣谷应，形如巨壶沸腾，最后跌落深槽，形成落差达30余米的壶口瀑布，故有“天下黄河一壶收”之说。因泥沙含量很高，壶口瀑布已成为世界上最大的黄色瀑布，也因其气势雄浑而享誉中外。

图 3—15　黄果树瀑布

图 3—16　壶口瀑布

三、吊水楼瀑布

吊水楼瀑布（见图 3—17）位于黑龙江省宁安市的牡丹江上，由于火山熔岩阻塞牡丹江上游河谷，使其上游聚水成湖，即镜泊湖。后来熔岩在逐渐冷却凝固中出现多处裂口，湖水就从裂口处涌出，沿着熔岩造成的坝壁倾泻下来，形成宽约40米、高约20米的大瀑布。因熔岩坝坡度较陡，瀑水好像从一座巍峨宽阔的高楼顶上泻下，故名吊水楼瀑布，又名镜泊湖瀑布。到了寒冬，瀑布凝成冰帘，又是一番景象。

图3—17　吊水楼瀑布

四、九寨沟瀑布

九寨沟（见图3—18）是中国唯一一处拥有“世界自然遗产”和“世界生物圈保护区”两项桂冠的自然风景名胜区。它位于四川省西北阿坝藏族羌族自治州的南坪县中南部，在岷山山脉南段，属长江水系嘉陵江源头的一个支流。九寨沟以冠绝天下的原始、神秘气息而闻名。这里集雪山、森林、草原、瀑布、溪流、湖泊之美于一身。九寨沟风景集中体现在水景，众多的海子（湖泊）和连接这些海子的瀑布群，是九寨沟风景中最多姿多态、最富有魅力的奇丽景观，碧绿浅蓝，天然雕饰，一如巴蜀纯情村姑。尤其对于久居城市的人来说，漫步在九寨沟的山山水水之中，不由会产生一种返璞归真之感。

此外，许多风景区都有瀑布景观，如庐山三叠泉瀑布、雁荡山大龙湫瀑布、云南大叠水瀑布、黄山三瀑等，均以不同的风貌向世人展示万般风情。

图 3—18　九寨沟瀑布风光

第七节　冰雪旅游资源

一、我国著名冰川

在地球上，几乎全部冰川都远离人类聚居的地区。在人们的心目中，冰川不但高寒而且神秘遥远，是探险家、登山家和科学家才能光顾的地方。然而，海螺沟冰川森林公园却能够圆普通人的冰川梦。海螺沟冰川是贡嘎山最长的一条山谷冰川，有易于进入的冰川舌、大冰瀑布、大流量热矿泉，以及景观生态多样的原始森林，在国际高山旅游地中占有独特的地位。其最下端的海拔高度仅为 2 940 米（1991 年），低于贡嘎山雪线 1 800 余米，一般体力的旅游者都可以亲身登上宽达 2 000 米、冰体厚度达 100～300 米的冰川，领略它独有的魅力。

海螺沟冰川众多，1 号冰川是海螺沟风景的主体。该冰川自高而低由粒雪盆（海拔 4 800～6 750 米）、大冰瀑布（海拔 3 720～4 800 米）与冰川舌（海拔 2 940～3 720 米）组成。海螺沟冰川瀑布如图 3—19 所示。

图 3—19 海螺沟冰川瀑布

Ⅰ号冰川从粒雪盆溢出后，沿盆前缘的冰床陡坡形成大冰瀑布。冰瀑上的冰川是一种超级伸张流，处于崩溃状态，频繁发生冰崩与雪崩。随着冰川的持续运动，冰瀑上的冰崩终年不断。冰崩时，冰体间剧烈的撞击与摩擦会产生放电现象，一时蓝光闪烁、大地震颤、山谷轰鸣，千千万万的冰块滑落着、飞溅着，扬起漫天雪雾。如果说粒雪盆是成冰与屯冰库，则大冰瀑布如同冰川冰的粉碎机，而冰瀑坡脚则是新的冰川构造铸造场。消融景观如冰杯、冰井、冰川竖井（与冰下河相通）、冰柱、冰洞、冰桥、冰面湖、冰面河、冰下河（冰川城门洞）、冰涌泉、冰川乳等比比皆是，蔚为大观。

此外，我国还有已经开发或正在开发的带有探险性的冰川景观，如西藏的绒布冰川、米堆冰川，新疆天山的冰川景观、慕士塔格峰冰川、格尔木玉珠峰冰川等，是登山爱好者理想的探险胜地。当然，在冰川旅游地一定要注意防护与安全措施。

知识链接

冰川旅游须知

冰川是自然奇观，但到冰川上旅游带有一定的探险性，应在游览前先了解冰川基本知识和游览须知。冰川上无法修建游览道路，要跟随导游人员游览冰川，游人不要在冰川上单独活动。高山气候易变，应注意携带御寒防雨衣物，不要穿高跟鞋、易滑鞋、短裤或裙子上冰川。游客在游览冰川前不宜剧烈运动，不宜饮酒，宜多食蔬菜、水果，以防发生高山反应。年老体弱者，应备好常用药品，最好能配备小型氧气瓶。冰雪反射阳光较强，游客要戴墨镜保护眼睛并涂抹防晒霜。观赏大冰瀑布时，严禁跨越冰川警戒线。游客进入冰川前要通过松散层陡坡和砾石区，须注意脚下踏稳和谨防高坡坠石；进入冰川城门洞时，要小心冰崖滑塌。如发生冰上滑倒、跌进冰裂缝或冰洞事故，请不要惊慌，应听从导游指挥组织救护。游客不要在冰川上高声呼喊，严禁在冰川区放鞭炮或鸣枪，要将弃物带回出发地，交给环境管理员。冰川导游人员是游客游览冰川的向导、解说员和领队，游客应服从和支持导游人员的工作。

二、我国著名的滑雪场

户外滑雪场一般分两种，一种是高山滑雪场，一种是建在城郊或城区的滑雪场。前者海拔较高，对身体素质的要求自然高一些；后者海拔相应低许多，比较适合城市居民短时或短程旅游。我国目前开发的滑雪场比较多，主要分布在东北三省、北京、河北、内蒙古、四川、云南、湖北等地。

1. 北大壶滑雪场

北大壶滑雪场是国内标准高山滑雪场之一，位于吉林市永吉县境内，始建于1993年6月，1994年12月投入使用，开发面积17.5平方千米，投资1.5亿元，是我国重要的滑雪运动基地和旅游滑雪中心，能举办竞技滑雪比赛。滑雪道的条件非常好，适合初级、中级、高级滑雪者使用。北大壶滑雪场曾成功承办了第八届全国冬季运动会雪上项目比赛和1995年、1996年全国滑雪比赛，还接待了大批国内外游客。北大壶滑雪场的滑雪设备设施和生活设备设施良好，是滑雪爱好者理想的度假地。

北大壶属中低山区，自然条件比较好，主峰海拔1 404.8米，雪道最大坡度32°，最小坡度7°，平均坡度15° 左右。北大壶山区气温适宜，风速较小，平均风速为每秒2～3米，由于受环山阻挡，冬季一般近似静风区。山区雪情好，雪期长，有效滑雪期可达140天左右。山下积雪深度约0.5米，中间约1米，海拔1 000米以上时积雪深度达1.5米以上，雪质较松散，无颗粒状，雪况良好，适合开展雪上运动。

2. 松花湖滑雪场

松花湖滑雪场是中国著名的城区滑雪场，距吉林市区26千米。滑雪场占地35万平方米，曾举办过第六届全国冬季运动会。

松花湖滑雪场地处大青山北麓、松花湖畔，四周群山环绕，山峰海拔934.2

米，冬季平均气温 -8℃。这里雪情好，雪质优良，避风性好，每年 12 月至次年 3 月为滑雪期，可为爱好滑雪运动的游客提供学习、训练的场地。

三、我国著名的冰雪旅游地

北国名城哈尔滨是我国冰雪艺术的发祥地。哈尔滨国际冰雪节是我国历史上第一个以冰雪活动为主要内容的区域性节日，自 1985 年创办以来，哈尔滨人化严寒为艺术、赋冰雪以生命，给千里冰封、万里雪飘的北国冬天带来了融文化、体育、旅游、经贸、科技等多领域活动为一体的综合性国际活动，成为世界著名的冰雪盛会。

哈尔滨国际冰雪节内容丰富，形式多样。例如，在松花江上修建的冰雪迪士尼乐园——哈尔滨冰雪大世界、斯大林公园展出的大型冰雕、在太阳岛举办的雪雕游园会、在兆麟公园举办的规模盛大的冰灯游园会等皆为冰雪节内容。冰雪节期间还举办冬泳比赛、冰球比赛、雪地足球比赛、高山滑雪邀请赛、国际冰雕比赛、冰上速滑比赛、冰雪节诗会、冰雪摄影展、图书展、冰雪电影艺术节、冰上婚礼等活动。

哈尔滨冰雪艺术以冰灯为代表。冰灯即用冰制成雕塑，内置照明用具。冰灯中不仅有惟妙惟肖的人物和动物造型，而且还有各种复杂的缩微建筑，如图 3—20 所示。

图 3—20　哈尔滨冰灯

雪雕是将雪制成雪坯后，经过能工巧匠雕琢而成的艺术佳品。每年元月，一年一度的雪雕游园会在哈尔滨太阳岛公园举行。中外艺术家的透、凸、浮、圆雕等雪雕艺术品令人目不暇接，流连忘返。哈尔滨雪雕既有雄伟高大如山之作，又有玲珑剔透如玉之品，可谓博采众长，争奇斗妍。雪雕作品如图 3—21 所示。

图 3—21　雪雕

冰冻花又称冰花，是将鲜花、翠竹、水果、游鱼、螃蟹等分别冻在一定体积、不同形状的冰块中得到的冰雪艺术品。

冰盆景是仿照盆景艺术用冰堆砌、安插、雕刻而成的，从大范围讲，它是冰雕塑的一种。冰盆景可以以树桩、山石、花卉、古灯、古建筑或人物为题材，但主要造型是树桩盆景和山石盆景。冰盆景可以摆在冰廊上，还可以组成景区。

冰滑梯是观赏与实用并重的冰建筑，既有美观的造型，又可供游人体验由高向低快速滑行的乐趣。冰滑梯无论是直道的、弯道的、单道的、多道的、平行的、交叉的、放射的，造型都非常讲究，具有很高的观赏性。

知识链接

滑雪者行为及安全守则

为了倡导安全行为，防止事故的发生，中国滑雪协会借鉴国际滑雪联合会相关规范制定了《滑雪者行为及安全守则》，每一位滑雪者应严格遵守。

1. 特别提示

（1）滑雪运动具有一定的危险性。

（2）滑雪中发生的伤害事故，多为滑雪者自行跌倒或互相撞碰而致，有不可预见性，属意外伤害事故。

（3）每位滑雪者要对自己的行为及其所使用的器材给本人或他人所造成的伤害负有责任。

（4）所有的滑雪者都要严格遵守《滑雪者行为及安全守则》和滑雪场所的其他安全规定。

2. 滑雪者要为自己的行为负责

在滑雪时，每位滑雪者不但要对自己的行为负责，而且要对由于自己的行为及所使用的滑雪用具对他人造成的伤害负责。滑雪者的行为必须保证自身的安全，且不给他人造成危害或伤害。

3. 控制速度和采用适宜的滑雪方式

滑雪者应根据其滑雪水平、雪道雪质条件、气候及雪道拥挤状况，采取适宜的滑行速度和滑行方式。滑雪者的相撞通常是由于速度过快、失去控制和没有看到其他滑雪者所致。一个滑雪者一定要有能力在滑行中停止、转弯和在自己视线范围内活动。滑雪者技术欠佳时，或在雪道拥挤区域、地形起伏地区域或视线不好甚至受阻的地方滑雪时，必须慢速滑行或停止滑行。

4. 选择滑雪道及滑行路线

滑雪者要选择与本人技术能力相适应的滑雪道滑雪，初级滑雪者不能到中、高级滑雪道上滑行，更不允许在非规定的滑雪道或滑雪区域内擅自滑行。

5. 前面的滑雪者具有优先权

滑雪时，在前面的滑雪者具有优先权，从后面滑来的滑雪者应选择不会给前面的滑行者造成危险的路线，后面的滑雪者如果与前面的滑雪者沿同一方向滑行时，要主动保持前、后、左、右的安全距离。

6. 超越或横越

滑雪者从另一位滑雪者的后面超越或从前侧面横越滑行时，有责任保证前面滑雪者的正常滑行，留给被超越或被横越者足够的滑行空间。

7. 进入雪道、启动滑行和登坡

为了不至于给自己或他人造成危险，滑雪者进入雪道、启动滑行、在雪道上登坡时，必须注意观察雪道的上方和下方，不得妨碍他人的活动。在任何情况下不得逆向滑行。

8. 在雪道上停止、逗留

除非有绝对必要，滑雪者不得在雪道中央区域停止（应滑到雪道边上停止），特别是严禁在狭窄处或视线受阻处停止。如在滑雪道上任何地方摔倒，都应尽快站起离开。滑雪者在停止滑雪或摔倒以后，一定要在确保自身与他人的人身安全的情况下，才可重新滑行。

滑雪者不能在雪道中逗留与休息，更不允许将滑雪器材放在雪道中。

9. 徒步上下坡

滑雪者或赏雪者、踏雪者如果在滑雪道上徒步上下坡时，应靠边进行。

10. 注意警示和提醒标识

滑雪者必须注重滑雪场所和滑雪道内所有的警示和提醒标识。

11. 提供滑雪场所内意外伤害事故认证及身份证明

发生意外伤害事故时，每位滑雪者均有责任全力为伤者其提供援助，不管是否是责任方，每位滑雪者和目击者都有责任和义务及时采取最快捷的方式报告事故发生的地点，随后提供所了解的意外伤害事故的全部真实情况，以及本人的身份证明和联系方式。

12. 滑雪者要知晓自身的“伤害保险”。

滑雪场所应为每位滑雪者购买保险，每位滑雪者在滑雪之前应知晓自身的“伤害保险”状况，并可以提出增加保险的份额与险种。

课堂讨论

● 滑雪是一项在寒冷环境中进行的体育运动，应该考虑到发生冻伤的可能。请讨论冻伤主要发生在人体哪些部位？怎样防止这些部位出现冻伤？

思考与练习

1. 你喜欢什么形态的水体？为什么？
2. 说出你所知道的世界著名海滨胜地。
3. 大连海滨与三亚海滨的旅游旺季分别是哪一个季节？为什么？
4. 湖泊旅游资源的分类方法有哪些？各分为哪几种类型？
5. 简述我国泉水的分布情况。

第四章 生物景观

生物旅游资源具有众多的旅游功能，其内容涉及森林、草原、奇树、名花、野生动物、海洋动物、自然保护区等。我国植物和动物物种丰富，并有许多古老的孑遗植物和珍稀动物，在景区起到活化环境和维系生态平衡的作用，也可满足人们各种观赏需求，以及娱乐、疗养、考察等需求，是旅游景观和园林构成的重要因素。

学习目标

- ☆ 明确植物景观的基本类型。
- ☆ 掌握中国的珍稀动物种类及野生保护动物。
- ☆ 掌握中国自然保护区的类型及主要自然保护区。
- ☆ 了解中国部分城市的市花。

第一节　植物景观

我国是世界上植物资源最丰富的国家之一，在我国各个不同的自然地带，自然植被极为丰富，各种类型的森林、草原都有分布。据统计，我国现有高等植物 353 科、3 184 属、27 150 种，其中 190 属为中国所特有，如水杉、银杏、珙桐等是残存于我国的古老树种。此外，我国还有果木、蔓木、叶木，以及数以千计的花卉植物，它们具有重要的造景功能和观赏价值。

一、森林景观

随着社会的发展，人们越来越认识到森林与人体健康的密切关系。森林中的绿色，能通过各种感官，作用于人的中枢神经系统，调节和改善人体的机能，给人以宁静、舒适、生气勃勃的感觉，从而增进健康。不少人开始到大自然中去感受森林的乐趣，去领略森林对人体的各种益处。世界上许多国家利用自身丰富的森林资源开发了新型的特色旅游——森林旅游。目前，这项特色旅游在美国、澳大利亚、日本等国发展很快。

森林旅游，就是有控制地开放一国的森林资源，举办林区所特有的旅游项目，使旅游者能投身于大自然的奇异风光和异常新鲜的空气、极其静谧的环境中，尽情欣赏自然美，增进身心健康，陶冶情操，增长知识。森林景观如图 4—1 所示。旅游开发地可通过开发旅游增长收入，改善人民生活。我国幅员辽阔，自然条件复杂，生物种类丰富，群落类型繁多，包括针叶林、落叶林、常绿林、热带雨林、热带季雨林等。据不完全统计，我国拥有 1.7 亿多公顷森林，并已建成了 4 000 多个林场，其中位于城市周围和名山大川附近的林场有 600 多个，目前经林业部门批准建立的共有 600 多个国家级别的森林公园，这为开辟我国森林特色旅游奠定了坚实的物质基础。登山野营、骑马打猎、采集标本、游泳钓鱼、绘画摄影、休息疗养等，这些陶冶情操、增进身心健康的旅游内容，是其他旅游无法替代的。近年来，我国森林特色旅游有了迅猛的发展。无论是长白山的北国风光、西双版纳的热带风情，还是神农架的神秘原始气息，都受到国内外游人的眷恋与厚爱。

图 4—1　森林景观

知识链接

一次性筷子与环保

由于使用方便，价格低廉，一次性筷子被广泛使用。在使用方便的同时，一次性筷子也对生态环境造成了危害。我国的森林覆盖率不到17%，却是出口一次性筷子的大国。我国北方每年要出口150亿双木筷。国内市场每年消化一次性筷子450亿双，耗费木材166万立方米。仅北京一地，每天就消耗一次性筷子80万双，一年365天就是29 200万双。一双一次性筷子重5.5克，29 200万双筷子总重1 606吨，折合木材3 212立方米，还不包括皮、心、边和锯末等废料。早有专家指出，像中国这样拥有13亿人口的大国，广泛使用一次性筷子是对林业资源的极大浪费。

一次性筷子号称卫生筷子，其实并不卫生，很多制造商为了降低成本，同时让筷子看起来洁白干净，就用硫黄熏，熏不白的就用双氧水和硫酸钠再次浸泡、漂白，然后用滑石粉抛光。这些工序会使一次性筷子的有毒成分显著增加，从而对人的身体健康造成很大危害。

专题活动

选择两三家规模较大的餐馆进行调查，了解它们一次性筷子的年消耗量。一棵树可制造约2 500双筷子，请计算这些餐馆一年内消耗一次性筷子相当于砍伐多少棵树。如果种植一棵树需占地9平方米，那么为了制造这些一次性筷子要毁掉多大面积的森林？如果以你的校园面积为单位，毁去的森林面积相当于几个校园？

根据上面得出的数据，并查阅相关资料，大致分析使用一次性筷子对生态环境的破坏作用和对旅游业的影响，并就此写一篇报告。

二、草原景观

草原是指在不受地下水或地表水影响的前提下，形成的地带性草地植被。我国天然草原主要分布于内蒙古、新疆、青海、西藏等省区，大都属于目前尚未完全开发、原生态景观保存完好的旅游胜地。这些地区也是少数民族聚居地区，主要有蒙古族、藏族、哈萨克族、柯尔克孜族、塔吉克族、鄂温克族等。我国南北朝民歌《敕勒歌》中这样描述草原的景象，“天苍苍，野茫茫，风吹草低见牛羊”。千百年来，这已经成为人们心目中对草原固有的印象。草原上古老的传说、迷人的神话、别具一格的风土人情、奔驰的骏马、澄澈的碧空、悠闲的牛羊……的确令人心驰神往。草原景观如图 4—2 所示。

图 4—2　草原景观

由于超载放牧、不合理开垦，以及草原工作的低投入、轻管理等原因，草原植被遭到严重破坏，中国 90% 的可利用天然草地不同程度地沙化退化。近年来，由于草原旅游迅速发展，“旅游垃圾”已成为草原上的第三大污染源，仅次于矿山和石油开发对草原造成的污染。如呼伦贝尔大草原，随着游人的大量涌入，矿泉水瓶、啤酒瓶、废纸箱、冷饮罐、废电池、塑料包装袋等随处可见，成为污染草原的一大公害。

课堂讨论

- 什么是“旅游垃圾”？你认为“旅游地的环境保护是当地人的事”的观点

正确吗？当我们到森林等景区旅游时，应如何处理每天产生的垃圾呢？

三、古树名木

在众多的野生树木中，有的由于特殊的地理环境影响形成奇特的形态，如苍松、翠柏等，有的是古老的孑遗植物，如水杉（见图 4—3）、银杏（见图 4—4）、珙桐（见图 4—5）等，它们均具有较高的观赏价值和科学研究价值。

图 4—3 水杉

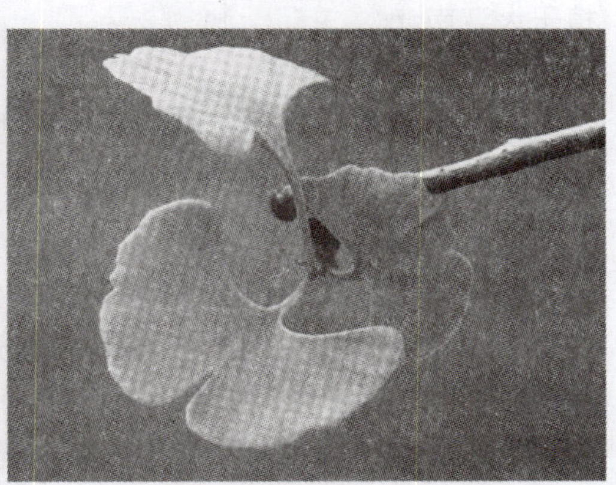
图 4—4 银杏叶

图 4—5 珙桐

1. 常见观赏树木

常见观赏树木包括荫木（苍松、桧柏、银杏、梧桐）、叶木（翠竹、芭蕉、红枫、垂柳）、果木（枇杷、柑橘、枣树、柿树）、蔓木（紫藤、忍冬、葡萄、凌霄）等。

2. 孑遗植物

孑遗植物是指地质时期曾广泛分布，现仅残存在局部地区的古老物种，有“活化石”之称。这些稀有古老的植物有助于了解地球的历史和动植物的演化阶段，因此对旅游者的吸引力极大。

（1）银杉

银杉是常绿乔木，树冠呈伞形，线形叶四散排列，叶背面有两条银白色气孔带。银杉目前只在广西花坪及四川金佛山等地有残留。

（2）水杉

水杉是杉科植物，属落叶乔木，树呈塔形，生长快，适应性强，目前已遍植于大江南北。

（3）银杏

银杏俗称白果树或公孙树，为银杏科落叶大乔木，雌雄异株，叶扇形，生长缓慢，本科现存一种，为我国特产。

（4）珙桐

珙桐俗称“鸽子树”，落叶乔木，为我国特有种，非常稀少，分布于陕西、湖北、湖南、贵州、四川、云南等部分地区海拔 1 250 米至 2 200 米的阔叶林中，偶有小片纯林。

此外，有些古树因富有历史意义而名闻天下。如陕西黄陵县桥山脚下黄帝庙内的柏树，高近 20 米，下围 10 多米，传说为黄帝亲手栽植，是我国最大的古柏，被誉为“世界柏树之父”。在山西太原晋祠圣母殿左侧的周柏，据说已有 2 000 多年的历史。

知识链接

珙桐的发现

1869 年，一位法国神父在四川省穆坪看到了一种奇特的树木。时值开花季节，树上那一对对白色花朵躲在碧玉般的绿叶中，随风摇动，远远望去，仿佛是一群白鸽躲在枝头，摆动着可爱的翅膀。当时，他被这种奇景迷住了。自此以后，便引来欧洲许多植物学家，他们不畏艰险，深入到四川、湖北等地进行考察。珙桐 1903 年首先引种至英国，后又传至其他国家。并从此成为欧洲的重要观赏树木，被赞誉为“中国鸽子树”。珙桐之所以珍贵，还由于她是植物界中著名的“活化石”之一，堪称植物界中的“大熊猫”。早在二三万年前第四纪冰川时期过后，地球上很多树种都灭绝了，我国南方一些地区，由于地形复杂，在局部地方保留下一些古老的植物，珙桐就是那时幸存下来的珍稀树种之一。

四、名花异卉

1．花中二绝——牡丹和芍药

牡丹和芍药合称花中二绝。牡丹别名花王、木芍药，属毛茛科毛茛属，落叶灌木，花单生，花色有红、白、黄、紫等色，如图 4—6 所示。河南洛阳、山东菏泽为赏牡丹最佳地。芍药系多年生宿根草木，茎丛生，叶为二回三出复叶，花草生，花期 4 月至 5 月，晚于牡丹，多在春末开花，故名“殿春”，如图 4—7 所示。芍药与牡丹花形十分相似。我国芍药原产北方，晋代已有重瓣品种出现。山东菏泽为芍药重要产地，扬州芍药最为有名，早在公元五世纪的南朝就已成为扬州园林主要花卉。

图 4—6 牡丹

图 4—7 芍药

2．花中四君子——梅、兰、竹、菊

我国古代诗文中常提到梅、兰、竹、菊。这四种花卉的花朵色淡香清，且多生于幽僻之处，故常被看作是谦谦君子的象征，统称“花中四君子”，如图 4—8 所示。

(1) 梅花

梅花的花色为白色至水红，品种甚多，于早春前开放，不畏严寒，故被文人墨客作为吟诗作画题材。我国著名赏梅胜地有杭州孤山和超山、苏州邓尉香雪海、无锡梅园、南京梅花山、上海淀山湖梅园、武汉东湖梅园等。

(2) 兰花

按照“中国兰”的花期来分，春季开花的兰花叫春兰，夏季开花的叫蕙兰，秋季开花的叫建兰、漳兰，冬季开花的叫墨兰、寒兰。兰花终年常绿，花色淡雅，姿态端秀，被称为“花中君子”和“天下第一香”。兰花有“四清”，即气清（清而不浊）、色清（色泽淡雅）、姿清（端庄挺秀）、韵清（意韵含蓄）。兰花多盆植于室内。我国兰花以台湾省居多，其中更以兰屿岛上兰花品种多而有名。

图 4—8　梅、兰、竹、菊

（3）竹

我国的竹种类繁多，约 250 余种，以江西奉新的大毛竹、广西花坪的方竹、湖南君山的湘妃竹、四川重庆的慈竹、安徽池州的罗汉竹最具特色。竹是禾本科多年生植物，中空有节，常绿。中国古代读书人将竹子比喻为“君子”，所谓“未曾出土先有节，即使凌云也虚心”。清代画家郑板桥一生爱竹，曾云：“宁可食无肉，不可居无竹，无肉使人瘦，无竹使人俗。”

（4）菊

菊花在我国有 2 500 多年的栽培历史，花型多样，品种繁多，花期一般在 10 月至 12 月。菊花高洁清雅，秋季百花凋谢，只有菊花盛开，傲霜挺立，深受文人喜爱，陶渊明“采菊东篱下，悠然见南山”的名句脍炙人口。一般说来，9 月至 10 月开花的是早菊，11 月开花的是秋菊，12 月开花的是晚菊。

由于植物在形、色、味、声等方面具有很高的美学欣赏价值，因此人们往往赋予它们深刻的寓意。北宋的周敦颐在《爱莲说》一文中说：“予谓菊，花之隐逸者也；牡丹，花之富贵者也；莲，花之君子者也。”在中国古代，人们把松、竹、梅视为“高洁”的象征，称为“岁寒三友”，松象征坚强不屈，竹象征清雅高洁，梅象征忠烈。人们还将玫瑰、蔷薇、月季誉为“园中三杰”，将报春花、杜鹃花、龙胆草誉为“三大名花”，将山茶花、蜡梅、水仙、迎春花誉为

"雪中四友"，称兰花、菊花、水仙、菖蒲为"花中四雅"。此外，中国的名花还有各种誉称，如牡丹被称为"花王"，梅花被称为"花魁"（又称雪中高士），芍药被称为"花相"，兰花被称为"花祖"（又称空谷佳人），月季被称为"花中皇后"，水仙被称为"凌波仙子"，菊花被称为"花中隐士"，莲花被称为"花中君子"，海棠被称为"花中仙女"，山茶被称为"花中妃子"，桂花被称为"花中月老"，吊钟被称为"百花盟主"等。

五、市花、市树

市花是一个城市的代表花卉，通常都是在该城市常见的品种。市花是城市形象的重要标志，也是现代城市的一张名片。国内外已有相当多的大中城市拥有了自己的市花。中国部分城市市花见表 4—1。

表 4—1 中国部分城市市花

城市	市花	城市	市花
北京	月季、菊花	太原	菊花
天津	月季	石家庄	月季
上海	白玉兰	济南	荷花
重庆	山茶花	青岛	耐冬、月季
郑州	月季	洛阳	牡丹
哈尔滨	丁香	开封	菊花
佳木斯	野玫瑰	武汉	梅花
长春	君子兰	宜昌	月季
沈阳	玫瑰	长沙	杜鹃花
大连	月季	南昌	金边瑞香、月季
锦州	月季	合肥	石榴花、桂花
鞍山	金银花	南京	梅花
辽阳	月季	扬州	琼花、芍药
呼和浩特	丁香	苏州	桂花
乌鲁木齐	玫瑰	福州	茉莉花
银川	玫瑰	厦门	三角梅
兰州	玫瑰	广州	木棉
西宁	丁香	深圳	三角花
西安	石榴	珠海	三角花
南宁	扶桑、紫荆花	三亚	三角梅
桂林	桂花	成都	芙蓉
贵阳	兰花	昆明	云南山茶

第二节 动物景观

我国幅员辽阔、地形复杂、气候多样，有着丰富的野生动物资源，如峨眉山的猴群、西双版纳的大象、长白山的梅花鹿、海南的长臂猿、扎龙的丹顶鹤等。其不同的外貌形态、生活习性、活动特点等可供人们观赏娱乐。此外，我国还有许多世界特有的珍稀动物，如大熊猫、金丝猴、扬子鳄、白鳍豚等。过去对合理利用野生动植物资源缺乏认识，我国的宝贵资源遭到了严重的破坏。由于滥捕乱杀而基本灭绝或几近灭绝的野生动物就有野马、高鼻羚羊、白头叶猴、白鹤、黄腹角雉、长臂猿、坡鹿、白唇鹿、儒艮、扬子鳄、亚洲象等。目前野生动物的灭绝也是普遍的国际问题。

一、我国的珍稀动物

1．大熊猫

大熊猫亦称猫熊，哺乳动物，体形肥胖，形似熊，眼周、耳、前后肢和肩部黑色，其余均为白色。大熊猫生活在海拔 2 000～4 000 米的高山竹林中，喜食竹子，有时也吃小动物，善于爬树，性孤独，不群栖。大熊猫仅产于我国四川、陕西、甘肃的少数地方，是我国特有的珍稀动物，也是国家一级保护动物。

2．朱鹮

朱鹮（见图 4—9）也称朱鹭，是目前世界上最稀少的鸟类之一。朱鹮雄鸟体长 80 厘米，雌鸟稍小些，全身羽毛白色，头顶、额、眼周、下嘴、脚部有朱红色，故称朱鹮，展翅飞翔时翅下呈粉红色，成群飞翔的景象美丽而壮观。朱鹮生活在沼泽、山区溪流旁，栖息于树上，以蟹、蛙、小鱼、田螺为食。在 1981 年 5 月以前，全世界仅发

图 4—9 朱鹮

现有5只朱鹮，号称“国际保护鸟”。1981年5月，我国科学工作者在陕西省洋县又发现了7只朱鹮，后来，又孵出了6只幼鸟，使朱鹮的总数上升到18只。朱鹮是我国一类保护动物，也是国际一级濒危动物。现在我国已在陕西建立了“朱鹮群体观察站”，观察和记录朱鹮的生活情况，其种群数量已达到几百只。

3. 金钱豹

金钱豹生活于非洲和亚洲南部，一般体重在50千克左右，为大型食肉猛兽，如图4—10所示，它身体强健、行动敏捷，有高超的爬树本领，性情凶猛狡猾，它的机警、灵敏、迅速和勇敢，在食肉猛兽中很少见。金钱豹的毛皮非常美丽，在一身金黄色中布满黑色圆环，如古代铜钱，故而得名。目前，因数量急剧下降，金钱豹被列为国家一级保护动物。

20世纪50年代以前，金钱豹在我国分布较广，并时常有伤害人畜的现象发生。20世纪50年代以后，由于森林锐减，林地面积急速缩小，以及人为捕杀等原因，金钱豹的数量越来越少，分布范围也越来越小。目前，仅在四川、云南、贵州等地的偏远地区的森林中发现有其踪迹。

4. 金丝猴

金丝猴（见图4—11）是我国特有动物，属国家一级保护动物。它长着一个“朝天鼻”，所以又有“仰鼻猴”之称。中国金丝猴包括川金丝猴、滇金丝猴、黔金丝猴三种。滇金丝猴远居于滇藏的雪山杉树林，数量仅千余只；黔金丝猴仅见于贵州梵净山，数量才700多只；大家比较熟悉的当属川金丝猴。川金丝猴分布于四川、陕西、湖北和甘肃，深居山林，结群生活，背覆金丝“披风”，攀树跳跃、腾挪如飞。

图4—10　金钱豹

图4—11　金丝猴

二、我国的动物园及人工野生动物园

动物园中的动物完全由人工饲养，并控制在一定空间范围以内，园址一般在城市或城市附近的园林。在人工饲养和训练下，某些动物会模仿人类动作或在驯兽师的指挥下做出某些技艺表演。广州番禺动物园的狼、狗表演，香港海洋公园的海豚表演，都极具表演性，对游人有着极大的吸引力。我国有多所独立的城市动物园，其中以北京动物园（有动物 900 多种，20 000 多只）、上海动物园（有动物 600 多种，6 000 多只）、成都动物园（有动物 300 多种，3 500 多只）和广州动物园（有动物 400 多种，5 000 多只）规模较大。

野生动物园是人类在自然环境基础上围圈而成的一种半开放的动物园，动物可在园内自由活动，追逐食物，而游人必须乘特制的封闭车辆观看动物，如广州番禺野生动物园、武汉野生动物园等。

此外，水族馆和海洋公园也是现代化城市富有魅力的游览场所，如大连圣亚海洋世界、厦门鼓浪屿水族馆、青岛水族馆等。

另外，许多动物在中国传统审美中已经有了很确切的含义，例如，虎表示“王者之相”，狮表示“兽中之王”，狗表示“忠义可靠”，鹰表示“鹏程万里”，鹤表示“长命百岁”，龟表示“延年益寿”，鸽子表示“和平”……为动物观赏平添了魅力。

第三节　自然保护区

一、自然保护区的类型

依据《中华人民共和国自然保护区条例》，自然保护区是指对有代表性的自然生态系统、珍稀濒危野生动植物物种的天然集中分布区、有特殊意义的自然遗迹等保护对象所在的陆地、陆地水体或者海域，依法划出一定的面积予以特殊保护和管理的区域。自然保护区建设对于保护自然资源和生物多样性、维持生态平衡和促进国民经济可持续发展均有重要的战略意义，也是进行科学研究和文化教育的重要基地。

根据保护对象的不同，我国的自然保护区分为综合型、生物型、自然风景型和自然历史遗迹型。

1．综合型自然保护区

综合型自然保护区以保护完整的自然生态环境为主，如长白山国家级自然保护区、阿尔金山国家级自然保护区、肇庆鼎湖山国家级自然保护区、锡林郭勒草原国家级自然保护区、梵净山国家级自然保护区、西双版纳国家级自然保护区、神农架国家级自然保护区等。

2．生物型自然保护区

生物型自然保护区重点保护珍稀动植物，如四川卧龙国家级自然保护区保护大熊猫，重庆金佛山国家级自然保护区保护银杉，海南东寨港国家级自然保护区保护红树林，广西花坪国家级自然保护区保护银杉，山西庞泉沟国家级自然保护区保护褐马鸡等。

3．自然风景型自然保护区

自然风景型自然保护区保护优美或较原始的自然景观，如九寨沟国家级自然保护区、武夷山国家级自然保护区等。

知识链接

湿　地

湿地指天然或人工形成的沼泽地等带有静止或流动水体的成片浅水区，包括低潮时水深不超过6米的水域，还可包括与湿地毗邻的河岸和海岸地区，以及不位于湿地内的岛屿或低潮时水深超过6米的海洋水体。这个定义包括海岸地带地区的珊瑚滩和海草床、滩涂、红树林、河口、河流、沼泽、森林、湖泊、盐沼及盐湖。湿地是地球上具有多种独特功能的生态系统，它不仅为人类提供大量食物、原料和水资源，而且在维持生态平衡、保持生物多样性和珍稀物种资源，以及涵养水源、蓄洪防旱、降解污染、调节气候、补充地下水、控制土壤侵蚀等方面均起到重要作用。湿地覆盖地球表面仅为6%，却为地球上20%的已知物种提供了生存环境，湿地具有不可替代的生态功能，享有“地球之肾”的美誉。湿地的特征是排水差，因而在大部或全部时间内有缓慢流动的水或滞流水渗入土壤中。湿地通常根据土壤和植物区分为酸性沼泽、草本沼泽和森林沼泽。中国的沼泽植被类型多、分布广，其中，四川的若尔盖和东北的三江平原较为集中，面积较大。

4．自然历史遗迹型自然保护区

自然历史遗迹型自然保护区主要包括地质遗迹型自然保护区和古生物遗迹

型自然保护区，地质遗迹型自然保护区是指以特殊地质构造、地质剖面、奇特地质景观、珍稀矿物、地质灾害遗迹等作为主要保护对象的自然保护区，如蓟县中、上元古界地质剖面国家级自然保护区和五大连池国家级自然保护区等。古生物遗迹型自然保护区是指以古人类、古生物化石遗迹作为主要保护对象的自然保护区，如天津古海岸与湿地国家级自然保护区等。

二、我国的自然保护区

截至2013年年底，我国国家级自然保护区的数量已达407处，其中，吉林长白山、广东鼎湖山、四川卧龙、贵州梵净山、福建武夷山、内蒙古锡林郭勒草原、湖北神农架、江苏盐城沿海滩涂珍禽、云南西双版纳、浙江天目山、贵州茂兰、四川九寨沟、黑龙江丰林、广西山口红树林、甘肃白水江、云南高黎贡山、浙江南麂列岛、河南宝天曼、内蒙古赛罕乌拉、内蒙古达赉湖、黑龙江五大连池、四川亚丁、珠穆朗玛峰、陕西佛坪、黑龙江兴凯湖、广东车八岭、福建梅花山等30处国家级自然保护区，先后加入了世界“人与生物圈计划”国际保护区，成为世界永久保护地。

虽然建立了类型众多的自然保护区，但由于长期乱砍滥伐、毁林开荒、滥牧滥捕，以及不合理的利用和破坏等，我国宝贵的天然林面积大量减少，草原、湿地、湖泊等面积急剧缩减，导致许多珍贵的动植物灭绝或濒于灭绝。

知识链接

黑龙江扎龙国家级自然保护区

黑龙江扎龙国家级自然保护区，1992年7月31日列入《国际重要湿地名录》。

面积：210 000公顷。

海拔高度：140～146米。

湿地描述：黑龙江扎龙国家级自然保护区是由乌裕尔河下游流域一片永久性及季节性淡水沼泽地和无数小型浅水湖泊组成，湿地的周围是草地、农田和人工鱼塘。

地理环境描述：本地区地貌为湖河相容冲积地貌类型，地势低洼平坦，河道极不明显，湿地中分布众多泡沼，土地盐渍比较普遍。

生态描述：水生植被丰富，有许多种漂浮植物、浮水根植物、沉水植物和挺水植物。大量的藻类是鱼类丰富的食物，同时，浮游生物和鱼类又是水禽良好的饵料。大面积的芦苇沼泽为栖息和繁殖在这里的水禽提供了隐蔽的场所。低洼地的草甸和草甸草原分布有大量的草本植物，是当地居民放牧的地区。

采取的保护措施：1979 年建立自然保护区，1982 年黑龙江省人民政府把自然保护区面积扩大到 210 000 公顷，并在林甸和杜蒙县设立管理站负责保护管理工作；禁止在自然保护区进行狩猎并建立公安机构查处违法人员；与周围有关单位组成联合保护委员会，共同协商保护湿地和水禽工作；建立了鹤类繁殖饲养站，并开展人工繁殖饲养丹顶鹤等多种项目；规定每年 5—6 月是禁渔期，为在此繁殖的水禽提供充足的食物；在自然保护区内和周围设立许多永久性宣传牌，号召保护湿地和鸟类。

建议采取的保护措施：建议冬季有计划地留出一部分芦苇沼泽不收割芦苇，为翌年各种水禽来此繁殖提供良好的隐蔽场所。还需要控制农耕地的进一步扩大及草甸地区的过度放牧。

水文和自然价值：本自然保护区广阔的湖泊和沼泽湿地对调节当地的气候和空气湿度有着巨大的作用。同时，丰富的生物资源和独特的湿地景观，为生活在这里的野生动植物种群提供了良好的生存繁衍环境。

社会和文化价值：本自然保护区丰富的水禽鸟类，吸引了众多的人来此观鸟。每年都有许多中外人士到这里游览，增加了当地的经济收入。另外，冬季沼泽上的芦苇大部分被收割，运往造纸厂作造纸原料，这是当地一项传统的经济收入。

著名的动物种群：调查记录到的鸟类有近 300 种，其中主要有丹顶鹤等 11 种鹤类，草鹭、白琵鹭等鹭类，鸿雁、灰雁、翘鼻麻鸭、罗纹鸭等雁鸭类和许多鹬和鸥类。

著名的植物群落：沼泽地区有芦苇、水葱、苔草、莎草等，草甸有狼尾草和星星草，草原草甸有羊草，水生植物由漂浮植物、沉水植物和挺水植物构成。

目前的科研活动：鹤类的繁殖和饲养，湿地生态研究，鸟类迁徙，以及白鹳、白琵鹭、白枕鹤等鸟类的生物学研究。

目前的保护宣传：每年齐齐哈尔市要举办“观鹤节”，在“观鹤节”上将举办丰富多彩的保护湿地和保护水禽的宣传活动。

目前的娱乐和旅游活动：在扎龙国家级自然保护区建立的鹤园观鹤、到野外观看各种水禽、湿地风景旅游等。

课堂讨论

为什么世界各国建立了众多的自然保护区？它们具有哪些功能和作用？它们与我们的日常生活有哪些联系？

思考与练习

1. 我国有哪些植物被称为“活化石”？

2. 什么是自然保护区？举例说明自然保护区的类型。

3. 什么是森林景观？

4. 什么是草原景观？近年来草原旅游面临哪些威胁？

5. 我国的珍稀动物有哪些？

6. 列举出中国五个城市的市花。

第五章 气象、天象、气候景观

气象、天象、气候与人类生活密不可分，与旅游活动同样休戚相关，旅游者外出旅游，多数会选择旅游目的地的最佳时节，以获得最佳的旅游效果和旅游享受。作为最富活力的构景要素，气象、气候既有造景的直接功能，又有育景的间接作用，气候对自然景观与人文景观的形成都有巨大的影响。

学习目标

☆了解气象、天象和气候的概念。

☆明确气象、天象和气候对旅游的影响。

☆熟悉气象、天象和气候旅游资源的特点。

☆掌握我国著名避暑、避寒胜地。

第一节　气象、天象、气候与旅游

一、气象、天象、气候的概念

气象是地球外围大气层中经常出现的大气物理现象和过程的总称。它包括冷、热、干、湿、云、雨、雪、霜、雾、雷、电、虹、霞、光等。

天象是指发生在地球大气层外的现象，如太阳出没、行星运动、日月变化、彗星、流星、流星雨、陨星、日食、月食、极光、新星、超新星、月掩星、太阳黑子等。

气候是指某一个地区多年天气状况的综合，不仅包括该地多年来经常发生的天气状况，也包括偶尔出现的极端天气状况。气候是形成一个地区自然景观的主要因素，也是形成人文景观差异的重要因素。

二、气象、气候对旅游的影响

1．影响景观的季节变化

大气是构景因素中最活跃、最富变化的因素，它不仅以自身的千变万化形成多姿多彩的奇特景象，还赋予自然山水以生机，增添了大自然的神韵。和煦明媚的阳光、晴朗的天空、奇特多彩的天气现象、宜人的气候都是旅游资源的重要组成部分。同时，它又通过水文、土壤、动植物等间接影响一个地区的旅游效果。春夏秋冬四季的更迭，造成了植物、水面景观的变化：植物“春花、夏荣、秋萧、冬枯”，水面“春水绿而潋滟，夏津涨而弥漫，秋潦尽而澄清，寒泉涸而凝滞”，形成了四时律动节奏，使自然界表现出“春山淡冶而如笑，夏山苍翠而如滴，秋山明净而如妆，冬山惨淡而如睡”的景观，庐山冬夏风光如图5—1所示。气候条件还决定当地的农业生产方式和经营种类，影响民居的结构形式，甚至民间的服饰与饮食都与气候密不可分。

2．影响旅游流的时间和空间分布

旅游流的时间和空间分布不平衡，原因是多方面的，但气象和气候因素是基本的因素。在世界范围内，旅游热点多在地中海沿岸和加勒比海一带，是因为那

图 5—1　庐山冬夏风光

里气候温暖，有充足的阳光和适度的海水，为欧洲寒冷、潮湿、少阳光地区的人们提供了避寒、娱乐的佳境，在此，气候成为决定性的因素。而在我国，昆明、广州及太湖地区，之所以成为旅游热点地区，除了旅游资源丰富、旅游设施较为完善等原因外，还有气候的因素，这些地区气候宜人、风光明媚，对全国游人有极大吸引力。海滨城市夏季凉爽，可以避暑，也与气候因素息息相关。五岳名山夏季游人如织，除了丰富的历史文化景观吸引外，还有气候凉爽、适宜消夏避暑这一重要因素。总之，由于气象、气候的影响，在世界各国范围内，都出现了一些旅游热点热线，同时也出现了一些冷点冷线，形成游客空间分布的不均衡性。

专题活动

你最喜欢哪一个季节？如果可以选择，你会选择哪一个季节出门旅游？到旅行社和饭店调查自己居住地的旅游旺季是哪几个季节，并分析原因。

第二节　气象、天象景观

一、气象景观

1. 云、雾、雨

云、雾时聚时散，时飘时停，时浓时淡，时厚时薄，给人以丰富遐想和感受。淡云、薄雾、细雨好像奇妙的轻纱，赋予了大自然一种朦胧美。透过云、雾、细雨观看风景时，景物若隐若现，虚虚实实，令人捉摸不透，产生恍如仙境的虚幻、神秘的美感，让人思绪绵绵。云、雾、雨成了我国许多风景名胜区的重要景观。例如，“黄山自古云成海”，云海是黄山四绝之一，如图5—2所示，景区也分别命名为东海、西海、前海、后海和天海。雨丝也能唤起人们的多种情感和遐想，“雨中看山也莫嫌，只缘山色雨中添”和“水光潋滟晴方好，山色空蒙雨亦奇”都是用来赞美雨景的佳句。我国江南雨期较长，常常细雨如丝，呈烟雾状态，配以山林小景，小桥流水，炊烟缭绕，其意境十分耐人寻味。

图5—2 云海

知识链接

云、雾的形成

大气中的水分来源是地表河流、湖泊、海洋等的蒸发和植物的蒸腾作用。据估计，从海洋洋面上蒸发到大气中去的水汽，每年约有4.5万亿吨之多。水汽进入大气后，由于本身的扩散和气流的输送而分散于大气中人们在日常生活中，有时感到很干燥，有时感到很潮湿，这种感觉正是大气中水分含量多少的反映。大气中水分含量的多少，即大气的潮湿程度，称为湿度。湿度是因时因地而变的，湿度的不均匀分布是造成各地区天气差异的重要因素之一。在一定湿度下，单位体积空气中能容纳的水汽数量有一定的限度，如果空气中水汽含量达到了这个限度，空气就呈饱和状态，这时的空气称饱和空气。当大气达到饱和或过饱和状态，且大气中有凝结核存在时，大气中的水汽会凝结出来，产生云、雾、霜、露等天气。水汽凝附于地表或地表物体上，则为霜和露；水汽在低层大气中的凝结现象，称为雾；相对雾而言，云是高空大气的凝结现象。

2. 冰、雪、雾凇

冰雪景观造型生动，婀娜多姿，如香山的西山晴雪、九华山的平冈积雪、西湖的断桥残雪等皆名闻天下。近年来，哈尔滨等地大力开发冰雕、滑雪、滑冰、冰球赛、雪塑赛等专项旅游产品，成为我国冬季旅游的热点地区。雾凇又名“树挂”或“树冰”，是一种聚集在地面物体迎风面上，呈针状或颗粒状的乳白色晶体凝华物，如图5—3所示。雾凇在我国吉林省出现最多。细辨雾凇形态，有的像蜡梅，有的挂在细长柳条上，犹似白链银丝，有的簇生在松针上，又似一朵朵怒放的菊花……千姿百态令人惊叹，使人陶醉在独特艺术美的享受之中。

图 5—3 雾凇

3．佛光、蜃景

当光线在传播过程中遇到障碍物或孔时，离开原来直线传播方向的现象，在物理学上称做光线的衍射。佛光是由光线的衍射作用产生的。在水汽丰富且山势高峻的地区，半山腰常分布有白茫茫一片云海。当人站在山上，若光线从他背后射来，由于光线的衍射作用，会在他前面的云幕上出现人影或头影，影外围绕有彩色的光环，似佛像头上的彩色光圈，故称佛光。当人站在太阳与光环之间，三者在一直线上时，会出现人行影亦行的奇景。四川峨眉山金顶是观赏佛光之地，人们常称其为“峨眉佛光”，在山西五台山、安徽黄山等地，也常见到佛光。

蜃景，即海市蜃楼奇景，它有上现蜃景与下现蜃景之分。春夏时节的白天，海面上的空气温度比陆地上低，空气密度较大，当陆地上暖空气流向海面时，在海面上形成了上下密度不同的空气层结，当阳光穿过空气层时会产生折射和反射，下层密度大的空气像镜子似的把地面景物反射到半空中，于是在远处海面的半空中突然出现山峦、树木、楼阁等地面景物，缥缈不定，好像空中楼阁。这种幻景位于物体上面的，称上现蜃景。山东蓬莱仙境就是上现蜃景，如图5—4所示。下现蜃景主要发生在沙漠、干旱草原、烈日当空的旷野，这些地方贴近地面的低层空气温度高、密度小，高层密度大，当光线穿过密度大的空气，逐渐向下层密度小的气层中折射，并产生全反射时，半空中会出现前方物体的倒影。

图 5—4 山东蓬莱海市蜃楼

知识链接

气象景观观赏时机

云海、日出、佛光等气象景观从出现到消失往往只有很短时间，可谓是稍纵即逝，这类景观非常难得，观赏活动必须要把握时机。到黄山、庐山等名山欣赏云海景观，夏季最宜。因为夏季雨水多，山中多云雾，景色丰富并有变化；同时还可以避暑。日出日落，朝晖夕照，一方面使自然景观带有朦胧美，另一方面霞光丰富了景观的色彩美。例如，游览泰山、黄山等海拔较高的风景名山，选择雨过天晴的时机最佳。因为这时不仅能观赏云海，还能观赏到日出日落。我国出现佛光次数最多的当属峨眉山，观赏奇观的重要条件是大气结构稳定，峨眉山地处四川盆地边缘，以冬季大气层最为稳定，当地气象数据证实，观看佛光的最佳时间就是每年 1 月初到 2 月底的下午。

二、天象奇观

1．极昼、极夜、极光奇景

地球按照背向或面向太阳的不同，分为两个半球。面向太阳的半球，接受太阳光辉，称昼半球；背向太阳的半球，被地球本身的阴影所笼罩，称夜半球。由于地球既有公转又有自转，所以昼夜两半球在不断地相互交替。同一日期的昼夜长短，因地理纬度不同而不同。在南、北极圈以内的地区，会出现连续 24 小时的白昼和黑夜，它们分别被称为极昼和极夜。在南、北两极，极昼和极夜各约半年；在南、北纬 80°，极昼和极夜各有三个多月；在南、北纬 70°，极昼和极夜各约两个月。这种天象景观，已成为高纬度地区一些国家或城市争相开发利用的旅游资源。

极光是由于太阳带电粒子（太阳风）进入地球磁场，在地球南北两极附近地区的高空，激发高层大气分子或原子而产生放电现象，导致夜间出现的灿烂美丽的光辉，多呈带状、弧形等，如图 5—5 所示。极光是吸引游客的主要景观之一。我国黑龙江的漠河和新疆的阿尔泰，每年也能看到极光。

2．日出、日落、月色与“日月并升”奇景

日复一日，太阳天天东升西落。但日出奇观，始终吸引着众多游客，如图 5—6 所示。观赏日出，成为许多风景名胜区的重要一景。由于各地自然环境的差异，日出的形与色也会有变化。著名的日出观景地有泰山日观峰、黄山翠屏楼、庐山汉阳峰、峨眉山金顶、北戴河鹰角亭等。当日落西山时，“夕阳无限好”也是美好享受，西湖“雷峰夕照”、泰山“晚霞夕照”、庐山天池亭等，都是夕阳景观的最佳观赏地。

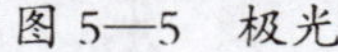

图 5—5　极光

图 5—6　日出景观

在大自然的景物里，月亮是很具有浪漫色彩的。苏东坡的“人有悲欢离合，月有阴晴圆缺，此事古难全，但愿人长久，千里共婵娟”，寄明月表达对人的美好祝愿，也使人产生丰富的联想。中秋赏月是我国的传统习俗。“洞庭秋月”（岳阳）、“三潭印月”（杭州）、“二泉映月”（无锡）、“风花雪月”（大理）等是月色胜景。

每逢农历十月初一清晨，数以千计的游人、香客，登浙江海盐南北湖畔云岫山（又称鹰窠顶）之巅，观“日月并升”奇观。这里可以同时看到太阳和月亮从海的尽头冉冉升起，像两颗硕大无比的宝珠颤荡离水，生霞光万道，撒彩帷漫天。对此，科学工作者作过多种解释，有人认为这是一种光学现象，类似于海市蜃楼，可能是海面水汽和云雾被阳光照射后产生的幻影。目前已发现在平湖乍浦镇九龙山顶、杭州市葛岭初阳台、苏州天平山莲花洞、苏州市洞庭西山山顶也见到过类似奇景。

3．日食、月食奇景

月球运动到太阳和地球中间，如果三者正好处在一条直线时，月球就会挡住太阳射向地球的光，月球身后的黑影正好落到地球上，这时就会发生日食现象。地球上的人们开始看到阳光逐渐减弱，太阳被圆的黑影遮住，天色转暗，太阳被全部遮住时，天空中可以看到最亮的恒星和行星，几分钟后，从月球黑影边缘逐渐露出阳光，太阳开始发光、复圆，如图 5—7 所示。日食分为日偏食、日全食、日环食，其中日全食是一种相当壮丽的自然景象。2009 年 7 月 22 日，我国长江流域发生了五百年内最为壮观的日全食现象，日偏食也覆盖我国全境，这一现象吸引了成千上万的天文爱好者及游客观看。

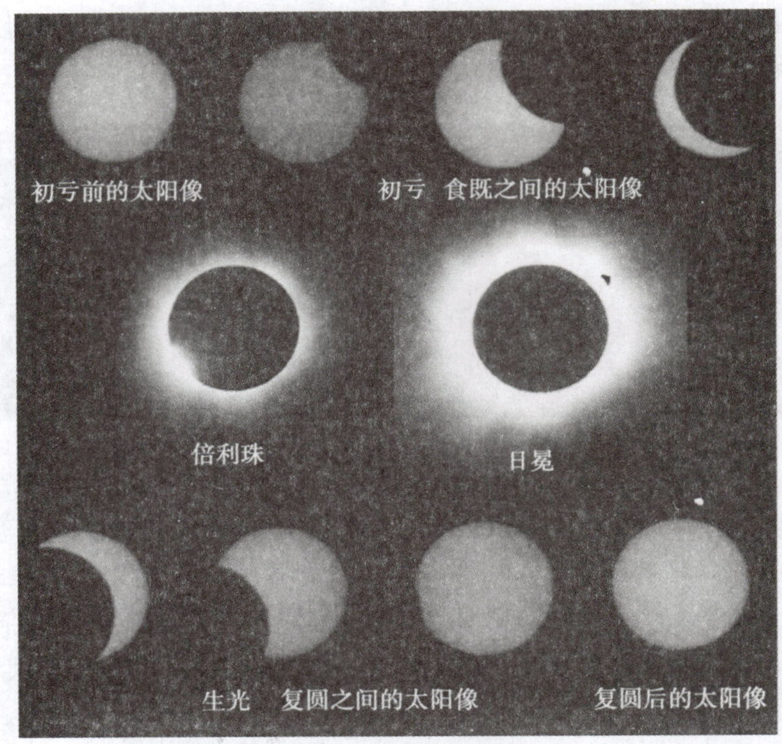

图 5—7 日全食过程

当月球运行至地球的阴影部分时，在月球和地球之间的地区会因为太阳光被地球遮住，就看到月球缺了一块，这就是月食。中国古代迷信的说法又叫做“天狗吃月亮”。月食可以分为月偏食、月全食和半影月食三种。月食只可能发生在农历十五前后。

4．流星雨与陨石奇景

流星雨是成群的流星看起来像是从夜空中的一点中迸发并坠落下来的特殊天象。这一点或一小块天区称为流星雨的辐射点。为区别来自不同方向的流星雨，通常以流星雨辐射所在天区的星座给流星雨命名。例如，每年 11 月 17 日前后出现的流星雨辐射点在狮子座中，它就被命名为狮子座流星雨。狮子座流星雨景观如图 5—8 所示。其他流星雨还有宝瓶座流星雨、猎户座流星雨、英仙座流星雨等。流星雨的形成大都与彗星有关，彗星多是由冰雪及砂石组成的“冰球体”，当彗星接近太阳时，由于太阳辐射的作用，“冰雪球”可能部分地升华或瓦解、碎裂，变成成群结队的小块物质，但仍然在原来彗星所在的椭圆轨道上运行。如果它的椭圆轨道和地球绕日公转的轨道相交，当地球运行到交点位置上的时候，就有可能有成群的小块物质进入地球大气层，形成流星雨。现在，对于很多不同的流星雨，天文学家们都找到了与之相关的彗星或小行星。

图 5—8 狮子座流星雨

知识链接

流星雨之王——狮子座流星雨

七大流星雨包括狮子座流星雨、双子座流星雨、英仙座流星雨、猎户座流星雨、金牛座流星雨、天龙座流星雨和天琴座流星雨，其中最为人们熟知的就是狮子座流星雨。

每年 11 月 14 日至 21 日，尤其是 11 月 17 日左右，都有一些流星从狮子座方向迸发出来，这就是狮子座流星雨。狮子座流星雨产生的原因是由于存在一颗叫坦普尔—塔特尔的彗星。这颗彗星绕太阳公转，同时，它不断抛撒自身的物质，在它行进的轨道上撒下许多小微粒，但这些小微粒分布并不均匀。有的地方稀薄，有的地方密集，当地球遇上微粒稀薄的地方，出现的流星就少，遇到微粒密集的地方，出现的流星就多。这些小微粒很容易受各种因素的影响而慢慢飘散，但在彗星回归时，地球会经过它近期释放出的颗粒稠密区。地球上的人们便会看到大规模的流星雨。由于坦普尔—塔特尔彗星的周期为 33.18 年，所以狮子座流星雨是一个典型的周期性流星雨，它的周期约为 33 年。

我国是世界上最早发现陨石的国家之一。早在石器时代就发现了陨石，只是当时不称为陨石。古时称陨石为“陨星”或“流星石”。现代科学根据陨石化学成分的不同，将陨石划分为三大类：铁陨石（主要成分为铁、镍金属）、石铁陨石（主要成分为铁、镍金属及硅酸盐）和石陨石（主要成分为硅酸盐）。

课堂讨论

● 你有看流星雨的经历吗？如果有，请描述你所看到的景象，以及看到此奇景时的感受，并与其他同学交流。

第三节　气候景观

一、我国气候的基本特征

1. 季风特征

我国大部属季风区，这是由于我国的地理位置，主要是海陆的配置，提供了两种不同热力性质的下垫面，影响大气的能量收支和运动状态的变化而造成的。冬季，严寒的亚洲内陆形成高气压，温暖的海洋上形成低气压；夏季，高温的大陆上形成了低气压，凉爽的海洋上形成了高气压。气流不断地从高压流向低压，这就是我国冬季盛行偏北风、夏季盛行偏南风的主要原因。我国东部是典型的季风气候，产生明显的季节风，盛行风向交替变更。全国大部分地区盛行风向是冬季偏北，夏季偏南，秋季各地多吹稳定的偏北风，春季北方地区仍以偏北风占优，南方地区的盛行风向已转为偏南风。

2. 温度特征

我国冬季大部分地区在极地大陆气团控制之下，东部平原地区的气温，主要由太阳辐射所决定。我国冬季气温低，南北温度差异大，这主要是冬季风把高纬度的极地寒冷气团输送到低纬度来的结果。

夏季，北方太阳高度角虽偏低，但白昼时间却比南方长，部分地弥补了太阳高度角低引起的热量不足。因此，南北之间的温度差异远较冬季小。

3. 降水特征

我国东部地区雨季的长短起止和雨量的多少，都与夏季风雨带的进退、移动和停滞有关。夏季风的雨带通常5月中旬开始于华南沿海，并一直维持到6月中旬。从6月中旬末开始，华南雨量迅速减少，季风雨带北上，6月下旬移到北纬30°～31°，此时长江中下游北部地区开始了这里的梅雨季节。但是雨带停留时间不长，7月上旬雨带就北上至北纬33°～36°，此时长江中下游地区因雨带北上而开始出现伏旱。7月中旬季风雨带继续北上，华北和东北地区进入主汛期，一直持续到8月上旬，从8月中旬开始减少，季风雨带北界迅速南撤，9月上旬撤到北纬35°，9月中旬到10月上旬在淮河附近停滞，形成相对多雨带。9、

10月份华北和华中地区都是秋高气爽的天气，华西则是秋雨连绵。

二、我国以气候闻名的旅游胜地

1. 气候条件优越的旅游城市

（1）昆明

昆明属于低纬度高原山地季风气候，素有“春城”之称，气候宜人，冬暖夏凉。年平均气温为14.5℃，一年中最热的一般是7月，平均气温为19.7℃，最冷的时间是1月，平均气温为7.5℃，年温差仅为12～13℃。同时，昆明出现绝对低温和绝对高温的次数比较少，持续时间也不会长，所以四季的界限不很明显。除了气温适宜，这里的另一个气候特点是日照时间长，雨量充沛，温湿适度。正因为气候的原因，昆明的度假旅游业发展得很快，它是冬天避寒、夏天避暑的好地方。昆明风光如图5—9所示。

图5—9 昆明

（2）青岛

青岛位于海边，海洋性气候决定了青岛的冬暖夏凉。首先，在炎热的夏天，东南风吹来海上的凉风，海水又帮助地表吸收了大量的热，使青岛的夏天并不是很热，而冬季海水吸收的热量使青岛在冬天温度并不是很低。其次，青岛的纬度（温带季风气候）决定了青岛的气候比较温和。另外，青岛位于山东半岛南部的中间，北面陆地，三面面海，也造就了青岛迷人的气候。

2. 著名避寒胜地

（1）北海

北海是中国著名的海滨旅游城市，地处亚热带，气候温和，年平均气温为22.6℃，无严寒酷暑，四季如春，风光绮丽，且空气中负离子含量非常高，很适宜人们度假、养生。北海拥有丰富的旅游资源，有浪柔沙细的十里银滩、惊涛拍岸的冠头岭、风景奇幻的涠洲岛、保持原始生态的斜阳岛，以及亚洲最大的海底花园——世界贝类珊瑚馆等。尤其是冬季，北海更是避寒、观光的胜地。

（2）三亚

三亚市位于海南省最南端，地处低纬度，属热带海洋季风气候，年平均气温为25.4℃，气温最高月（7月）平均气温为28.8℃，全年日照时间为2 563

小时，年降雨量为 1 279 毫米。三亚属南海海域，海域广阔，市内聚集着“阳光、海水、沙滩、气候、森林、动物、温泉、岩洞、风情、田园”十大风景资源，堪称一绝。三亚旅游资源在中国得天独厚，在世界上也是不可多得的，是中国热带海洋旅游资源最密集之地，也是冬季避寒度假休闲的首选旅游胜地。三亚海滩如图 5—10 所示。

图 5—10　三亚海滩

3．著名避暑胜地

（1）莫干山

莫干山（见图 4—11）位于杭嘉湖平原的德清县境内，是美丽富饶的沪、宁、杭金三角的中心，南距杭州 60 千米，东北距上海 200 千米，距苏州 145 千米，距无锡 180 千米，因春秋末年，吴王派莫邪、干将在此铸成举世无双的雌雄双剑而得名。莫干山是国家级风景名胜区，距江浙沪最近的名山，上海经济区唯一的避暑胜地。莫干山虽不及泰岱之雄伟，黄山之神奇，但却具有独具魅力的江南山水神韵，以竹、云、泉“三胜”和清、静、凉、幽“四优”驰名中外，与庐山、鸡公山、北戴河齐名，并称为“中国四大避暑胜地”，素有“清凉世界”的美誉。

图 5—11　莫干山

（2）庐山

庐山位于中国江西省北部，北濒一泻千里的长江，南襟烟波浩渺的鄱阳湖，大江、大湖、大山浑然一体，险峻与秀丽刚柔相济，素以“雄、奇、险、秀”闻名于世。庐山地处中国亚热带东部季风区域，面江临湖，山高谷深，具有鲜明的山地气候特征。庐山年平均降水量为 1 900 毫米，故山中温差大，云雾多；年平均雾日为 191 天，千姿百态，变幻无穷；年平均相对湿度为 78%，年平均温度为 11.5℃，极端最高温度为 32℃，夏季凉爽宜人。而几千万年前的地壳运动，又造就了庐山叠嶂九层、崇岭万仞的赫赫气势，伴生出峰诡不穷、怪石不绝的阳刚之美。

(3) 鸡公山

图 5—12 鸡公山

鸡公山（见图 5—12）位于河南信阳，海拔不高，但位置独特，特别适宜疗养避暑。它是由奇峰怪石、泉溪瀑布、珍花异草、山村田园和风韵殊异的楼台亭榭等诸多因素构成的自然风景区，被誉为“中国避暑胜地，豫南云中公园”。鸡公山盛夏无暑，气候凉爽，夏季平均气温为 23℃，“午前如春，午后如秋，夜如初冬”，享有“三伏炎蒸人欲死，清凉到此顿疑仙”之美传。不仅如此，地质构造运动形成了鸡公山千姿百态的奇峰怪石，皆具怪、巧、奇、美的特点。同时，鸡公山又是天然的动植物园，这里植被丰茂，种类繁多，2 000 多种植物在这里安家落户，它们也为各种珍禽异兽提供了繁衍栖息的天然场所。

(4) 北戴河

北戴河海滨（见图 5—13）避暑区西起戴河口，东至鹰角亭，东西长约 10 千米，南北宽约 1.5 千米。北戴河海滩沙质比较好，坡度也比较平缓，是一个优良的天然海水浴场。北戴河周围的环境也很美，海滩背靠联峰山。清光绪年间，有些住在北京的外国人发现了这处避暑地，要求在这里建造别墅。清光绪二十四年（1898 年），清政府正式将北戴河海滨开辟为“各国人士避暑地”，1938 年，这里已有别墅 700 多栋，并建有饭店、酒吧、舞厅等娱乐设施，成了一个带有殖民地色彩的避暑佳地。新中国成立后，北戴河又新建了不少休养所、疗养院、饭店、宾馆，规模比过去更大，成了规模较大、设施比较齐全的海滨避暑胜地。

图 5—13 北戴河海滨

知识链接

承　德

承德属河北省省辖市，毗邻京、津，西顾张家口，东接辽宁，北倚内蒙古，南邻秦皇岛、唐山，是燕山腹地、渤海之滨重要的区域性城市。承德地处燕山腹地，属亚温带向亚寒带过渡地带，半湿润半干旱，夏季多温凉，冬季少严寒，雨量适中。号称“塞外京都”的承德，曾是清朝的第二个政治中心。康熙、乾隆、嘉庆、道光、咸丰等5个皇帝先后在此处理政务，在那个“普天之下，莫非王土”的年代，承德是帝王们避暑的首选。

承德北部是七老图山脉，有茫茫林海，广袤草原；中部属燕山山脉，为低山丘陵区；南部则属燕山山脉东段之延续，峰峦重叠，峡谷幽深。

承德的河流有潮河、滦河、柳河、老牛河等。武烈河贯穿承德市区，而热河则发源于承德避暑山庄内的热河泉。清美甘甜的潮河水和滦河水，源源不断流往北京和天津。承德市最高峰雾灵山高2 118米，环绕市区的山峦属丹霞地貌，奇峰异石自然天成，千姿百态，形成独特的磬锤峰、罗汉山、天桥山、双塔山等十大景观。避暑山庄是承德旅游的精华，如果你是一个在北方居住过多年的人，你会感叹如何在这塞外之地出现这样一片江南的皇家园林。

课堂讨论

● 我国还有很多气候优越的旅游景区，你所知道的有哪些？它们有什么特点？查阅各种资料来了解更多相关信息，然后与老师、同学进行交流。

思考与练习

1. 什么是气象？什么是气候？二者之间的差别是什么？
2. 气象、气候对旅游的影响有哪些？
3. 气象、气候旅游资源的特点是什么？
4. 简述我国气候的基本特征。
5. 哪些气象类旅游资源对你有较大吸引力？为什么？
6. 说出你所知道的世界著名避暑、避寒胜地。

第六章 历史古迹与现代建筑

历史古迹是国家、民族过去的记录，反映了各个历史时代的政治、经济、文化、科技、建筑、艺术、风俗等的特点和水平，具有重大的历史价值和旅游价值。中华民族拥有五千年灿烂辉煌的文明，留下了丰富的历史遗产，让人们可以触摸到历史的气息，领略到中国文化的深厚底蕴。近年来，伴随着经济建设的重大成就，我国陆续兴建了一批现代化的建筑，这些建筑中有的成为其所在城市的标志性景观。这些历史古迹与现代建筑都是旅游业发展的重要资源。

学习目标

☆了解我国的历史遗迹。
☆掌握我国古代建筑的主要构件和特点。
☆掌握我国的古都名城。
☆掌握我国的宫殿及坛庙建筑。
☆掌握我国的古典园林。
☆掌握我国的陵墓旅游资源。

第一节　历史遗址与遗迹

一、古人类文化遗址

古人类文化遗址是指从人类形成到有文字记载历史以前的人类活动遗址。这些遗址反映了几百万年的人类进化史，通常可划分为旧石器时代和新石器时代两个区间。

1. 旧石器时代人类文化遗址

目前的古人类学资料表明人类起源于非洲，已知最早的旧石器发现于埃塞俄比亚，距今约233万年。我国直立猿人的典型代表主要包括距今约200万年的巫山猿人、距今约170万年的云南元谋人、距今约80万年的陕西蓝田人和距今约50万年的北京人，其中周口店北京猿人遗址（见图6—1）最具代表性。周口店北京人遗址位于北京市房山区的龙骨山上，1929年12月中国学者裴文中在此发现了第一个完整的北京猿人头盖骨，随后又发现了石器和用火的遗迹，这在古人类学研究历史上具有划时代的意义。

图6—1　周口店北京猿人遗址

距今约20万～10万年前，中国大地上出现了早期智人，又称古人，主要遗址有陕西大荔人、山西丁村人、广东马坝人、湖北长阳人和山西许家窑人。距今数万年至万余年前，中国出现了晚期智人，又称新人，主要遗址有广西柳江人、四川资阳人和北京山顶洞人。

2. 新石器时代古人类文化遗址

新石器时代指以磨制石器使用为主的原始社会中后期，持续约6 000年，分为母系氏族公社和父系氏族公社两个阶段。此时，人类进入现代人阶段，出现了磨制石器、陶器、纺织，并由原来完全依赖采集、渔猎为生向耕种和畜牧转变。这一时期是中国古代经济、文化发展的新起点。新石器时代文化是中华文明的源泉。

距今五六千年的时候，进入母系氏族公社阶段，仰韶文化与浙江余姚的河姆渡文化是此时期的典型代表。

图 6—2　西安半坡遗址复原模型

仰韶文化是黄河中游新石器文化，因最早发掘于河南省渑池县仰韶村而得名，其年代约为公元前 5 000～前 3 000 年。仰韶文化以手制泥质红陶和夹砂红陶为主，主要遗址有半坡遗址、姜寨遗址、庙底沟遗址和后冈遗址等。西安半坡遗址（见图 6—2）是仰韶文化中的一个典型，人们已建造房屋，开始定居生活，学会了制造弓箭、纺织，种植粟、麻、菜和饲养家畜家禽。仰韶文化时期制作的彩陶很精美，故也称彩陶文化。

河姆渡文化是长江下游地区的新石器时代文化，在浙江余姚市的河姆渡遗址首先发现而得名。河姆渡文化主要以夹炭黑陶、夹砂红陶和红灰陶为主，农业主要是稻作农业，所发现的稻谷遗存是迄今中国最早的稻谷实物，证明中国是最早栽培水稻的国家。此时的人们，已定居生活，学会打井，饲养猪、狗等，并盛行一种栽桩架板高于地面的干栏式建筑。

距今约四五千年的时候，进入父系氏族公社阶段，大汶口文化中晚期、龙山文化、浙江良渚文化是此时期的典型代表。

大汶口文化是黄河下游的新石器文化，因 1959 年发掘的山东省泰安县大汶口文化遗址而得名，其年代约为公元前 4 300～前 2 500 年。大汶口文化以夹砂红陶、泥质红陶为主，也有灰陶、黑陶，并有少量硬质白陶。经济主要以原始农业为主，种植粟，家庭饲养业也很发达。

龙山文化是黄河流域新石器晚期的文化遗存，因 1928 年首先在山东省章丘县（现章丘市）龙山镇发现而命名为龙山文化，其遗址中多出土黑陶，所以又称“黑陶文化”。龙山文化分布很广，有山东龙山文化、河南龙山文化、陕西龙山文化等。

良渚文化是长江下游的新石器文化，主要分布于太湖地区，因浙江省杭州市良渚遗址而得名。其年代约为公元前 3 300～前 2 200 年，以夹细砂的灰黑陶和泥质黑皮陶为主，稻作农业。

现在，这些古人类文化遗址经过发掘、建设，大都已对外开放，接待游客，旅游者通过对古人类文化遗址的参观与考察，可以获得许多关于人类起源、发展的知识，是人类认识自我非常有意义的一项旅游活动。

知识链接

传说中伏羲与女娲的遗迹

在黄帝之前，5 000～6 000 年前的伏羲与女娲兄妹成亲的传说，在中华大地广为流传，全国纪念性建筑有数十处，但较有说服力的地点应在鲁南地区。主要原因有以下几点：邹城南凫山是伏羲、女娲风姓部落的中心，“凫”与“伏”同音，在春秋时就有纪念性庙宇，鲁僖公曾亲自主持修复；西凫山有八个山脚，对伏羲发明八卦有启示；附近的峄山是花岗岩石蛋堆垒成的高 500 多米的孤山，在前秦时代就很有名气，是秦始皇第一个封禅山，用它说明炼石补天遗留下石块传说更有说服力，并在此时沿郯断裂带曾有大地震发生过，可以分析“炼石补天”就是抗灾斗争；兄妹成亲一说时间正是 6 000 年前左右，大理冰期后，气候转暖，海侵发生，鲁南地区低势较低，成为一片汪洋，原始人在洪水中大部分遇难，因而伏羲、女娲各据东西凫山一个山头，演化成滚磨成亲之说；东、西凫山有规模较大的爷娘庙、老磨台遗址，并且对以后齐鲁文化形成有着重要的影响，可以说鲁南出现孔子、孟子并由他们创立儒家学说是历史的必然，前者是源头，后者是历史的继续和发展。这一遗迹的恢复，会丰富祭祖旅游的内容，强化儒家文化的地位，而且将中华民族历史向前延伸一两千年。

二、名人故居

1．毛泽东故居

毛泽东故居名上屋场，坐落在韶山风景区茂林修竹、青翠欲滴的小山冲中。房屋是泥砖青瓦，土木结构，坐南朝北，背山面水，是南方常见的“一担柴”式普通农家住房，如图 6—3 所示。故居东头十三间半瓦房，是毛泽东家的。西头五间半砖茅房是邻居的。1893 年 12 月 26 日，毛泽东诞生于此，并在此度过了童年和少年时代。在长期的革命生涯中，他曾几次回故乡。1925 年偕夫人杨开慧到韶山开展农民运动，建立了中共韶山支部；1927 年回乡考察农民运动；1959 年回到阔别了 32 年的故乡探望，写下了著名诗篇《七律 · 回韶山》；1966 年是毛泽东最后一次回到韶山。1929 年 4 月，国民党没收了毛泽东在韶山的全部房屋和财产，故居受到严重破坏，1950 年以后经多次修葺恢复原貌，现为全国重点文物保护单位。1982 年，经党中央批准，将“旧居”改为“故居”。故居门上“毛泽东同志故居”七个黑底镏金大字为邓小平题写。室内陈设基本上按照毛泽东当年在此居住时的原样布置，有些用具是原物。故居后院台地上下有毛泽东少年时代劳动过的田地、禾场，屋前荷花塘和南岸塘相毗邻。故居附近有南岸、毛氏宗祠、毛震公祠等革命遗址和毛泽东同志纪念馆、毛泽东图书馆、毛泽东纪念铜像等建筑。

图 6—3　毛泽东故居

2．周恩来故居

周恩来故居位于江苏省淮安市西北隅的驸马巷内，占地 1 960 平方米，如图 6—4 所示。周恩来祖父周骏龙与其二哥周骏昂于清咸丰年间，从浙江绍兴移居江苏淮安做官时，合买了东西相连的 32 间房屋。1898 年 3 月 5 日，周恩来诞生在这里，并在这里度过了童年的 12 个春秋。故居大门由邓小平题写匾额“周恩来故居”。故居于 1979 年 3 月 5 日对外开放，现为全国重点文物保护单位，是游客到淮安游览的首选之处。修复后的故居基本上恢复了 1910 年时的原貌，它分东西两个宅院。东院为周恩来祖父的住房，大小房屋共 20 间，有周恩来的诞生地、童年读书的家塾、厨房、使用过的水井及祖堂屋等。西院为周恩来二祖父的住房，有房屋 12 间，现在是“周恩来同志纪念展览陈列室”，里面展出了照片近 200 张，实物 90 多件，其中有周恩来少年时代使用过的小柳斗、裁纸刀和油灯，也有周恩来为《淮安日报》题写的报头。

图 6—4　周恩来故居

3．鲁迅故居

鲁迅故居位于浙江省绍兴市都昌坊口周家新台门西首。1881 年 9 月 25 日鲁迅就出生在这里，一直生活到 18 岁去南京求学，以后回故乡任教也基本上居住于此地。新台门整座屋宇是江南特有的那种深宅大院，它是老台门八世祖周熊占在清朝嘉庆年间购地兴建的，同时建造的还有过桥台门。鲁迅曾高祖一房移居新台门，世系绵延，到了清光绪、宣统年间，整个周氏房族逐渐衰落。1918 年，经族人共议将这群屋宇连同屋后的百草园卖给了东邻朱姓。房屋易主后，原屋大部分拆掉重建，但鲁迅家居住的地方主要部分幸得保存。新中国成立以后，人民政府多次拨款整修，已经恢复旧观，原来的家具也多数找回，并按原样陈列。鲁迅故居现占地 4 000 平方米，坐北朝南，砖木结构，房舍多达百间。进门有小天井和厅堂，厅堂北面隔天井是 5 间楼房，为鲁迅早年的住处，鲁迅诞生于西梢间楼下。楼上东面一间是鲁迅与朱安的新房，楼下有鲁迅母亲鲁瑞及祖母蒋氏的房间，再往北是灶间，鲁迅在此认识章运水（即闰土原型）。最后面即为百草园，分大小园两部分，面积 2 000 平方米，鲁迅以此为素材写下了著名的《从百草园到三味书屋》。

4．沈从文故居

沈从文故居位于湖南凤凰古城中营街，是一座典型的南方四合古院。古院正中有小天井，用方石板铺成，天井四周为砖木结构的古屋，正屋三间，厢房四间，共十余间。房屋矮小，虽无雕龙画凤，但显得小巧别致，古色古香，特别是雕花的木窗带有湘西特色，格外引人注目。1902 年 12 月 28 日，沈从文就诞生在这里，他的童年也是在这里度过的。故居历时一百多年，是沈从文祖父沈宏富置办的，由于历史演变，几经易主，1988 年人民政府决定购回此屋，重新整修，使这百年古院再现原貌。现门上挂有“沈从文旧居”匾额。右边一室是沈从文生平的照片，二室是沈从文书稿手迹，左边厢房陈列各种版本的沈从文著作，正屋中堂挂着沈从文的素描画像，左边房是卧室，也是沈从文出生的地方，右边房陈列着大理石桌面的书桌等物。

知识链接

蔡元培故居

蔡元培故居（见图 6—5）坐落在绍兴城区笔飞弄 13 号，为蔡氏祖父以下几代聚居地。蔡元培历任民国教育总长、北京大学校长、中央研究院院长等职，是我国近代著名的民主革命家、教育家、科学家。故居的主体建筑坐北朝南，为砖木结构，共三进。第一进门厅坐西朝东，上悬刘海粟手书“蔡元培故居”匾额，第二进厅堂和第三进楼房均坐北朝南，三进分布不在同一轴线上。由门厅通往堂厅的前天井特别开阔，约有篮球场那么大，周边的围墙也特别高，高墙深院，显得气势不凡。第二进一堂两厅，已辟为陈列室，堂厅正中放着蔡元培半身塑像。左壁悬有毛泽东撰、沙孟海书的“学界泰斗，人世楷模”巨幅联语；右壁有周恩来撰、沈定庵书的“从排满到抗日战争，先生之志在民族革命；从五四到人权同盟，先生之行在民主自由”的对联。后进为坐楼，五楼五底，蔡元培就出生在此处，并度过了童年和青少年时代。

图 6—5　蔡元培故居

三、革命遗址及纪念地

1．广州三元里抗英遗址

广州三元里抗英遗址是中国近代史上著名的革命遗址，全国重点文物保护单位，位于广园西路三元里村北面。馆址原为村民供奉北帝的三元古庙，建于清初。1840年6月，英国发动对华鸦片战争。1841年5月29日，英军劫掠队到三元里一带抢劫烧杀，侮辱妇女，三元里村民聚集在庙前商议抗击英国侵略者，此处为三元里人民抗英誓师的地方。当年三元里人民组成的反侵略武装打死英军200多人，大获全胜。1958年11月原三元古庙辟为纪念馆，建筑面积446平方米。馆内陈列三元里人民抗英斗争的文物史料，系统地介绍三元里人民抗英斗争的史实，有三星旗、大刀长矛、缴获的英军军服、伍紫垣印章等文物与资料。该馆1997年被列为全国百家爱国主义教育示范基地，附近立有三元里人民抗英烈士纪念碑。

2．广州黄花岗烈士陵园

广州黄花岗烈士陵园（见图6—6）位于广州市的黄花岗，1921年为纪念1911年4月27日孙中山先生领导的同盟会广州起义中牺牲的72位烈士而建。早期墓园为著名设计师杨锡宗设计，孙中山亲手栽植了青松，后经多次增建，至1935年基本建成。新中国成立后改为黄花岗七十二烈士陵园。陵园庄严肃穆，坐北朝南，建筑规模宏大，气魄雄伟，占地面积13万平方米，有孙中山先生题“浩气长存”的牌坊式大门和墓亭、纪功坊、乐台、四方塘、黄花亭、西亭、石雕自由神像等建筑。纪功坊上自由神像高擎火炬，象征烈士们为追求自由解放的献身精神。此外，烈士陵园内还有冯如（中国第一个飞机设计师）墓、潘达微墓等。

图6—6　广州黄花岗烈士陵园

3. 南昌八一起义纪念馆

南昌八一起义纪念馆庄严、古朴，坐落在南昌市中山路 380 号，占地面积 5 903 平方米。这里原为江西大旅社，1927 年 8 月 1 日，中国共产党发动震惊中外的南昌起义，向国民党反动派打响了武装斗争的第一枪。江西大旅社成为南昌起义的总指挥部。1956 年，南昌八一起义纪念馆筹备处成立，恢复了八一南昌起义总指挥部、贺龙第二十军指挥部等几座旧址。1959 年 10 月 1 日，南昌八一起义纪念馆正式成立并对外开放，向建国十周年的献礼。1961 年 3 月 4 日，国务院公布八一南昌起义总指挥部、贺龙第二十军指挥部、叶挺第十一军指挥部、朱德创办的第三军军官教育团和朱德旧居——花园角 2 号五座旧址为全国重点文物保护单位。南昌八一起义纪念馆雕像如图 6—7 所示。

图 6—7 南昌八一起义纪念馆雕像

4. 辽宁锦州辽沈战役纪念馆

辽沈战役是 20 世纪中期中国人民解放战争中具有决定意义的一个战略大决战。辽沈战役纪念馆是一座集历史文化传播、艺术博览、风景园林为一体的大型军事专题纪念馆。馆区占地面积 17 万平方米，主要纪念建筑以馆内的中轴线为序，依次坐落胜利之门、纪念塔和纪念馆三座标志性建筑。在中轴线两侧还对称分布着中国最长的烈士名录墙、将军雕像、烈士墓、花廊、重炮等景点，四周则是以松树为主体的各种珍奇树木，葱茏茂盛地覆盖整个景区。在南低北高的中轴线上有 104 级台阶，寓意辽沈战役的 52 个昼夜。拾阶而上，步步登高，景象深远，呈现出军事主题纪念馆恢宏大气的非凡景象。辽沈战役纪念馆的展出共有四个部分，分为战史馆、支前馆、英烈馆、全景画馆，其中“攻克锦州”全景画馆为中国第一座全景画馆，被誉为中国博物馆和美术史上的开山之作。

课堂讨论

● 你还知道哪些我国的革命遗址及纪念地？查阅各种资料了解更多相关知识，然后与同学、老师进行交流，并探讨革命遗址及纪念地对旅游者具有怎样的吸引力。

第二节 古都名城

一、中国古代城市建设模式

1．按一定的制度进行规划

中国古代的城市，特别是都城和地方城市行政中心，往往是按一定的制度进行规划和建设的。例如，《周礼·考工记》对周代的城市规划制度有明确的记载。

2．围绕的墙垣

中国古代城市，上自天子王侯的都城，下至郡、州、府、县的治所，都有城墙和护城河围绕，由城门、城楼、角楼、墙台、敌楼、堞墙、垛口等，构成一整套的城防体系。

3．以方格网街道系统为主，区划整齐

中国古代城市的道路网多为方格形，这种街道便于交通，街坊内便于布置建筑。

4．采用中轴线对称的平面布局

中国古代城市以宫殿、衙署或钟楼等公共建筑为中心，采用中轴线对称的平面规划布局，反映了统治阶级严格的等级观念和秩序感。

5．重视水源的利用和城市的绿化

中国古代城市规划重视水源的利用和城市的绿化。例如，元大都自玉泉山引水入城，注入太液池，为金水河，此河提供皇宫用水；开凿通惠河使江南货物粮船直达什刹海码头。中国古代城市自汉朝以来，就在主要大道两侧植树绿化。洛阳从隋朝起，就以樱桃、石榴作行道树，河岸则植柳。

课堂讨论

● 参考如图 6—8 所示的唐长安城平面图，与同学、老师讨论中国古代城市建设模式。进一步查阅各种资料，了解更多其他古城的建设模式，写一篇报告作为总结。

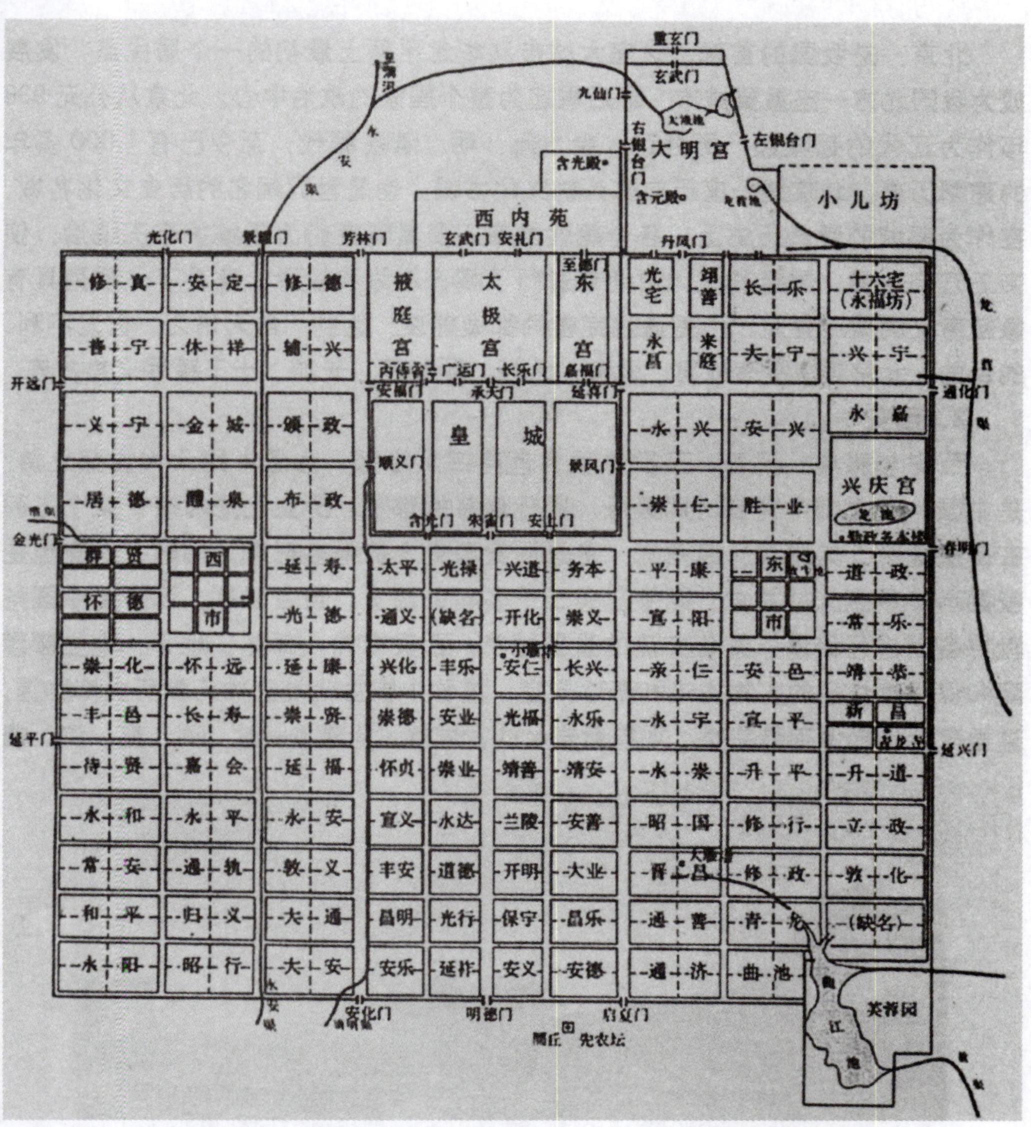

图 6—8　唐长安城平面图

二、中国的六大古都

古都，是一个国家在一定社会时期的政治、经济、文化、科学、交通、国际交往中心，必然集中了全国的人之精英，物之精华，并经过大规模的营造，最能体现一个国家在一定时期各个领域的最高成就，因而必然是国际旅游和国内旅游的重点。中国的六大古都为北京、西安、洛阳、开封、南京、杭州。

1. 北京

北京，是我国的首都。这座大城市从华北平原上最初的一个居民点，发展成为我国北方一座重要城市，最后崛起为整个国家的政治中心。北京从公元 938 年作为辽代的都城起，历经辽、金、元、明、清各朝代，至今已有 1 000 多年的建都历史。北京是一座历史悠久的文化古城，也是世界闻名的历史文化名城。在作为都城的漫长历史上，各个朝代的帝王及其谋臣们为了维护帝王统治，使帝王江山永固、国运长久，对北京进行了精心规划和设计，建设了一系列具有象征意义的城市建筑，力图通过完善的都城建设，达到“自天佑之，吉无不利”的目的。北京现主要有故宫、北海、天坛、颐和园、长城、十三陵等文物古迹。

2. 西安

西安与雅典、罗马、开罗并称为世界四大古都，也是中国六大古都之首，是中国六大古都中建都时间最长、朝代最多的都市。历史上先后有十余个王朝在西安建都，其中汉、唐两代，更是西安历史上的鼎盛时期。同时，西安也是我国历史最悠久的古城，距今已有三千多年的历史。自古以来，西安是中国与世界各国进行经济、文化交流的重要城市。西安市内、郊区、地下、地上都埋藏和保存着众多的文物古迹和奇珍异宝，堪称中国古代社会的天然历史博物馆。这里有全世界保存最完整、规模最宏大的古城墙（见图 6—9），周、秦、汉、唐

图 6—9　西安古城墙

四大遗址，“世界第八大奇迹”秦始皇陵兵马俑，以及半坡遗址、大雁塔、小雁塔等珍贵的文化遗产。闻名遐迩的古“丝绸之路”也是从西安开始。

3．洛阳

黄河是中华民族的摇篮，洛阳则是这个摇篮的中心，“居天下之中”，易守难攻。所以，在中国几千年的历史长河中，洛阳既是兵家的必争之地，也自然成了历代帝王建都筑城的理想场所。从东汉、北魏开始，洛阳逐渐成为国际性大都会，至隋唐时期达到顶峰，人口达百万，是当时世界上最繁华的大都市之一。我国著名的唐三彩也出于此。洛阳素以“九朝古都”闻名中外，而实际上从中国第一个王朝——夏朝起，先后有商、西周、东周、东汉、曹魏、西晋、北魏、隋、唐、后梁、后唐、后晋等13个王朝在此建都，它是中国建都最早的古都。洛阳现拥有的著名古迹有白马寺、龙门石窟等。

4．开封

开封作为历史古城，号称“七朝古都”，“七朝”是指战国时期的魏，五代时期的后梁、后晋、后汉、后周，以及后来的北宋和金。特别是北宋时期，开封是当时世界上最繁华的都市之一，其建设规划思想独特，宏大的城垣分外城、内城、皇城，三重城郭，三条护城河。城内交通水陆兼容，畅通无阻，有着150万人口（当时15万人就算大都市），更有“汴梁富丽天下无”的美誉。宋代画家张择端的《清明上河图》，生动地表现了当年开封古都的繁华景象和丰富多彩的民俗风情。开封著名的名胜古迹有艮岳、铁塔、龙亭、相国寺、清明上河园、禹王台、繁塔、北宋汴梁城遗址、刘少奇纪念馆等。

5．南京

南京位于长江下游南岸，古称金陵。公元前472年，越王勾践灭吴后，在今中华门西南建越城，开创了南京的城垣史，迄今已有2 400多年。公元3世纪以来，先后有东吴、东晋、宋、齐、梁、陈（史称六朝），以及南唐、明、太平天国、中华民国10个朝代或政权在这里建都立国，因此，历史上盛称南京为“六朝胜地、十代都会”。南京有璀璨的民族文化遗产，名胜古迹有中山陵、明孝陵和灵谷寺等，革命纪念地有梅园新村、雨花台等，另有玄武湖、燕子矶、莫愁湖等风景名胜。南京这个古老的城市，既有自然山水之胜，又有历史文物之雅，是兼具古今文明的园林化城市。

6．杭州

杭州历史悠久，在新石器时代，这里便有良渚文化在此发展，春秋时期，这里是吴越两国必争之地。公元前221年，秦始皇统一中国之后，便在此建钱塘县，一直到公元589年的隋朝才称为杭州。随着京杭大运河的开凿，杭州成为南北交通和贸易的枢纽，之后共有五代的吴、越和南宋等14个王朝选择建都于此。杭州以其得天独厚的秀丽山水和历史悠久、内涵丰富的人文景观，素以“文化之邦”著称，享有“人间天堂”美誉，成为闻名中外的风景旅游城市和历史文化名城。杭州名胜古迹很多，大部分集中在西湖及其周围，如灵隐寺、岳王庙、六和塔等。

知识链接

中国八大古都

一种观点认为：西安、北京、南京、洛阳四大古都是在新中国成立前认定的，新中国成立后在杭州召开古都学会会议，著名学者陈桥驿先生提出杭州、开封应当列入大古都行列，并在随后予以认定。1988 年，地理学家谭其骧教授提议将安阳认定为大古都，至此形成了中国的七大古都之说。2004 年 11 月，在八大古都城市代表暨古都学会会长座谈会上，时任中国古都学会会长、陕西师范大学教授朱士光宣布：“中国古都学会正式确认郑州为第八大古都！”

三、中国的著名古城

1．丽江古城

丽江古城（见图 6—10）指大研镇，因其居丽江坝中心，四面青山环绕，一片碧野之间绿水萦回，形似一块碧玉大砚，故而得名。丽江古城始建于南宋末年，自古就是西南重要政治和经济中心，四方街、丽江军民府（木家院）是历史的见证。中国明代著名旅行家徐霞客曾在丽江游记中写道“宫室之丽，拟于王者”“民居群落，瓦屋栉比”，这是对当年丽江古城繁盛景观的真实写照。

图 6—10　丽江古城

有别于中国任何一座古城，丽江古城未受“方九里，旁三门，国中九经九纬，经途九轨”的中原建城体制影响，古城中无规矩的道路网，无森严的城墙。古城布局中的三山为屏、一川相连，水系利用中的三河穿城、家家流水，街道布局中“经络”设置和“曲、幽、窄、达”的风格，建筑物依山就水、错落有致的设计艺术，在中国现存古城中是极为罕见的，是纳西族先民根据民族传统和环境再创造的结果。

丽江古城于 1997 年 12 月 3 日被联合国教科文组织列入《世界遗产名录》。

2. 平遥古城

平遥古城（见图 6—11）位于山西省中部，始建于公元前 827 年—前 782 年的周宣王时期，为西周大将尹吉甫驻军于此而建，是一座具有 2 700 多年历史的文化名城。自公元前 221 年，秦朝政府实行“郡县制”以来，平遥城一直是县治所在地，延续至今。平遥古城历尽沧桑、几经变迁，成为国内现存最完整的一座明清时期中国古代县城的原型。现在看到的古城，是明洪武三年（1370 年）进行扩建后的模样。扩建后的平遥城规模宏大雄伟，城周长 6.4 千米，是山西也是中国现存历史较早、规模最大的一座县城城墙。

图 6—11　平遥古城

平遥古城为方形，墙高 12 米左右，平均宽度 5 米，墙身内填土夯实，墙表面为砖砌，顶部铺砖排水。墙上筑有垛口，墙外有护城河，深广各 4 米。城门有 6 道，东西各二，南北各一。每道城门都向外突出，有里外二门，呈瓮形，故有“乌龟城”的说法，即南北两门是龟的头尾，东西四门为四脚，南北里外二门直通，好像龟头向外伸出，恰巧南门外有两眼水井，被喻为龟眼，而北门的外门向东弯曲，好像龟的尾巴向东甩去。东西四门的外门又分别向头的方向弯曲，活像龟的四脚向前爬行。此外，六座城门均有高大的城楼，四角有近 7 米高的角楼，每隔 50 米筑有城台一个。城墙上还有 72 座观敌楼，墙顶外侧有垛口 3 千个。迄今为止，古城的城墙、街道、民居、店铺、庙宇等建筑仍然基本完好，原来的形式和格局大体未动，它们同属平遥古城现存历史文物的有机组成部分。

平遥古城于 1997 年 12 月被联合国教科文组织列入《世界遗产名录》。

第三节 宫廷与礼制建筑

一、中国古代建筑

1. 中国古代建筑的基本构件

（1）台基（基座）

台基是高出地面的建筑物底座，也称基座。台基用以承托建筑物，并使其防潮、防腐，同时可弥补中国古代单体建筑不甚高大雄伟的欠缺。台基大致有以下四种。

1）普通台基。普通台基用素土、灰土或碎砖三合土夯筑而成，约高一尺，常用于小式建筑。

2）较高级台基。较高级台基较普通台基高，常在台基上边建汉白玉栏杆，用于大式建筑或宫殿建筑中的次要建筑。

3）更高级台基。更高级台基即须弥座，又名金刚座。“须弥”是古印度神话中的山名，须弥座用作佛像或神龛的台基，用以显示佛的崇高和伟大。中国古建筑采用须弥座表示建筑的级别。更高级台基一般用砖或石砌成，上有凹凸线脚和纹饰，台上建有汉白玉栏杆，常用于宫殿和著名寺院中的主要殿堂建筑。

4）最高级台基。最高级台基由几个须弥座相叠而成，从而使建筑物显得更为宏伟高大，常用于最高级建筑，如故宫三大殿和山东曲阜孔庙大成殿，即耸立在最高级台基上。

（2）屋顶

屋顶的主要类型如图 6—12 所示。

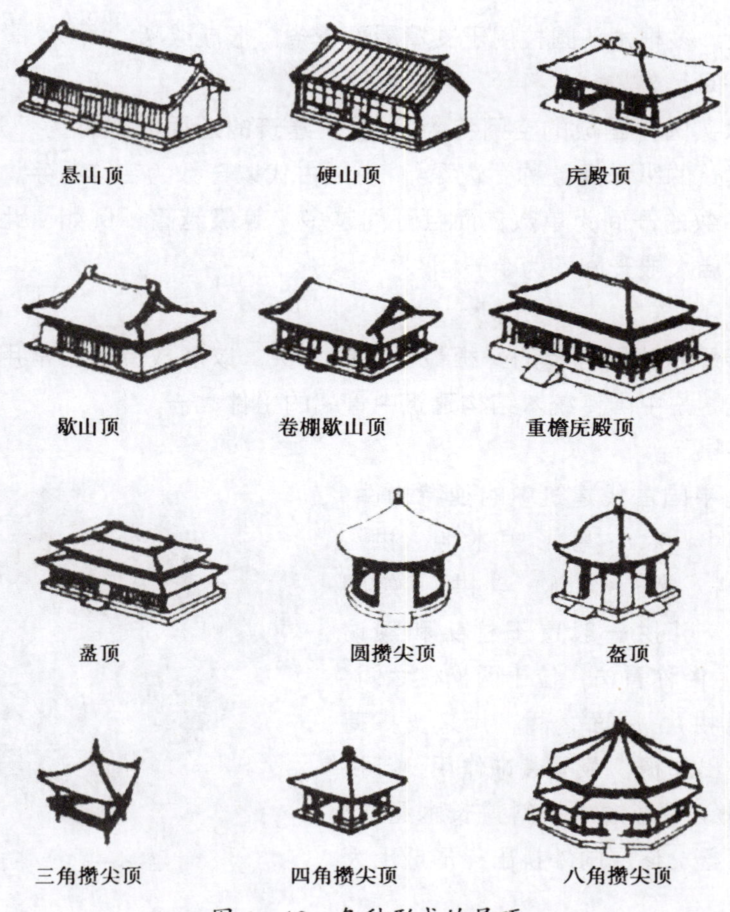

图 6—12　各种形式的屋顶

1）硬山顶。屋面双坡，两侧山墙同屋面齐平，侧观如同一块硬板壁，故称硬山顶。硬山顶多见于大型建筑群中小殿配房、一般民居和寺庙。

2）悬山顶。悬山顶因屋顶的两端自山墙上挑悬出来而得名，多见于大型古建筑群中的次要配殿、配房，也常见于一般民居、寺庙。

3）攒尖顶。攒尖顶的屋顶之上收为一个尖顶，有圆形、方形、多角形等，如天坛的祈年殿。

4）盝顶。盝顶是指在四坡屋顶之上做成一个小平顶，如故宫的钦安殿。

5）歇山顶。歇山顶有九条脊，又称九脊顶，用于规格稍低的建筑物，如故宫的保和殿。

6）庑殿顶。庑殿顶又称四注（四面流水）式，有四个坡面，在宫式建筑中规格最高，如故宫的太和殿、孔庙的大成殿等。

（3）木头圆柱

木头圆柱一般是松木或楠木制成的圆柱形木头，置于以石头（有时是铜器）

为底的台上。多根木头圆柱用于支撑屋面檩条，形成梁架。

（4）开间

四根木头圆柱围成的空间称为“间”。建筑的迎面间数称为“开间”，或称“面阔”。建筑的纵深间数称“进深”。中国古代以奇数为吉祥数字，所以平面组合中绝大多数的开间为单数，而且开间越多，等级越高。例如，北京故宫太和殿和北京太庙大殿开间均为十一间。

（5）梁

梁是架于木头圆柱上的一根最主要的木头，以形成屋脊，常用松木、榆木或杉木制成，是中国传统木结构建筑中骨架的主件之一。

（6）斗拱

斗拱是中国古代建筑中的独特构件，方形木块叫“斗”，弓形短木叫“拱”，斜置长木叫“昂”，合称“斗拱”，如图6—13所示。斗拱一般置于柱头和额访（又称阑头，俗称看访，位于两檐柱之间，用于承托斗拱）、屋面之间，用来支撑荷载梁架、挑出屋檐，兼具装饰作用。斗拱由方形木块、弓形短木、斜置长木组成，纵横交错层叠，逐层向外挑出，形成上大下小的托座。

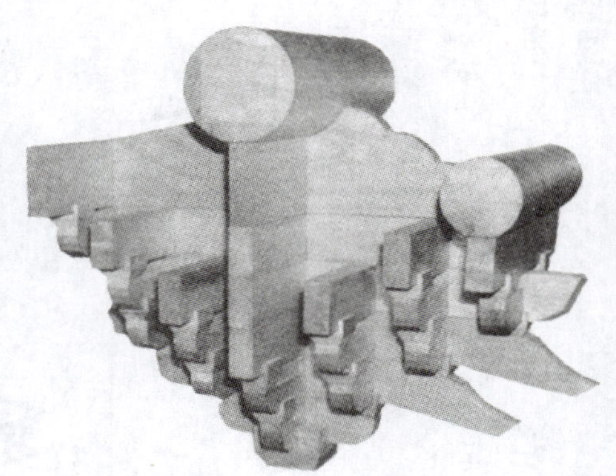

图 6—13　斗拱

（7）彩画

彩画最初的作用是为木结构防潮、防腐、防蛀，后来才突出其装饰性，宋代以后彩画已成为宫殿不可缺少的装饰艺术。清代彩画可分为三类，即苏式彩画、旋子彩画和和玺彩画。

1）苏式彩画。这类彩画由图案和绘画两部分组成，主要用于园林和住宅，如图6—14所示，各种图案和绘画相互交错，从而形成了多变的画面。苏式彩画的图案中一般画各种回纹、万字、夔纹、汉瓦、连珠、卡子、锦纹等。绘画题材包括各种人物故事、山水、花鸟、鱼虫等，另外还有一些装饰画，比如折枝黑叶花、异兽、流云、博古、竹叶、梅花等。苏式彩画画题多含寓意，喻美好和吉祥。

2）旋子彩画。旋子彩画有明显、系统的等级划分，既可以做得很素雅，也可以做得非常华贵，如图6—15所示。它的应用范围很广，一般官衙、庙宇的主殿，坛庙的配殿，以及牌楼等建筑物都用这种彩画。旋子彩画的主要特点是：藻头之内使用带旋涡状的几何图形，叫做“旋子”（或称旋花），各层花瓣从外到内分别称“一路瓣”“二路瓣”“三路瓣”“旋眼”（或称旋花心）。旋子以“一整两破”为基础，以藻头的长短作为增加或减少旋花花瓣的处理依据。

3）和玺彩画。和玺彩画是彩画中等级最高的一种，是清代官式建筑主要的彩画类型，仅仅用在宫殿、皇家坛庙的主殿、堂门和少量的牌楼建筑中，如图6—16所示。和玺彩画是在明代晚期官式旋子彩画日趋完善的基础上，为适应皇

图6—14 苏式彩画

图6—15 旋子彩画

图6—16 和玺彩画

权需要而产生的彩画类型。画面中象征皇权的龙凤纹样占据主导地位，构图严谨，图案复杂，大面积使用沥粉贴金，花纹绚丽。和玺彩画构图时，在梁、枋各部位都使用曲折线分成段，其他主要线条一律沥粉贴金，金线一侧衬白粉线（称为大粉）或者加晕。各个构图部位内的花纹也沥粉贴金，并用青、绿、红等底色来衬托金色图案，整体画面非常华贵。

2. 中国古代建筑特点

（1）中国古代建筑使用木材作为主要材料

中国古代建筑多以木材作为主要材料，一般包含立柱、横梁、顺檩等主要构件，各个构件之间的结点以榫卯相吻合，构成富有弹性的框架。木构架结构有很多优点，首先，承重与围护结构分工明确。屋顶重量由木构架来承担，外墙起遮挡阳光、隔热防寒的作用，内墙起分割室内空间的作用，由于墙壁不承重，这种结构赋予建筑物以极大的灵活性。其次，有利于防震、抗震。木构架结构类似现代建筑中的框架结构，由于是以柱子承重而不是以墙承重，而且柱与柱之间、柱与地基之间都被牢固联结，所以即使部分墙倒塌，也不会导致整个建筑坍塌，这样就可以在一定限度内减少由地震引起的危害。

（2）中国古代建筑的平面布局具有一种简明的组织规律

中国古代建筑以“间”为单位构成单座建筑，再以单座建筑组成庭院，进而以庭院为单元，组成各种形式的组群。就单体建筑而言，以长方形平面最为普遍，此外还有圆形、正方形、十字形等几何形状平面。就整体而言，重要建筑大都采用均衡对称的方式，以庭院为单元，沿着纵轴线与横轴线进行设计，借助于建筑群体的有机组合和烘托，使主体建筑显得格外宏伟壮丽。民居及风景园林则采用了“因天时，就地利”的灵活布局方式。

（3）中国古代建筑造型优美

中国古代建筑造型优美，尤以屋顶造型最为突出，如庑殿顶和歇山顶等，都是大屋顶，显得稳重协调。屋顶中直线和曲线巧妙地组合，形成向上微翘的飞檐，不但扩大了采光面、有利于排水，而且增添了建筑物轻快的美感。

（4）中国古代建筑的装饰丰富多彩

古代建筑的装饰主要包括彩绘和雕饰。彩绘具有装饰、标志、保护、象征等多方面的作用。油漆颜料中含有铜，不仅可以防潮、防风化剥蚀，而且还可以防虫蚁。色彩的使用是有限制的，明清时期规定朱、黄为至尊至贵之色。彩画多出现于内外檐的梁枋、斗拱及室内天花、藻井和柱头上，构图与构件形状密切结合，绘制精巧，色彩丰富，在明清时期发展至最高峰。雕饰是中国古建筑艺术的重要组成部分，包括墙壁上的砖雕、台基石栏杆上的石雕、金银铜铁等建筑饰物。雕饰的题材内容十分丰富，有动植物花纹、人物形象、戏剧场面和历史传说故事等。例如北京故宫保和殿台基上有一块丹陛石（见图 6—17），雕刻着精美的龙凤花纹，重达 200 吨。在古建筑的室内外还有许多雕刻艺术品，包括寺庙内的佛像、陵墓前的石人、石兽等。

图 6—17　故宫丹陛石

（5）中国古代建筑特别注意跟周围自然环境的协调

建筑本身就是一个供人们居住、工作、娱乐、社交等活动的环境，因此不仅内部各组成部分要考虑配合与协调，而且要特别注意与周围自然环境的协调。中国古代的建筑设计师们在进行设计时都十分注意周围的环境，对周围的山川走势、地理特点、气候条件、林木植被等，都要认真调查研究，使建筑布局、形式、色调等跟周围的环境相适应，从而构成一个大的环境空间。

知识链接

西方建筑的特点

1. 西方建筑以石材为主

作为西方古建筑代表的古希腊、罗马帝国建筑，绝大多数以石材为主要材料，石造的大型庙宇的典型型制是围廊式，因此，柱子、额枋和檐部的艺术处理基本上决定了庙宇的面貌。

2. 西方建筑讲究“体积美”

在古希腊、古罗马自然科学高度发展的历史条件下，人们对于数字和几何图形有特别的认识，极其重视表现对象富于逻辑的几何性。他们认为美的建筑就是由明确的几何形体与几何比例关系，以及确定的数量关系构成的。所以，他们往往借助数字的组合和几何形体来塑造建筑的形式美，而不规则的石块恰恰能满足这一需求。

3. 西方古典建筑的艺术风格重在表现人与自然的对抗之美

石头、混凝土等建筑材料的质感生硬、冷峻，理性色彩浓，缺乏人情味。在建筑的形体结构方面，西方古典建筑以夸张的造型和撼人的尺度展示建筑的永恒与崇高，以体现人之伟力。那些精密的几何比例，那些充满张力的穹窿与尖拱，那些傲然屹立的神殿、庙坛，处处皆显示出一种与自然的对立和征服，从而引发人们惊异、亢奋、恐怖等审美情绪。西方古建筑的空间序列采用向高空垂直发展、挺拔向上的形式。同时，西方古典建筑突出建筑个体特性的张扬，横空出世的尖塔楼、孤傲独立的纪念柱处处可见。每一座建筑都不遗余力地表现自己的风格魅力，绝少雷同。这反映了西方传统文化重视主体意识，强调个体观念的特点。

专题活动

参观学校附近的古建筑或仿古建筑；调查并了解与这些建筑相关的历史；观察这些建筑的屋顶与彩绘，尝试指出其类别；选择其中一栋建筑，写一篇介绍短文。

二、宫廷建筑

宫廷建筑即宫殿，是古建筑中最高级、最豪华的类型，是帝王专有的居所。它以建筑艺术烘托出皇权至高无上的威严。

“宫”在秦以前是居住建筑的通用名，“殿”原指大房屋。秦汉以后，宫殿成为帝王居所中重要建筑的专用名。在首都中，宫殿是国家权力中心，外有宫城，驻军防守。

1．宫廷布局的一般规则

（1）中轴对称

为了表现君权受命于天和以皇权为核心的等级观念，中国的宫殿建筑采取严格的中轴对称布局方式。中轴线上的建筑高大华丽，轴线两侧的建筑低小简单，如故宫（见图6—18）。这种明显的反差，体现了皇权的至高无上。中轴线纵长深远，更显示了帝王宫殿的华贵。

（2）左祖右社

中国古代的礼制思想有一个重要内容，即崇敬祖先，提倡孝道，祭祀土地神和粮食神。“左祖右社”正是这一思想的体现。“左祖”是在宫殿的左前方设祖庙。祖庙是帝王祭祀祖先的地方，因为是天子的祖庙，故称太庙。“右社”是在宫殿的右前方设社稷坛，社为土地，稷为粮食，社稷坛是帝王祭祀土地神和粮食神的地方。古代以左为上，所以左祖在前，右社在后。

（3）三朝五门

根据帝王朝事活动内容的不同，朝事分别在不同规模的殿堂内举行，自古就确立了三种朝事活动的殿堂，即三朝制。“三朝”是指大朝、内朝和外朝。以北京故宫为例，与“三朝”相对应的建筑是太和殿、中和殿和保和殿。“五门制”是指在举行大型朝事活动的宫殿庭院前，沿中线以五道门及辅助建筑构成

图 6—18　故宫的中轴对称

四座庭院，作为大朝宫殿的前导空间，为突出“三朝”进行层层铺垫。这五道门由外向内依次为皇城前导门（大清门）、皇城门（天安门）、宫城前导门（端门）、宫门（午门）、朝门（太和门）。

（4）前朝后寝

“前朝后寝”是宫殿自身的布局，大体上有前后两部分，一墙之隔，“前堂后室”，即“前朝后寝”。“前朝”是帝王上朝理政、举行大典的地方，“后寝”是帝王与后妃及其子女生活起居的地方。

2．中国宫廷特有的陈设

（1）华表

华表（见图6—19）是中国古代设在宫殿、城垣、桥梁、陵墓前作为标志和装饰用的大柱，一般为石制，柱身通常雕有蟠龙等纹饰，上为方板和蹲兽。华表高高耸立，既体现了皇家的尊严，又给人以美的享受，是皇室建筑的特殊标志。

图 6—19　华表

（2）石狮

宫殿大门前都有一对石狮（或铜狮）。石狮（或铜狮）有辟邪的作用，又因为狮子是兽中之王，所以又有显示尊贵和威严的作用。按中国文化的传统习俗，成对石狮的摆放次序是左雄右雌，亦可以从狮下所踩之物来辨别雄雌。爪下踩着球，象征着统一环宇和无上权力，必为雄狮；爪下踩着幼狮，象征着子孙绵延，必为雌狮。

（3）日晷、嘉量

日晷即日影，它利用太阳的投影和地球自转的原理，借指针所产生阴影的位置来显示时间。嘉量是我国古代的标准量器，含有统一度量衡的意义，象征着国家统一和强盛。

（4）吉祥缸

吉祥缸是置于宫殿前盛满清水以防火灾的水缸，古代称之为"门海"，比喻缸中水似海，可以扑灭火灾。

（5）鼎式香炉

鼎式香炉是古代的一种礼器，举行大典时用来燃檀香和松枝。

（6）铜龟、铜鹤

龟和鹤是中国文化中的神灵动物，用来象征长寿，庆贺享受天年。故宫龙头龟如图 6—20 所示。

图 6—20　故宫龙头龟

3. 中国古代著名的宫殿

早在商代，我国就出现了宫殿。秦汉以后，宫殿规模更大，更为富丽堂皇，如秦朝的阿房宫，汉朝的未央宫、长乐宫、建章宫，唐朝的太极宫、大明宫、兴庆宫等。这些宫殿虽豪华壮丽，却大多数都在王朝更替或争夺皇位时被毁坏，至今保存完好的宫殿建筑只有两处：一处是明清的皇宫——北京故宫（紫禁城），一处是沈阳的清故宫。

（1）北京故宫

北京故宫旧称紫禁城，是明、清两朝的皇宫，位于北京市区中心。它始建于明朝永乐四年（1406 年），历时 14 年，至永乐十八年（1420 年）完工，先后有 24 位皇帝在此登基执政，至今已逾 600 年。故宫是世界上现存规模最大、最完整的古代木结构建筑群，也是世界上最大的皇宫。

故宫占地 72 万平方米，建筑面积 16.3 万平方米，宫墙长达 3 400 米，墙外环绕宽 52 米的护城河，现存建筑 980 余座，房屋 8 700 多间。故宫建筑严格按左祖右社、前朝后寝、三朝五门及中轴对称的古制。宫殿分前后两部分，即前朝和内廷。前朝是皇帝举行大典、召见群臣、行使权力的场所，主要建筑是中轴线上的三大殿：太和殿、中和殿、保和殿。太和殿又称金銮殿，皇帝即位、诞辰以及节日庆典和出兵征伐等重大国典在此举行，如图 6—21 所示。中和殿是皇帝在前往太和殿途中小憩，接受内阁、礼部及侍卫执事人员朝拜的地方。保和殿是皇帝宴请外藩王公贵族和京中文武大臣之处。

图 6—21　故宫太和殿

保和殿后为内廷，内廷是皇帝日常处理政务和帝后、嫔妃、皇子、公主居住、游玩、奉神之处，主体建筑是后三宫：乾清宫、交泰殿、坤宁宫及其两侧的十二座宫院。乾清宫东西各有六组院落，自成体系，即东六宫和西六宫。西六宫以南是养心殿，清雍正以后，养心殿是皇帝居住和处理日常政务的地方。

1925 年，故宫博物院成立，延续至今，馆藏文物 100 多万件，是我国最大的文物艺术宝库，也是世界最大的博物馆之一。北京故宫于 1987 年被联合国教科文组织列入《世界遗产名录》。

（2）沈阳故宫

沈阳故宫位于沈阳旧城中心，占地 6 万多平方米，全部古建筑 114 所，房屋 500 余间，是我国现存仅次于北京故宫的最完整的皇宫建筑群。

沈阳故宫是清朝初期的皇宫，入关前称盛京宫殿，入关后称奉天行宫，始建于后金天命十年（1625 年），历时 11 年建成，乾隆、嘉庆年间有所扩建。整座宫殿布局具有浓厚的民族和地方特色。

沈阳故宫的主要建筑有东路的大政殿、中路的崇政殿和西路的文渊阁。大政殿是左右翼王和八旗大臣办公的地方；崇政殿是处理军政要务和接待外国使臣的地方；文渊阁建于乾隆四十七年（1782 年），是藏书和皇帝读书看戏的地方。沈阳故宫现已辟为沈阳故宫博物馆，并于 2004 年 7 月 1 日被联合国教科文组织列入《世界遗产名录》。

三、礼制建筑

“礼”为中国古代“六艺”之一，人们以最初的“礼”为基础，不断对其进行充实和完善，逐渐形成了一套完整的宗法礼制，包含着对祖先的崇敬，对土地、粮食、天地、日月的崇拜，对各种文神、武神及其他神的尊敬。“礼”集中反映了封建社会中的天人关系、阶级与等级关系、人伦关系、行为准则等，成为上层建筑的重要部分，在维系封建统治中起着非常大的作用，因而也出现了能够体现这一宗法礼制的建筑，即礼制建筑，以庙坛最具代表性。

1. 祖庙

祖庙是祭祀祖先的地方。帝王的祖庙称太庙，现存有北京太庙。北京太庙位于天安门东侧，现为北京劳动人民文化宫。北京太庙有明显的中轴线，左右配殿严格对称。其位置也严格遵循中国传统的“左祖右社”规定。除了帝王的祖庙外，民间还有许多家族的祠堂和家庙。

2. 北京社稷坛

中国传统的治国思想是“以农为本”。发展农业生产与土地密切相关，北京社稷坛则是帝王祭祀土地神和粮食神的地方，位于天安门西侧，主体建筑为坐落在中轴线上的社稷坛和拜殿。社稷坛为汉白玉砌成的三层方坛，用五色土覆盖于上层坛面，中央为黄，东方为青，南方为红，西方为白，北方为黑，以象征“普天之下，莫非王土”和祈求全国风调雨顺、五谷丰登。

3. 天坛、地坛等坛庙

祭祀天、地、日、月、泰山神等活动，是历代帝王登基后的重要活动。因为君权“受命于天”，且要秉承天意治理国家，所以皇帝必须亲自于冬至日去天坛祭天，祭天在南郊；而土地是国家的根本，皇帝必须亲自或派人于夏至日去地坛祭地，祭地在北郊；万物生长靠太阳，所以必须于春分日到日坛去祭日，祭日在东郊；月亮为夜明之神，另有十八宿（星宿）、五星（金、木、水、火、土），也必须于秋分日到月坛祭月，祭月在西郊。因为祭祀天、地、日、月都在郊外进行，所以统称郊祭。历史上还有许多皇帝登泰山祭泰山神，举行封禅大典，如秦始皇、汉武帝等。

在众多祭祀礼仪中，最重要的是祭天。所以，在所有礼制建筑中，地位最高、规模最大、艺术成就最突出、保存最完好的要数北京天坛，它也是中国现存最大的古代祭祀建筑群，1988 年被联合国教科文组织列入《世界遗产名录》。

天坛位于北京市永定门东侧，始建于明朝永乐十八年（公元 1420 年）。其建筑由内外两重坛墙环绕，南边坛墙成方形，北边坛墙左右两角成弧形，以象征古人“天圆地方”的观念。天坛由四组建筑组成：圜丘、皇穹宇、祈年殿、斋宫，其中以圜丘、祈年殿为主体，前者在南，后者在北，中间以丹陛桥（也称海漫大道）相连，丹陛桥宽约30米，长360米，高2.5米。圜丘是祭天时设祭的地方，坛呈圆形，以象征天，因为中国人偏爱“九”这个数字，圜丘坛每层的台阶数、坛面所铺的石块数和周围栏杆数都是九或九的倍数。祈年殿（见图6—22）则是帝王祈求丰收的地方。建筑周围广植柏树，营造出一种肃穆宁静的氛围。

图6—22　祈年殿

4. 名人祠庙

礼制建筑还包括许多纪念历代名人的祠或庙。其中，全国各地保存的历代孔庙很多，尤以孔子故乡山东曲阜的孔庙规模最大，时代最早。孔庙是祭祀我国古代著名思想家、教育家、儒家学派创始人孔子的场所。曲阜孔庙与孔府、孔林合称“三孔”，1994年被联合国教科文组织列入《世界遗产名录》。现存孔庙占地21.8万平方米，建筑物466间，前后有九进院落，纵向轴线贯穿整座建筑，左右对称，布局严谨，气势宏伟。前三进院落布置导向性建筑物，如门或牌坊。第四进院有一座三重檐的高阁奎文阁，其中藏有历代皇帝赏赐的图书。第七进院落中有“杏坛”，据说是孔子生前讲学处。孔庙的主殿大成殿高24.8米，宽45.69米，进深24.85米，廊下有28根石柱，每根石柱都用整块石材雕成。前廊下的十根石柱（见图6—23）

图6—23　石柱

用深浮雕的手法雕成双龙对舞，衬以云朵、山石、波涛，造型优美生动，是罕见的艺术瑰宝。孔庙中还存有大量的碑刻和画像砖，是研究中国古代书法和文化艺术的宝贵资料。

其他名人祠庙有成都的武侯祠、杭州的岳飞庙、福建的林则徐庙、湖南汨罗的屈子祠、四川峨眉山的三苏祠、台湾的郑成功庙等。

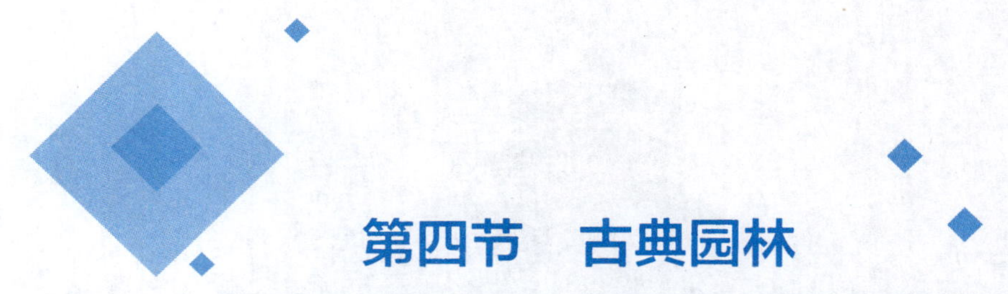

第四节 古典园林

中国园林是为游览观赏、起居理事、读书养性而建的，是包括山、水、石、动植物与厅、堂、馆、榭、楼、台、亭、阁、路、廊、桥等各种建筑物的综合建筑群。在园林中，自然景物、人工建筑巧妙结合，且融雕塑、绘画、文学、书法、金石艺术于一体，造就出富有诗情画意的环境。

一、中国古典园林的发展

中国园林艺术具有悠久的历史。纵观其发展过程，大致可分以下几个阶段：

1．商周——中国园林的萌芽时期

中国园林起源可追溯到黄帝时期。相传黄帝时即有“囿”，囿内主要建筑为“台”，囿即指在圈定的范围内让草木鸟兽滋生繁育，供狩猎之用。台是用土堆筑而成的高台，供观天象、通神明之用。而有史可证的最早的园林则是公元前11世纪商纣王所建的“沙丘苑台”和周文王时期的灵台、灵沼、灵囿，其他诸侯也多建园囿、宫苑。此为中国园林的萌芽时期，园林的特点是以自然景色为主，少事人工。

2．秦汉——中国园林的奠基时期

秦始皇统一六国之后，在都城咸阳修建上林苑，并“筑长池，引渭水……筑土为蓬莱山”，以供游乐观赏。汉代继续修建上林苑，将其范围扩充至周围150余千米，宫苑内饲养珍禽异兽，多植花木，凿池堆山。汉武帝为求长生，听信术士之言在建章宫内开凿太液池，池中堆筑蓬莱、方丈、瀛洲三岛，以象征传说中东海上的三座仙山，从而开创了皇家园林“一池三山”的主要模式。与此同时，私人园林也有出现。秦汉时期中国园林的奠基时期，这一时期的园林以模拟自然山水为特色。

3. 魏晋南北朝——中国园林的转变时期

魏晋南北朝时期，因连年战争，社会动荡，文人士大夫多逃避现实，崇尚玄学，寄情山水，山水诗画大力发展，推动了中国古典园林的发展。园林艺术不再是单纯地模仿自然，而是对其进行艺术加工处理，形成了我国园林源于自然而高于自然的艺术特色。构园正如绘画，正所谓“竖画三寸，当千仞之高；横墨数尺，体百里之回”。

除皇家园林外，这一时期的私家园林异军突起，寺庙园林亦大量出现。尤其是私家园林，其规模虽不及皇家园林，但艺术造诣却远在其上。至此，中国园林的三大类型已告齐备。

这一时期著名园林有曹魏邺城铜雀台、北魏洛阳御苑华林园、石崇的金谷园、萧绎的湘东园等。

4. 唐宋——中国园林的成熟时期

唐宋时期，国富民强，文学艺术昌盛，造园艺术进一步发展。无论是皇家园林，还是私家园林，都规模空前。园林艺术方面，因官僚及文人墨客参与造园，从而促进了山水诗、山水画与园林艺术的相互渗透，使得这一时期园林自然美与艺术美高度、巧妙结合，中国园林进入了成熟时期。著名皇家园林有大明宫、兴庆宫、华清宫、艮岳、琼林苑、玉津园等。私家园林如王维的辋川别业、李德裕的平泉山庄和丛春园、沈尚书园等。唐朝时长安还出现了我国历史上的第一座公共游览性质的大型园林——曲江池。

5. 明清——中国园林的巅峰时期

明清时期，园林艺术达到巅峰。园林规模更是前所未有，以圆明园、颐和园、避暑山庄等皇家园林为代表的北方园林和以苏州、杭州、无锡等地的私家园林为代表的江南园林都蓬勃发展起来。园林艺术和技术都达到了最高的水平。尤其是江南园林的艺术境界之高，最能体现文人墨客所追求的“诗情画意”，也使其成为北方皇家园林模拟和仿造的对象。

二、中国古典园林的艺术特征

世界上的园林根据风格特征可分为两大系统：一类是18世纪以前的欧洲园林，一类是中国的古典园林。欧洲园林又称几何式园林、规整式园林或规则式园林，园林艺术追求人工美，整齐一律，均衡对称。因此，欧洲园林中无论是树木花草的配置，还是道路、喷泉、水池、花坛的建造，无一不以“几何图形”

为特色，处处给人以人工雕塑之感。中国园林则呈现完全不同的艺术特征。

1．造园艺术，师法自然

中国古典园林属于写意自然山水型园林，造园艺术讲究师法自然，即以客观存在的自然山水为蓝本，按照特定的艺术构思，经艺术加工提炼，将山光水色、四时景象、贵贱僧俗等荟萃一处，正如明人计成在《园冶》中所说的“纳千顷之汪洋，收四时之烂漫”，以借景生情，托景言志，从而达到情景交融的艺术境界。苏州拙政园即为写意自然山水型园林，如图6—24所示。

图6—24　苏州拙政园

师法自然主要体现在两个方面。其一是园林的总体布局要合乎自然。园林的选址要与周围的环境相协调，因地制宜，因势利导；园林中山、水、石、树木花草等各要素的组合，要符合自然山水的组合规律，充分体现自然山水之美，让人身处其中，有回归自然的感觉。其二是园林中每一山水要素的形象组合也要合乎自然规律。如堆砌假山，石与石之间叠砌时要符合天然岩石的纹脉，尽量减少人工拼叠的痕迹。园林中的水，应随形而弯，就势而曲。树木花草的配置应疏密相间，妙趣天成。

2．造园手法，有定法而无定式

造园有固定的法则而无固定的程序。其基本法则是“虽由人作，宛自天成”，即园林虽是人工所为，但应达到妙造自然的境界。为此，在园林布局上，园林建筑要顺应自然，与自然相协调；在空间处理上，则追求分割、通连、伸缩、虚实等手法，分隔空间，以突破园林空间的局限性，使大者不感其旷，小者不觉其促，而完全融入自然之中。

3. 中国园林追求“三境”

“三境”即指“生境”“画境”和“意境”三种艺术境界，而以“意境”为最终目标。所谓“生境”，即追求自然美，要求园林要体现自然之美，符合自然之趣；所谓“画境”，即追求艺术美，要求园林犹如绘画，源于自然而高于自然；所谓“意境”，即追求理想美，要求园林情景交融，借景能生情，托景能言志，即通过种种技巧和手法，用山、水、石、动植物及亭、台、楼、阁等具体的形象要素，将诗情画意体现出来。如扬州个园，最妙之处在利用不同颜色的山石与不同品种的植物相配置，利用“枯山水”手法，造就春、夏、秋、冬四季之景。游人在此游览一遍，一日之内便可领略四时情趣。

知识链接

园林常用的构景手段

1. 借景

借景即借别处景色、借园外景色来丰富或衬托本园景色。园林不管规模如何，空间总归是有限的，要想扩大空间，增加景深和层次，最好的办法就是借景。明代计成在《园冶》中曾言：“园林巧于因借。”借景因距离、视角、时间、地点不同而有远借、邻借、仰借、俯借、应时而借之分。借园林外远处的景物称为远借；借邻近的景物称为邻借；借高处景物称为仰借；借低处景物称为俯借；借四季的花或其他自然景色，称为应时而借。

2. 障景

障景又称抑景，是指在园林中能抑制视线，引导空间转变方向的屏障景物。中国传统艺术历来讲究含蓄，园林造景亦是如此，最好的藏在最后，即所谓欲扬先抑，欲露先藏。例如，园林入口处常迎面挡以假山。

3. 对景

在园林中，登上亭、台、楼、阁、榭，可观赏堂、山、桥，而在堂、山、桥等处，则可观赏亭、台、楼、阁、榭。这种从甲观赏点观赏乙观赏点，从乙观赏点观赏甲观赏点的构景方法，叫对景。

4. 添景

若主景的前方大而空，就显得单调，缺乏层次，则在中间可通过添加建筑小品、树木花卉而使景深富有层次感，此种构景手段即为添景。

5. 夹景

为突出优美的主景，常将视线两侧的较贫乏的景观用建筑物或树木花卉屏障起来，以突出主景，使其更富诗情画意，此即夹景手法。

6. 框景

利用门、窗、洞或树干树枝所形成的框，有选择地摄取另一空间的景色，恰似一幅嵌于镜框中的图画。这种利用景框观赏景物的手段，称为框景。

7. 漏景

漏景由框景发展而来，即通过漏窗取景。漏窗是指雕有各种美丽图案（如动、植物或几何形状）的窗。透过漏窗，景色若隐若现，比较含蓄，而有“犹抱琵琶半遮面”之感。

8. 点景

点景即抓住景色的特点进行概括，点出景色的精华，点出景色的境界，为景点增加诗意，提高品位。点景手法很多，如景色命名、园林题咏、导游说明等。最常见的是园林题咏，可用对联、匾额、石碑、石刻等表现出来，增添园林艺术魅力。

1．按占有者的身份分类

中国古典园林按占有者的身份不同，可分为皇家园林、私家园林、宗教园林三大类。

（1）皇家园林

皇家园林又名囿、苑、宫、城、山庄等，是专供帝王游乐之所。皇家园林起源最早，相传黄帝时期即有“囿”，是供帝王游猎的场所。皇家园林一般面积很大，动辄占地几千亩。园林中多保持天然环境和自然景色，多有鸟兽，真山真水较多。传统皇家园林力求形成“一池三山”的意境，这是中国皇家园林自汉代以来的传统模式，象征海上三山，表示帝王身在园中犹如置身神仙世界。皇家园林功能分区明确，一般分政治活动区、游览区和生活区。为满足帝王在园中政治活动的需要，政治活动区常有局部的中轴线，轴线上的建筑色彩富丽，体型高大，一如宫殿建筑金碧辉煌，其他景区则力求自然。皇家园林的典型代表有北京的颐和园和北海公园、承德的避暑山庄等。

（2）私家园林

私家园林又称“府宅园林”或“宅园”，是供文人雅士，尤其是王公贵族、富豪商贾游乐的场所，多依附于府宅院内。私家园林因财力有限，故规模较小，一般占地2～3亩，大者可达几十亩。私家园林面积虽小，但营造精心，故艺术水平较高。园林中常用假山假水，建筑小巧玲珑，色彩淡雅素净。私家园林的典型代表有北京的恭王府、上海的豫园、苏州的网师园等。

（3）宗教园林

宗教园林是指附属于宗教建筑、祭祀场所和陵寝的园林，多建于城郊旷野之处，以获得肃穆清静的环境。宗教园林总体布局独具匠心，且广植松、柏、银杏等特定品种树木，以造就肃穆、庄严、神秘的意境。宗教园林的典型代表有北京的天坛、杭州的灵隐寺、陕西的黄帝陵等。

2．按园林所处的地理位置分类

中国古典园林依园林所处地理位置，可分为北方园林、江南园林和岭南园林。

(1) 北方园林

北方园林一般分布于北京、西安、洛阳、开封等古都及其附近地区，以北京为中心，主要指北京及其附近的皇家园林和私家园林，尤以皇家园林为代表。北方园林规模宏大，雄伟豪放，充分体现“北方之雄”的特色，风格粗犷，多天然野趣，各种人工建筑偏于厚重。北方园林因地处北国，秀媚不足，故常依照江南景色或模拟江南名园。例如，颐和园之谐趣园乃仿无锡寄畅园，苏州街则是苏州市景的再现。北方园林的典型代表有北京的颐和园、恭王府，以及承德的避暑山庄等。

(2) 江南园林

“江南”是指长江下游太湖流域一带，因自然条件优越，经济发达，富商文人云集，亦成园林荟萃之地。江南园林多属私园，以宅园为主，规模有限，小巧玲珑，但布局巧妙，构景雅丽，极具“南方之秀”。江南园林中多奇石秀水、青瓦白墙、小桥流水，淡雅而幽静，极富田园情趣，称之为“城市山林”最为贴切。江南园林因艺术造诣最高，故常作为中国园林的代表，成为后人效法范例，其影响渗透到各类园林之中。江南园林分布在苏州、杭州、无锡、镇江、扬州等地，而以苏州为最，不仅数量多，且艺术水平高，故有“江南园林甲天下，苏州园林甲江南”之说。江南园林的典型代表有沧浪亭、狮子林、拙政园、留园，号称“苏州四大名园”。

(3) 岭南园林

岭南园林分布在以珠江三角洲为中心的地区，以私家宅园为主。因地理位置因素影响，植物终年常绿，故具有明显的热带、亚热带景观特征。岭南园林出现较晚，造园艺术吸取北方园林与江南园林的特点，近代又受西方构园技法的影响，故园林风格具有综合性特征，兼具北方园林与江南园林的特点，又有西方园林的某些特点。建筑物洗练简洁，轻盈秀雅，室内造景内外呼应。岭南园林主要分布在广州、潮州、番禺、佛山、顺德、东莞等地，其中典型代表有顺德清晖园、东莞可园、佛山十二石斋、番禺余荫山房，被称为“岭南四大名园”。

四、中国园林的组成要素

1. 叠山

为表现自然，筑山是造园最主要的因素之一。秦汉的上林苑，用太液池所挖土堆成岛，象征东海神山，开创了人为造山的先例。东汉梁冀模仿伊洛二峤，在园中累土构石为山，标志着人从对神仙世界向往，转向对自然山水的模仿，也标志着造园艺术以现实生活作为创作起点。魏晋南北朝的文人雅士们，采用概括、提炼手法，所造山的真实尺度大大缩小，力求体现自然山峦的形态和神韵。这种写意式的叠山，比自然主义模仿大大前进一步。唐宋以后，由于山水诗、山水画的发展，对叠山艺术更为讲究。最典型的例子便是爱石成癖的宋徽宗，他所筑的艮岳（见图6—25）是历史上规模最大、结构最奇巧、以石为主的假山。

图 6—25 徐州乾隆行宫内的艮岳遗石

明代造山艺术更为成熟和普及。明末造园家计成在《园冶》的“掇山”一节中，列举了园山、厅山、楼山、阁山、书房山、池山、内室山、峭壁山、山石池、金鱼缸、峰、峦、岩、洞、涧、曲水、瀑布等17种形式，总结了明代的造山艺术。清代造山艺术在前人基础上有了进一步的发展和普及。造园家创造了穹形洞壑的叠砌方法，用大小石钩带砌成拱形，顶壁一气，酷似天然洞壑，乃至于可仿喀斯特溶洞，叠山倒垂的钟乳石，比明代以条石封合收顶的叠法合理得多、高明得多。现存的苏州拙政园、常熟燕园、上海豫园，都是明清时代园林造山的佳作。

2. 理水

为表现自然，理水也是造园的最主要因素之一。不论哪一种类型的园林，水是最富有生气的因素，无水不活。自然式园林以表现静态的水景为主，以表现水面平静如镜或烟波浩渺、寂静深远的境界取胜。人们或观赏山水景物在水中的倒影，或观赏水中怡然自得的游鱼，或观赏水中的芙蕖睡莲，或观赏水中皎洁的明月……自然式园林也表现水的动态美，但不是喷泉和规则式的台阶瀑布，而是自然式的瀑布。池中有自然的矶头、矶口，以表现经人工美化的自然。正因为如此，园林一定要凿池引水。古代园林理水之法一般有三种。第一种方法是“掩”，即以建筑和绿化将曲折的池岸加以掩映。临水建筑，除主要厅堂前的平台，为突出建筑的地位，不论亭、廊、阁、榭，皆前部架空挑出水上，水犹似自其下流出，用以打破岸边的视线局限；或临水布蒲苇岸、杂木迷离，造成池水无边的视觉印象。第二种方法是“隔”（见图6—26），或筑堤横断于水面，或隔水浮廊可渡，或架曲折的石板小桥，或涉水点以步石，正如计成在《园冶》中所说，“疏水若为无尽，断处通桥”。这样可增加景深和空间层次，使水面有幽深之感。第三种方法是“破”。水面很小时，如曲溪绝涧、清泉小池，可用乱石为岸，怪石纵横、犬牙交错，并植配以细竹野藤、朱鱼翠藻，那么虽是一洼水池，也令人似有深邃山野风致的审美感觉。

图6—26　理水——隔

3. 动植物

中国古典园林重视饲养动物。最早的苑囿中，以动物作为观赏、娱乐对象。魏晋南北朝园林中有众多鸟禽，使之成为园林山水景观的天然点缀。唐代王维的辋川别业中养鹿放鹤，以寄托“一生几经伤心事，不向空门何处销”的解脱情趣。宋徽宗所建艮岳，集天下珍禽异兽数以万计，经过训练的鸟兽，在徽宗驾到时，能乖巧地排立在仪仗队里。明清时园中有白鹤、鸳鸯、金鱼，还有鸟、蝉等。园中动物可以观赏娱乐，可以隐喻长寿，也可以借以扩大和涤化自然境界，令人通过视觉、听觉产生联想。

叠山理水都离不开植物这个因素。花木犹如山峦之发，水景如果离开花木也没有美感。自然式园林着意表现自然美，对花木的选择标准，一讲姿美，树冠的形态、树枝的疏密曲直、树皮的质感、树叶的形状，都追求自然优美；二讲色美，树叶、树干、花都要求有各种自然的色彩美，如红色的枫叶，青翠的竹叶、白皮松，斑驳的狼榆，白色的广玉兰，紫色的紫薇等；三讲味香，要求自然淡雅和清幽，最好四季常有绿，月月有花香，其中尤以蜡梅最为淡雅，兰花最为清幽。花木对园林山石景观起衬托作用，又往往和园主追求的精神境界有关。例如，竹子象征人品清逸和气节高尚，松柏象征坚强和长寿，莲花象征洁净无瑕，玉兰、牡丹、桂花象征荣华富贵，石榴象征多子多孙，紫薇象征高官厚禄等。另外，古树名木对创造园林气氛非常重要。古木繁花可形成古朴幽深的意境。构建房屋容易，百年成树艰难，所以当建筑物与古树名木矛盾时，宁可挪动建筑以保住大树。除花木外，草皮也十分重要，平坦、起伏或曲折的草皮，也能营造出令人陶醉的自然野趣。

4. 建筑

园林中建筑有十分重要的作用。它可满足人们生活享受和观赏风景的愿望。中国自然式园林，其建筑一方面要可行、可观、可居、可游，一方面起着点景、隔景的作用，使园林移步换景、渐入佳境，以小见大，又使园林显得自然、淡泊、恬静、含蓄，这是与西方园林建筑极不相同之处。中国自然式园林中的建筑形式多样，有堂、厅、楼、阁、馆、轩、斋、榭、舫、亭、廊、桥、墙等。

（1）厅堂

厅堂是待客与集会活动的场所，也是园林中的主体建筑。厅堂的位置确定后，全园的景色布局才依次衍生变化，造成各种各样的园林景致。厅堂一般坐北朝南，向南望，是全园最主要的景观，通常是叠山和理水所组成的山水景观，使主景处于阳光之中，光影多变，景色显得变幻无穷。厅堂建筑的体量较大，空间环境相对也开阔。在景区中，厅堂通常建于水面开阔处，临水一面多构筑平台，如北京园林大多临水筑台，台后建堂。这成为明清时代构园的传统手法，如拙政园的远香堂、留园的涵碧山房、狮子林的荷花厅、怡园的鸳鸯厅等，都采用此法布置厅堂。

（2）楼阁

楼阁是园林中的二类建筑，属较高层的建筑，它们体量较大，造型丰富。楼和阁体量处理要适宜，避免造成空间尺度的不和谐而损坏全园景观。拙政园的见山楼如图 6—27 所示。

（3）书房馆斋

馆可供宴客之用，其体量有大有小，与厅堂稍有区别。大型的馆，如留园的五峰仙馆、林泉香石馆，实际上是主厅堂。斋供读书用，环境应当隐蔽清幽，尽可能避开园林中的主要游览路线，建筑式样较简朴，常附以小院，植芭蕉、梧桐等树木花卉，以创造一种清静、淡泊的情趣。

图 6—27　拙政园的见山楼

（4）榭

榭建于水边或花畔，借以成景，平面常为长方形，一般多开敞或设窗扇，以供人们游憩、眺望。水榭则要三面临水。

（5）轩

轩是小巧玲珑、开敞精致的建筑物，室内简洁雅致，室外或可临水观鱼，或可品评花木，或可极目远眺。

（6）舫

舫是仿造舟船造型的建筑，常建于水际或池中。南方和岭南园林常在园中造舫，如南京煦园不系舟，是太平天国天王府的遗物，北京颐和园的清宴舫（见图 6—28）和苏州拙政园的香洲是舫中佼佼者。造舫时，大多将船的造型建筑化，在体量上模仿船头、船舱的形式，便于与周围环境和谐协调，也便于内部建筑空间的使用。

（7）亭

亭是一种开敞的小型建筑物（见图 6—29）。汉朝人许慎在《说文》提到："亭，停也，人所停集也。"亭主要供人休憩观景，可眺望，可观赏，可休息，可娱乐。亭在造园艺术中的广泛应用，标志着园林建筑在空间上的突破，或立山巅，或枕清流，或临涧壑，或傍岩壁，或处平野，或藏幽林，空间上独立自在，布局上灵活多变。在建筑艺术上，亭集中了中国古代建筑最富民族特色的精华。凡有佳景处都可建亭，画龙点睛，为景色增添民族色彩和气质；即使无佳景，也可从平淡之中见精神，使园林更富有生气和活力。苏州拙政园中的松风亭、涵青亭（见图 6—29）都是著名的亭。

图 6—28　颐和园清宴舫

图 6—29　涵青亭

（8）路与廊

路和廊在园林中不仅有交通的功能，更重要的是有观赏的作用，也是中国园林中最富有可塑性与灵活性的建筑。无论蜿蜒曲折、高低起伏，廊都是一种生动活泼、颇具特色的民族建筑。它既可在交通上连通自如，将园林串通一气，又可让游人移步换景，仔细品味周围景色。它既可使游人于烈日之下免受曝晒，又可使游人于风雨之中不遭吹淋，在酷暑风雨之时，仍然可以观赏不同季节和天气时的园林美。廊又有单廊与复廊之分。单廊曲折幽深，若在庭中，可观赏两侧景物，若在庭侧，可观赏一侧景物，另一侧通常有碑石，还可以欣赏书法字画。复廊是两条单廊的复合，于中间分隔墙上开设众多花窗，两边可对视成景，既移步换形增添景色，又扩大了园林的空间。苏州沧浪亭的复廊最负盛名，如图 6—30 所示。

图 6—30　苏州沧浪亭的复廊

(9) 桥

园林中的桥，一般采用拱桥、平桥、廊桥、曲桥等类型，有石制的，有竹制的，有木制的，十分富有民族特色。它不但有增添景色的作用，而且用以隔景，在视觉上产生扩大空间的作用。同时，过了一桥又一桥，也颇增游客游兴。

(10) 园墙

园墙这是围合空间的构件。中国的园林都有围墙，且具民族特色。比如龙墙，蜿蜒起伏，犹如长龙围院，颇有气派。园中的建筑群又都采用院落式布局，园墙更是不可缺少的组成部分。例如，上海豫园以五条龙墙（即伏卧龙、穿云龙、双龙抢珠、睡眠龙）将豫园分割成若干院落。南北园林通常在园墙上设漏窗、洞门、空窗等，形成虚实对比和明暗对比的效果，并使墙面丰富多彩。漏窗的形状有方形、圆形、六角形等。窗的花纹图案灵活多样，有几何形和自然形两种。园林中的院墙和走廊、亭榭等建筑物的墙上往往有不装门扇的门孔和不装窗扇的窗孔，分别称洞门和空窗。洞门除供人出入，空窗除采光通风外，在园林艺术上又常作为取景的画框，使人在游览过程中不断获得生动的画面。

5．匾额、楹联与刻石

每个园林建成后，园主总要邀集一些文人，根据园主的立意和园林的景象，给园林和建筑物命名，并配以匾额题词、楹联及刻石。匾额是指挂在厅堂或亭榭上的题字横牌，楹联是指门两侧柱上的竖牌，刻石指山石上的题诗刻字。园林中的匾额、楹联及刻石的内容，多数是直接引用前人已有的现成诗句，或略作变通。如苏州拙政园的浮翠阁引自苏东坡诗中的“三峰已过天浮翠”。不论是匾额、楹联还是刻石，不仅能够陶冶情操，抒发胸臆，也能为园中景点增加诗意，拓宽意境。

五、中国古代著名园林

1．颐和园

颐和园（见图6—31）是中国古典园林之首，也是世界著名园林之一，于1998年11月被联合国教科文组织列入《世界遗产名录》。颐和园位于山水清幽、景色秀丽的北京西北郊，原名清漪园，始建于公元1750年；1860年在第二次鸦片战争中，清漪园被英法联军烧毁；1886年，清政府挪用海军军费等款项重修，并于两年后改名为颐和园，作为慈禧太后晚年的颐养之地。从此，颐和园成为晚清最高统治者在紫禁城之外最重要的政治和外交活动中心，是中国历史的重要见证与诸多重大历史事件的发生地。

图6—31　颐和园

颐和园集传统造园艺术之大成，借景周围的山水环境，饱含中国皇家园林的恢宏富丽气势，又充满自然之趣，高度体现了“虽由人作，宛自天开”的造园准则。万寿山、昆明湖构成其基本框架，占地297万平方米，水面约占四分之三，园中有点景建筑物百余座，大小院落20余处，古建筑3 000余间，面积

70 000 多平方米，古树名木 1 600 余株。其中佛香阁、长廊、石舫、苏州街、十七孔桥、谐趣园、大戏台等都已成为家喻户晓的代表性建筑。

颐和园中主要景点大致分为三个区域：以庄重威严仁寿殿为代表的政治活动区，是清朝末期慈禧与光绪从事内政、外交政治活动的主要场所；以乐寿堂、玉澜堂、宜芸馆等庭园为代表的生活区，是慈禧、光绪及后妃居住的地方，这里各堂室陈设华丽，珠宝琳琅，院中奇花异草，馨香阵阵；以长廊沿线、后山、西区组成的广大区域，是供帝后们澄怀散志、休闲娱乐的苑园游览区。万寿山南麓的中轴线上，金碧辉煌的佛香阁、排云殿建筑群起自湖岸边的云辉玉宇牌楼，经排云门、二宫门、排云殿、德辉殿、佛香阁，终至山巅的智慧海，重廊复殿，层叠上升，贯穿青琐，气势磅礴，这里也是全园的精华所在。41 米高的佛香阁，巍峨高耸，八面三层，踞山面湖，统领全园，也是颐和园的象征。智慧海为万寿山之巅，是一座无梁殿，通体用五色玻璃砖瓦装饰，尤以嵌于壁面的千余尊琉璃佛最具特色。万寿山下昆明湖畔，蜿蜒曲折的长廊如同彩带，将勤政区、生活区、游览区连为一体。长廊又叫千步廊，长 728 米，共 273 间，为我国最长的长廊。长廊的枋梁上绘有 8 000 多幅山水、人物、花鸟彩画，故又有“画廊”之称。而蜿蜒曲折的西堤犹如一条翠绿的飘带，萦带南北，横绝天汉，堤上六桥，婀娜多姿，形态互异。碧波浩渺的昆明湖中，宏大的十七孔桥如长虹偃月倒影水面，涵虚堂、藻鉴堂、治镜阁三座岛屿鼎足而立，寓意着神话传说中的“海上仙山”。与前湖一水相通的苏州街，酒幌临风，店肆熙攘，仿佛置身于二百多年前的皇家买卖街，谐趣园则曲水复廊，足谐其趣。在昆明湖畔岸边，还有著名的石舫、惟妙惟肖的铜牛、赏春观景的知春亭等景点建筑。

颐和园的建筑风格吸收了中国各地建筑的精华。东部的宫殿区和内廷区，是典型的北方四合院风格，一个一个的封闭院落由游廊联通；南部的湖泊区是典型杭州西湖风格，一道“苏堤”把湖泊一分为二，十足的江南格调；万寿山的北面，是典型的西藏喇嘛庙宇风格，有白塔，有碉堡式建筑；北部的苏州街，店铺林立，水道纵横，又是典型的水乡风格。

2．避暑山庄

避暑山庄（见图 6—32）是我国现存最大的园林，占地面积 564 万平方米，宫墙周长约 10 千米，比北京颐和园大了近一倍。避暑山庄始建于康熙四十二年（公元 1703 年），历时 10 年建成 36 景，乾隆六年（公元 1741 年）至乾隆五十七年（公元 1792 年），又继续修建直至完工。避暑山庄是清代皇帝夏日避暑和处理政务的场所，为我国著名的古代帝王宫苑，建筑布局大体可分为宫殿区和苑景区两大部分。苑景区又可分成湖区、平原区和山区三部分。宫殿区是皇帝处理政务和帝后居住的地方，主要建筑包括正宫、松鹤斋、万壑松风和东宫（已毁）四组。正宫是宫殿区的主体建筑，包括9进院落，分为“前朝”和“后寝”两部分。主殿叫“澹泊敬诚”，是用珍贵的楠木建成，因此也叫楠木殿，各种隆重的大典都在这里举行。其后的殿堂分别叫“四知书屋”“烟波致爽”“云山胜地”等，是皇帝处理朝政、读书和居住的地方。湖区虽然没有颐和园的昆明湖那么大，但是由于洲岛错落，湖面被长堤和洲岛分割成5个湖，各湖之间又有桥相通，两岸绿树成荫，显得曲折有致，秀丽多姿。湖区的风景建筑大多是仿照江南的名胜建造的，如烟雨楼是模仿浙江嘉兴南湖烟雨楼的形状修的，金山岛的布局仿自江苏镇江金山。湖中的两个岛分别有两组建筑，一组叫“如意洲”，一组叫“月色江声”。“如意洲”上有假山、凉亭、殿堂、庙宇、水池等建筑，布局巧妙，是风景区的中心。“月色江声”是由一座精致的四合院和几座亭、堂组成。每当月上东山的夜晚，皎洁的月光映照着平静的湖水，山庄内万籁俱寂，只有湖水在轻拍堤岸，发出悦耳的声音，“月色江声”的题名便是由此而来。平原区主要是一片片草地和树林。当年这里有万树园，园内有不同规格的蒙古包28座。其中最大的一座是御幄蒙古包，直径达7丈2尺，是皇帝的临时宫殿，乾隆经常在此召见少数民族的王公贵族、宗教首领和外国使节。山庄的西部和北部是山区，这里峰奇石异，林木繁茂，气候十分荫凉，比承德市区低4～5℃，来此尽可体会避暑之情趣，另有磬锤峰、蛤蟆石等奇景。避暑山庄之外是雄伟的寺庙群。承德避暑山庄和周围寺庙于1994年被联合国教科文组织列入《世界遗产名录》。

图6—32　避暑山庄

3. 苏州四大名园

“江南园林甲天下，苏州园林甲江南”。苏州素以园林美景享有盛名，这些园林可分为宅地园林、市郊园林和寺庙园林三大类。苏州园林多为宅地园林，由贵族、官官、富商等所建，精致优雅。这些园林反映出历代园林的不同风格，同为中国园林艺术的代表作。

(1) 沧浪亭

沧浪亭地处苏州城南三元坊，五代吴越王钱俶妻弟孙承最早在此营建别墅（一说为广陵王钱元燎的池馆），后宋代诗人苏舜钦在此建亭，取《楚辞·渔父》中的“沧浪之水清兮，可以濯吾缨；沧浪之水浊兮，可以濯吾足”之意将亭命名为沧浪亭，园随亭名。在现存苏州园林中，沧浪亭历史最为悠久，全园布局自然和谐，堪称构思巧妙、手法得宜的佳作，与狮子林、拙政园、留园列为苏州宋、元、明、清四大园林。全园景色简洁古朴，落落大方，不以工巧取胜，而以自然为美。沧浪亭园外景色因水而起，园内布局以山为主，入门即见黄石为主、土石相间的假山，山上古木新枝，生机勃勃，翠竹摇影于其间，藤蔓垂挂于其上，自有一番山林野趣。园内建筑亦大多环山，并以长廊相接。沧浪亭除了以山、水见长外，花窗（见图 6—33）之多堪称一绝。据说一百零八式花窗散布全园，这些花窗构思独特，制作精巧，以窗衬景，成为园林花窗的典范。

(2) 狮子林

狮子林（见图 6—34）为苏州四大名园之一，至今已有六百多年的历史。元代至正二年，名僧天如惟则禅师的弟子“相率出资，买地结屋，以居其师”，因园内“林有竹万固，竹下多怪石，状如狻猊（狮子）者”，又因天如惟则禅师的师傅中峰和尚得法于浙江天目山狮子岩，为纪念佛徒衣钵、师承关系，故名“狮子林”。狮子林既有

图 6—34　狮子林

苏州古典园林亭、台、楼、阁、厅、堂、轩、廊等景观，更以湖山奇石、洞壑深邃而盛名于世，素有“假山王国”之美誉。

（3）拙政园

拙政园始建于明正德四年（公元1509年），为明代弘治进士、御史王献臣弃官回乡后，在唐代陆龟蒙宅和元代大弘寺旧址处扩建面成，取古人筑室种树，灌园鬻蔬，此亦“拙者之为政”的语意而名。拙政园曾为太平天国忠王府的一部分，现为全国重点文物保护单位。拙政园全园分东、中、西、住宅四部分。住宅是典型的苏州民居，现布置为园林博物馆展厅。东部明快开朗，以平冈远山、松林草坪、竹坞曲水为主，主要景点有兰雪堂、缀云峰、芙蓉榭、天泉亭、秫香馆等。中部为拙政园精华所在，池水面积占三分之一，以水为主，池广树茂，景色自然，临水布置了形体不一、高低错落的建筑，主次分明，主要景点有远香堂、香洲、荷风四面亭、见山楼、小飞虹、枇杷园等。西部主体建筑为靠近住宅一侧的卅六鸳鸯馆，水池呈曲尺形，台馆分峙，回廊起伏，水波倒影，别有情趣，装饰华丽精美，主要景点有卅六鸳鸯馆、倒影楼、与谁同坐轩、水廊等。

（4）留园

留园位于苏州阊门外，原是明嘉靖年间太仆寺卿徐泰时的东园。园中假山为叠石名家周秉忠所作。清嘉庆年间，刘恕以故园改筑，名寒碧山庄，又称刘园。园中聚太湖石十二峰，蔚为奇观。咸丰年间，苏州诸园颇多毁损，而此园独存。光绪初年，此园为盛康所得，修葺拓建，易名留园。现全园占地3万余平方米，分四个景区：中部以山池为中心，风景明净清幽；东部则厅堂宏丽轩敞，重楼叠阁；西部是土山枫林，景色天然清秀；北部是田园风采。其间以曲廊相连，迂回连绵，达700余米，通幽度壑，秀色迭出。全园建筑布局结构严谨，尤以建筑空间处理得当而居苏州园林之冠。留园中特别值得一提的是著名的留园三峰，冠云峰居中，瑞云峰、岫云峰分立左右。冠云峰（见图6—35）高6.5米，玲珑剔透，相传为宋代花石纲遗物，系江南园林中最高大的一块湖石。留园以宜居宜游的山水布局、疏密有致的空间对比、独具风采的石峰景观，成为江南园林艺术的杰出典范。

图6—35　冠云峰

知识链接

西方园林艺术特色

1. 总体布局均衡对称

西方园林无论形式如何多变，但总体布局总是有明确的中轴线，再依此中轴线作前后左右对称布局，大多都以直线或放射状斜线作路径网络和空间区隔，或以规则弧线作区隔。整个平面构图规则、整体、均匀、严谨，成矩形、三角形或圆形，条理清晰、秩序井然，体现出规整的形式。巴黎凡尔赛宫即为典型的西方园林，如图6—36所示。

图6—36　巴黎凡尔赛宫

2. 植坛形态绣毯图案

西方园林中那些边际利落的大小植坛，一律密植灌木，精心修剪出规整复杂的各类图案造型，如同绣毯一般，精致华美。群植的灌木经修剪，已完全失去其天然的自由形态和生机野趣，而是顺从人的意志，被纳入规整的各式图案造型中，形成一种严谨、规整的人工美，使植物具有相当的装饰性。

3. 单株植物几何造型

除群植、片植的灌木植坛外，西方园林弧植、列植或丛植的单株植物，也往往被修剪成为各类几何形体，如球体、筒体、圆锥体，甚至弧形伞状等。单体植物的几何体造型同样具有装饰性，常成为园林中的亮丽点缀，体现出人对自然的控制和改造，成为西方园林的又一特色。

4. 水体处理整齐划一

西方园林中的水体形式大多呈水池、水槽和各式喷泉状，往往置于构图中心，或圆，或方，或条状。驳岸砌筑整齐划一，线条清晰。而不像中国园林那样仿自然形态的湖泊、山洞、溪流、叠瀑，呈不规则的水体形状和驳岸形式。至于各式喷泉的水柱造型，也是呈现出整齐的几何造型，喷嘴呈规则的等分布置，以使喷出的水柱形成各式规则的图案造型。这一水体处理再次体现出西方园林秩序分明的形式美和人工美。

专题活动

根据前面所学知识，并查阅资料，分析比较中西方园林的差别。与同学交流之后，请以《浅谈中西造园艺术差别》为题，写一篇说明文。

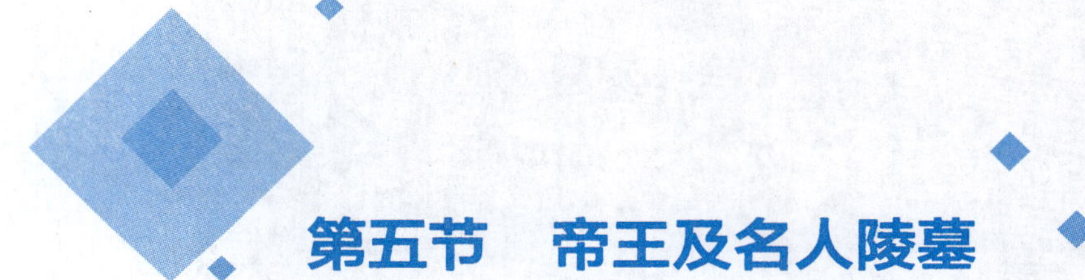

第五节　帝王及名人陵墓

一、陵墓的构成及发展

大约在十多万年前的旧石器时代中期，人类便产生了万物有灵的原始宗教观念。这时，人们认为人死后，肉体可以消失，而灵魂却长存不死，并同他生前所在的群体保持着密切的联系。人们为了祈求祖灵保佑，就产生了祭祀祖先的观念，祭祀祖先除了庙祭之外，还需要为祖先建造在阴间安息的地方，即坟墓。

在中国几千年的墓葬史中，帝王陵墓规模宏大，体制完善，是典型的代表。帝王陵墓称“陵寝”，之所以被称为陵寝，是因为从战国中期开始，有的君主的坟墓建得很高，像高大的山陵，这是陵的由来；而寝是指皇陵上的宫殿建筑，它是由“前朝后寝”的宫殿建筑发展而来。根据“事死如生”的原则，皇帝死后应按其生前所居的宫廷格局设计，所以皇帝死后就在前部制庙以像“朝”，后部制寝以像“寝”，作为死者灵魂饮食起居的处所。

中国历代帝王无不动用大量人力、物力、财力，修建规模宏大的陵墓和用来供奉、祭祀、朝拜的寝，其形制、规模多种多样，并珍藏着许多珍贵的历史文物，现在大多已成为旅游胜地。

1．封土的沿革

据文献记载和考古发掘，中国中原地区，最初的墓葬是没有坟丘的，大约从周代开始，出现了“封土为坟”的做法，即在墓上堆筑土丘，而统治者的陵墓封土无疑是最大的。

（1）秦汉两代的“方上”

早期帝王的陵墓，是在地宫上用黄土层层夯筑而成，呈覆斗形。因为陵墓的上部是方形平顶，犹如方形锥体被截去顶部，故名“方上”。现存秦始皇陵及汉代帝王陵墓，都是采取方上形式，尤以秦始皇陵为典型代表。

（2）唐代的“以山为陵”

到了唐代，唐太宗李世民认为平地筑起高坡太劳民伤财，同时为了防止水土流失和盗墓，改为“以山为陵”的形式，即利用山峰作为陵墓坟头，在山丘上造陵。唐乾陵是这种形式的典型代表。

（3）宋代的“方上”

宋代恢复“方上”的形式，但是其规模比秦汉时代小得多。

（4）明清两代的“宝城宝顶”

明清两代的皇陵形制由汉、唐、两宋的方形改为圆形，在地宫上砌筑高大的圆形砖墙，于砖墙内填土，使之高出城墙成圆顶，这一圆顶即为宝顶。城墙上设垛口和女儿墙，犹如一座小城，即为宝城。宝城上建有明楼，楼内立石碑，刻着皇帝的庙号、谥号。

2．随葬品

随葬品指墓穴里埋藏的物品。由于这些物品“备物而不可用”，其意义“神鬼明之”，故又称“明器”。

原始社会早期，墓中随葬品主要是死者生前喜欢和使用过的物品，包括陶器、石制或骨制的工具、取火用燧石、装饰品等物。在同一墓地中，各墓随葬品的多寡、厚薄往往差别不大。

原始社会末期，出现了贫富分化的现象。一些部落首领的墓葬中随葬品越来越多，出现了精美的玉石饰物、玉器、陶器、象牙器等。

奴隶社会时期，贫富分化更加悬殊，且随葬之风日盛，王和贵族墓的随葬品极为奢侈，包括青铜器、玉石器、漆木器、骨角器等。商代还流行人殉制度。商王和大贵族的陵墓，殉葬者少则数十人，多则一二百人。人殉在西周中期稍减，从战国开始，用木俑和陶俑随葬的风俗已盛，这可看作是人殉的替代。秦始皇兵马俑就是为其殉葬的陶器。

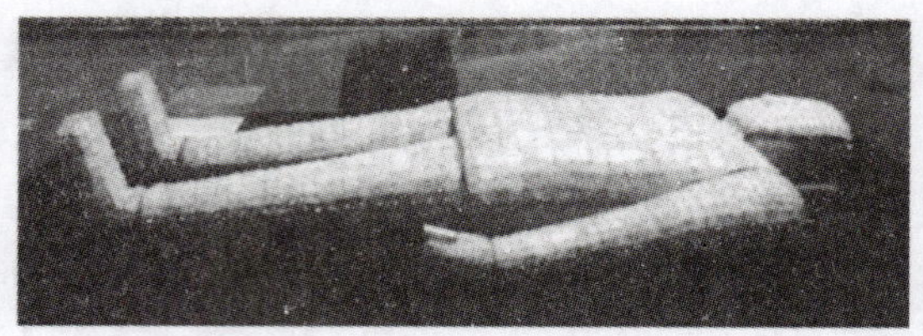

图 6—37 金缕玉衣

西汉中期以后，随葬品中增添了各种专门为随葬而作的陶质明器，包括仓、灶、井、磨、楼阁和猪、狗、鸡等模型。而汉皇陵随葬品更为丰富，帝王死后还要穿“金缕玉衣”作为殓服，河南满城汉墓及长沙马王堆出土的金缕玉衣（见图 6—37）就是证明。

唐以后，皇陵的随葬品以珠宝、玉器、字画等贵重物品为主，更为奢华。

宋至明代，随葬品以实用物品和珠宝为主，包括陶瓷器、金银器和玉器。

明代皇陵出现了更为奢华的“金井玉葬”，即指玄宫内的棺床全用“金砖”（一种特别烧制的，工艺极其复杂的“澄泥砖”）铺就，在其中留一孔穴，中填黄土，此孔穴名“金井”，又称“黄泉”。棺的周围放置各种玉器，死者的口中、手中也都实以珠玉，称“玉葬”。清代帝后陵也用了“金井玉葬”。例如，慈禧入葬时，口中就含有一颗夜明珠。

二、中国古代著名陵墓

1．帝王陵墓

(1) 秦始皇陵

秦始皇陵（见图 6—38）是中国古代最大的一座帝陵，也是世界上最大的一座陵墓。

图 6—38 秦始皇陵

作为中国历史上第一个封建王朝的统治者，秦始皇从即位（公元前246年）就开始为自己筑建陵墓，前后长达近40年，用工最多时达72余万人。陵墓封土呈“方上”形，底部南北长515米，东西长485米，原高115米，经两千多年风雨洗刷仍有76米，如山峰屹立于西安市临潼区骊山北麓。封土周围建“回”字形两重陵城，建有门楼、角楼、寝殿等建筑群。

秦始皇陵还有许多珍贵文物出土，其中首推号称世界第八大奇迹的兵马俑坑，迄今为止发现3个俑坑，总面积2万多平方米。兵马俑仿真人、真马制成，面目各异，服饰各异，再现了秦军统一寰宇的壮阔历史画卷。1987年，秦始皇陵及兵马俑被联合国教科文组织列入《世界遗产名录》。

(2) 汉茂陵

汉茂陵是汉武帝刘彻的陵墓，位于陕西兴平市东15千米，距西安西北40千米。因茂陵在西汉时属槐里县的茂乡，故名之。汉茂陵是西汉帝陵中规模最大的一座，始建于汉武帝即位后第二年，历时53年才修成，形似覆斗，高46.5米，底基长240米。茂陵尚存陪葬墓12座，其中霍去病墓封土为祁连山形，反映了西征匈奴收复河西的丰功伟绩，陵前石刻16件为我国最早陵墓石刻的遗存，浑厚传神。如图6—39所示为陵前石刻之一的马踏匈奴。

图6—39 马踏匈奴

(3) 唐代帝陵

唐代20位皇帝中，18位皇帝葬于渭水之北、北山之阳，东西绵延120多千米，号称唐十八陵。唐太宗李世民的昭陵以九峻山为陵丘，首开唐代以山为陵的先例。地宫开凿于山南半腰绝壁处，昭陵六骏原置于玄武门内，为著名石刻艺术品。昭陵南侧有167座陪葬墓，使陪葬从葬成为定制。

唐乾陵（见图6—40）位于唐十八陵最西，以陕西乾县县城北6千米的梁山北峰为陵。乾陵是唐高宗李治和女皇武则天的合葬墓，其陵墓石刻规模宏大，艺术精湛，并成为帝陵定制。陵前遗存石刻114件，从二道门到内城朱雀门，其中朱雀门左立有“无字碑”，据说武则天“功高业大”，难以用文字表达；一说武则天认为自己功过是非应让后人评价，所以无字。朱雀门内有61尊宾王像，据说是当时曾参加高宗葬礼的少数民族首领和外国使臣的石刻像。乾陵陪葬墓位于陵区东、南部，已发现了章怀太子墓、懿德太子墓和永泰公主墓等墓葬，出土有大量墓室壁画和陪葬文物。

图 6—40 唐乾陵

（4）北宋帝陵

北宋帝陵位于河南巩义市境内。北宋九个皇帝，除徽、钦二帝被金虏后囚死漠北外，其他七帝八陵（包括赵匡胤父亲赵弘殷墓）均葬于此，陪葬宗室及王公大臣墓 300 多座，如寇准、包拯等。

北宋帝陵一改居山面河、居高临下的布局传统，面朝嵩山，背负洛阳，南高北低，陵台封土最低，这是因为赵姓在五音中属角，"吉自高山来"的风水思想影响所致。宋陵规制整齐划一，由南向北依次为鹊台、乳门、华表、石像生、上宫及陵台、后陵、下宫，石刻数量多且保存完好。

南宋帝陵位于浙江绍兴一带，因思归葬中原，营造简陋，今尚存遗迹。

（5）元代帝陵

元代帝王驾崩，多运草原深埋，马踏去迹，不封不树，难觅所在。成吉思汗作为蒙古族的民族英雄，虽真实陵墓位置不为人知，但几百年来祭祀他的活动从未停止。1954 年人民政府为了便于祭奠，征得为成吉思汗守灵 700 余年的达尔扈特人和蒙汉同胞的同意，在内蒙古自治区鄂尔多斯市伊金霍洛旗成吉思汗陵旧址（八白室）新建了成吉思汗陵（见图 6—41），在这里供奉成吉思汗的衣冠冢和他的英灵。成吉思汗陵于 2004 年开始进行了大规模修葺，现已成为面积 80 平方千米的大型景区。每年的农历三月二十一日、五月十五日、八月十二日和十月初三，这里都会依照 700 余年来的传统举行盛大的祭祀成吉思汗的仪式。每到这几天，众多的拜谒者怀着虔诚的心情，不远千里跋涉而来，站在这位传奇人物高大的雕像前，献上洁白的哈达、芬芳的香炷、肥壮的整羊、鲜美的牛羊奶、乳黄的酥油、芳醇的马奶酒等最圣洁的祭品。

图 6—41　成吉思汗陵

(6) 明代帝陵

明代帝陵包括南京明孝陵、北京明十三陵和景泰陵，以及湖北钟祥明显陵。其中，明十三陵最为集中，位于北京市昌平区北天寿山南麓，埋葬着明代十三位皇帝。长陵为朱棣之墓，位于陵区正中，东侧是景陵（宣宗）、永陵（世宗）、德陵（熹宗），西侧是献陵（仁宗）、庆陵（光宗）、裕陵（英宗）、茂陵（宪宗）、泰陵（孝宗）、康陵（武宗），西南是定陵（神宗）、昭陵（穆宗）、思陵（毅宗）。各陵各设一个神道与牌坊、石像生等，整体布局由神道和陵园两部分组成。各陵神道自总神道分出，绿树丛中为一座座红墙黄瓦的陵园建筑。明十三陵是我国保存完整的帝王陵园，各陵布局规则基本相同，三进院落，有陵门、碑亭、棱恩门、棱恩殿，方城明楼，宝城宝顶。

(7) 清代帝陵

清代帝陵共分四个陵区：永陵在今辽宁新宾，陵内葬着努尔哈赤的六世祖、曾祖、祖父、父亲及伯父、叔父等人。清太祖福陵和太宗昭陵在今辽宁沈阳附近。清东陵位于河北遵化，包括孝陵（顺治）、景陵（康熙）、裕陵（乾隆）、定陵（咸丰）、惠陵（同治）及诸后妃陵；清西陵位于河北易县，包括泰陵（雍正）、冒陵（嘉庆）、慕陵（道光）、崇陵（光绪）及诸后妃陵。清东、西陵的平面布置沿袭了明代诸陵的旧制，只是其坟丘上部增设了月牙城。清东陵（见图 6—42）以孝陵为中心，其他陵墓依山势在孝陵东、西两侧呈扇形展开，左右对称形成子孙陪护之势。西陵以泰陵为中心，其他帝陵分布在东西两侧。

图 6—42　清东陵

知识链接

进一步认识十三陵

明十三陵是明朝十三个封建皇帝的陵墓，坐落在北京西北郊昌平区境内的天寿山山麓，据距市区约 50 千米，总面积 120 余平方千米，是当今世界上保存完整、埋葬皇帝最多的墓葬群（见图 6—43）。其中，以地面建筑宏伟的长陵和已发掘地下宫殿的定陵（截至 2006 年）最为著名。

图 6—43　十三陵

十三陵的各帝陵均依山面水而建，布局庄重和谐。整个陵区是一个统一的整体，而各陵又自成一个独立的单位。每座陵墓分别建于一座山前。

陵与陵之间的距离少至0.5千米，多至8千米。除埋葬崇祯帝的思陵偏在西南一隅外，其余均成扇面形分列于长陵左右。

长陵：棱恩殿亦称献殿、享殿（见图6—44），是长陵的主体建筑，是举行祭祖仪式的重要场所。长陵棱恩殿与陵墓同期建成，十分雄伟壮观，它耸立在三层汉白玉台基之上，面阔9间，进深5间，总面积为1 956平方米，殿内有60根楠木大柱，高12.58米，底径均在1米上下。梁、柱、椽、斗拱等构件，皆用楠木制作，虽历时五百余年，仍牢固如昔，香气袭人。它是我国最大的一座楠木殿堂。

定陵：定陵是明神宗万历皇帝的陵寝，陵园规制依照长陵。定陵地宫已被科学发掘，现已修建成定陵地下宫殿博物馆（见图6—45）。地下宫殿由前、中、后及左、右五座高大宽阔的殿堂联结而成，全部是拱券式石结构建筑。在这些殿堂间共有石门七座。石门设计非常科学，由于其重心集中在轴部，虽重达4吨，但开启十分灵活轻巧。

图6—44　长陵棱恩殿

图6—45　定陵地宫

地宫的平面布局基本上采用“前朝后寝”的制度。前殿没有任何摆设，相当于宫前广场，中殿相当于前朝的正殿，内有三个用汉白玉雕成的“宝座”，呈品字形排列，座前各有一座黄色琉璃“五供”，即香、烛、花，还有青花云纹大瓷缸各一口，盛满香油，专供长明灯使用。左右配殿无任何随葬物。后殿相当于寝殿，称为“玄堂”，是地宫的主要部分，为放置棺椁之处所。棺床中央放置万历皇帝和孝端、孝靖两皇后的棺椁，三具棺椁周围放有梅瓶、玉料及装满随葬金银玉器的红漆木箱26只，各棺椁内也装有大批随葬物品。

2．名人墓地

（1）孔林

孔林也称“至圣林”，位于曲阜城北，是孔子及其家族的墓地，也是目前国内最大的家族墓地。孔子死后，他的弟子们把他葬于鲁城北泗河岸边。那时还是“墓而不坟”，即并不用土筑起坟头。直到秦汉时期才将坟高筑，但仍只有少量林地和几户守林人。随着孔子地位的日益提高，孔林的规模也越来越大。据统计，自汉以来，历代对孔林重修增修13次，增植树株5次，扩充林地3次。史称孔子弟子"各以四方奇木来植"，故树种繁多。孔林至今有各种古树10万余株，四时不凋，是中国最大的人造园林。

进入孔林后，要经过1 266米的神道，然后穿过石牌坊、石桥、甬道，到达孔子墓前。孔子的坟墓（见图6—46）封土高6米，墓东是孔子之子孔鲤和他的孙子孔伋的坟墓。两千多年来，孔子后裔及孔氏族人死后多埋葬于孔林，从未间断，逐渐成为迄今为止中国规模最大、年代最久、保存最完整的氏族墓葬群。孔林中墓碑谒陵题记和刻石等4 000余块，墓碑多为历代书法家和历史名人刻石题写，如李东阳、何绍基、翁方纲、康有为等，是一座贯通古今的碑刻、石雕、墓葬博物馆。孔林与孔府、孔庙于1994年一同入选《世界遗产名录》。

图 6—46　孔子墓

(2) 关林

关林（见图6—47）位于洛阳城南关林镇，是关羽的庙堂和陵墓。在中国，百姓的墓称为"坟"，王侯墓称为"冢"，皇帝墓称为"陵"，圣人墓称为"林"。关羽墓由"冢"改"陵"又改"林"，是关羽地位不断提升的象征。关羽是三国时蜀国大将，字云长，今山西解州人。关羽在东汉建安二十四年（公元219年）十二月大意失荆州，败走麦城，在临沮被东吴孙权俘虏并杀害。孙权怕刘备报杀弟之仇，将关羽首级献给曹操。曹操识破孙权"嫁祸于人"阴谋，遂刻沉香木为躯，以王侯之礼厚葬关羽首级于河南洛阳城南。而关羽的正身则被孙权葬于湖北当阳。这就是民间常说的关羽“头定洛阳，身困当阳”。

图 6—47 关林

关林正门为五开间三门道，朱漆大门镶有 81 个金黄乳钉，享有中国帝王的尊贵品级。殿宇盖显高耸、飞翅凌空、气势峥嵘。厅中塑有关羽头戴十二冕旒王冠、身着龙袍的坐像。关羽身旁有捧大印的儿子关平和持刀的周仓立像。后边的二殿即武殿。在其两翼有“张飞殿”和“五虎殿”，被称为陪殿。三殿即春秋殿，厅内有关公秉烛读《春秋》的坐像和卧像，四周有关公战吕布、镇荆州、战长沙的彩饰画。关林后院还建有一清代石龙碑亭，它是神化关羽的又一见证。亭碑上额刻篆书“勒封碑记”，碑面书写“忠义神武灵佑仁勇威显关圣大帝林”。

(3) 岳飞墓

岳飞字鹏举，生于河南汤阴县岳家庄。南宋时期，岳飞对金国主战，而宰相秦桧竭力主张投降，感到岳飞是实现对金议和的最大障碍，就指使别人诬告岳飞谋反，把他逮捕入狱。但是，岳飞宁死不屈，不肯招认，秦桧无法将他定罪，他便授意党羽伪造证据，将岳飞和他的儿子岳云及部将张宪诬陷成罪。公元 1142 年，岳飞在临安府（今杭州市）大理寺狱中风波亭被害，时仅 39 岁，接着张宪和岳云亦被杀害。绍兴三十二年（公元 1162 年），孝宗皇帝即位，给岳飞平反，并张榜悬赏寻求岳飞遗体，追复岳飞的官爵，依官礼把他的遗骨改葬到栖霞岭下，墓园名为“精忠园”，即今岳飞墓的始基。岳飞墓所在地岳庙现为一组规模宏大的建筑群，分为岳飞墓、忠烈祠和启忠祠三个部分，分别设置在三条轴线上。岳飞墓是主体建筑，坐西朝东，前为照壁，上嵌“尽忠报国”

四字，系明嘉靖年间洪珠所书。岳飞墓前石碑刻“宋岳鄂王墓”，为明代旧碑；左侧岳云墓。墓门后面两侧，面对岳飞墓，跪着四个铁像。北侧为秦桧及其妻王氏，南侧是万俟卨和张俊。忠烈祠坐北朝南，内有岳飞武装坐像，像前高悬“还我河山”匾，传为岳飞手书（见图6—48）。正殿前“心昭天日”金字大匾，是1980年叶剑英元帅所书。

图6—48　岳飞像

（4）中山陵

中山陵（见图6—49）是中国近代伟大的政治家孙中山先生的陵墓，坐落于紫金山南麓，坐北朝南。中山陵自1926年春动工，至1929年初竣工，整个陵园面积3 000多公顷，主要建筑占地8万余平方米，包括牌坊、墓道、陵门、碑亭、祭堂和墓室等。从空中往下看，中山陵像一座平卧在绿绒毯上的“自由钟”。山下孙中山先生铜像是钟的尖顶，半月形广场是钟顶圆弧，而陵墓顶端墓室的穹隆顶，就像一颗溜圆的钟摆锤。陵墓入口处有高大的花岗石牌坊，上有

图6—49　中山陵

孙中山先生手书的“博爱”两个金字。从牌坊开始上达祭堂，共有石阶 392 级，8 个平台。台阶用苏州花岗石砌成。祭堂是仿宫殿式的建筑，建有三道拱门，门额上分别书刻“民族”“民权”和“民生”。祭堂的门楣上刻有孙中山手书“天地正气”四字，堂中有孙中山先生大理石坐像，高 5 米，逼真生动，是雕刻家保罗·兰窦斯基的杰作。像座四周有反映孙中山先生革命事迹的浮雕。祭堂东西护壁大理石刻着孙中山先生手书的遗著《建国大纲》。堂后有墓门二重，两扇前门用铜制成，门框则以黑色大理石砌成。上有中山先生手书“浩气长存”横额。二重门为独扇铜制，门上镌有“孙中山先生之墓”石刻。进门为圆形墓室，直径 18 米，高 11 米。中央是长形墓穴，上面是孙中山先生汉白玉卧像，下面安葬着孙中山先生的遗体。墓穴深 5 米，外用钢筋混凝土密封。

知识链接

中国古代墓葬的主要特点

1. 鲜明的政治等级性

墓葬制度所表现出的封土高低大小、棺椁重层多少、墓穴大小形制、随葬品的多少、墓前石刻规格等，都是死者身份的象征和生者权势的体现，具有十分明显的等级性。

2. 强烈的宗法观念

中国古代墓葬与宗法制度密切相关，是宗族伦理观念的反映，又约束人的行为观念，形成强烈的宗族墓地（祖坟）情结。“不肖子孙不得入祖坟”被认为是最严厉的惩罚，祖坟被毁被认为是最大的耻辱，客死他乡也有葬归祖坟的心愿，即为明证。

3. “事死如事生”的表现形式

以死者生前生活情形来安排死者的墓葬，在中国古代墓葬中表现十分突出。历代帝王公侯陵墓多重墓室，尽显生前的宫殿厅堂风采，秦始皇陪葬品有象征秦军的兵马俑，唐陵前的石像生、石翁仲，如皇帝御下的满朝文武，仿木结构、墓室壁画、画像砖石和随葬品都如现实生活的再现。

4. 深受“堪舆学说”的影响

相地之术——堪舆学说对墓地选址及布局影响很大。迷信认为阴宅风水的好坏，与子孙福祸密切相连。帝王陵墓要反复踏勘确定，讲究聚气纳势，依山带河，以求王气永存。

第六节　长城及其他古迹

一、长城

1．长城的概念

长城（见图 6—50）是中国古代军事工程体系中最大的防御工程，也是堪称世界奇迹的伟大工程之一，其修筑历时之长，规模之大，体系之全，保存之好，为世所罕见。

图 6—50　八达岭长城

2．中国长城的历史发展

长城的修建最早可追溯到公元前 7 世纪的西周。春秋战国时期，列国纷争，各诸侯国之间为互相防御，同时还须防止北方游牧民族的南侵，纷纷修筑长城，主要有齐、楚、燕、韩、赵、魏、秦、郑等国的长城。有史记载的最早的长城是齐、楚长城。例如，齐长城西起济水，东至琅琊，全长 500 余千米。楚长城以南阳为中心，在其东、南、西三面，利用伏牛山地形，因山为壁，临水为堑，连山相接，构成一道500余千米的“楚方城”。其他如燕长城，西起造阳，东至辽东。魏长城分东西两段，目前在陕西韩城市南马凌庄附近所发现的魏长城，是我国保存的最早的古长城遗址。

秦始皇统一六国之后，为防止北方少数民族的入侵，令蒙恬率30万大军修筑了一条西起临洮，东止辽东，全长5 000余千米的长城，“万里长城”之名由此而来。但秦长城并非从零开始，而是把原燕、赵、秦三国北边长城加固连接并向外扩展而成，此为中国历史上修筑长城的第一个高峰期。秦长城示意图如图6—51所示。值得注意的是，秦始皇在修筑长城的同时，还拆毁过境内长城，以利于境内统治和交通。秦长城目前保存下来的有山西大同北部一段、内蒙古包头附近一段和甘肃临洮附近一段，史传秦始皇为修长城大量征集民夫，激起民怨，故民间流传有孟姜女哭长城的故事。

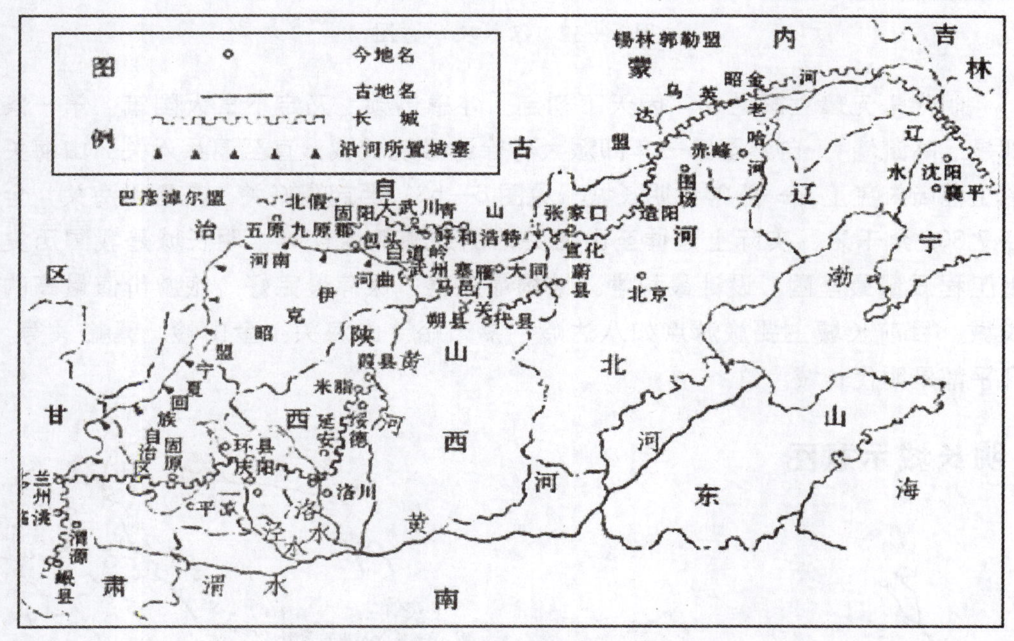

图6—51　秦长城示意图

汉代立国之后，始终以匈奴入侵为大患，故在大力开展军事、外交活动的同时，在秦长城之外大规模修筑长城，以此为丝绸之路北部的屏障。汉长城（见图6—52）西起罗布泊，东止鸭绿江，绵延一万余千米，为我国历史上规模最大、长度最长的长城。

汉代之后至明代之间，也有不少朝代如北宋、金等有修城之举，只是规模不如以前，其中规模较大的是金代，在蒙古高原上修筑了西起河套西曲、东至嫩江西的金长城，长度达5 000余千米。

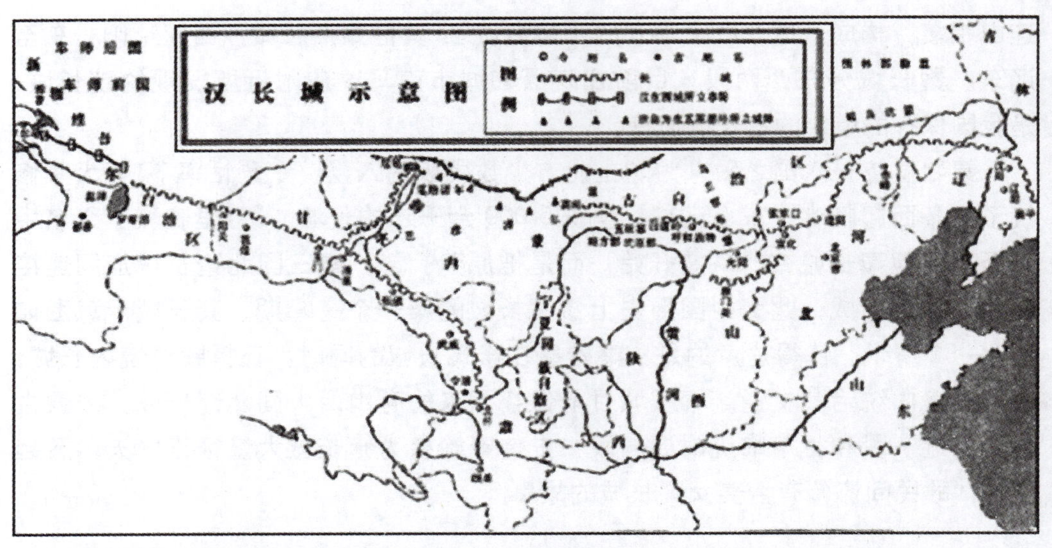

图 6—52 汉长城示意图

明代朱元璋立国之初，因天下初定，外患仍频，乃定下三大国策，第一条即是“高筑墙”。自建国第一年即派大将徐达修筑长城，直至清兵入关，山海关的工程尚未完工。一般常说明长城（见图 6—53）西起嘉峪关，东至山海关，全长 7 300 余千米，实际上延伸至山海关外的辽东鸭绿江畔。明长城是我国历史上工程质量最坚固、设计最科学、结构最完善、保存最完好、旅游价值最高的长城。目前长城主要旅游点如八达岭、慕田峪、山海关、金山岭、嘉峪关等，几乎都是明代长城。

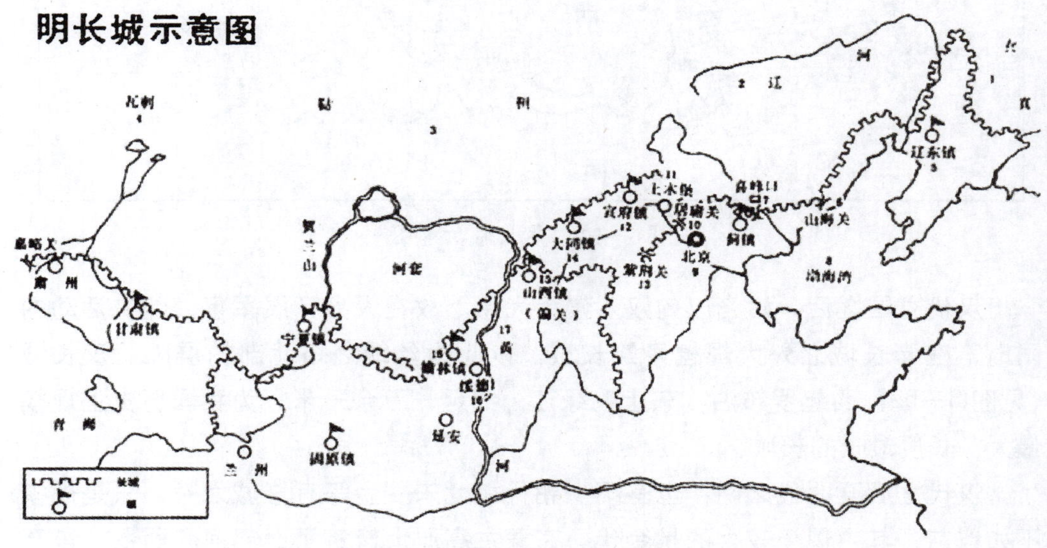

图 6—53 明长城示意图

回顾中国修筑长城的历史，从春秋战国开始，历经秦、汉、西晋、北魏、东魏、北齐、北周、隋、唐、北宋、辽、金、明等十几个朝代，延续了2 500余年，几乎贯穿了整个封建社会阶段。所修长城分布于今新、甘、蒙、宁、晋、陕、京、津、辽、吉、黑、鲁、冀、鄂、湘等十几个省、自治区、直辖市，总长度超过5万千米。工程规模之大，持续时间之长，令人惊叹！尤其是长城在历史上对捍卫国家的疆域、保卫人民的安宁所起的作用不容低估。

3．对中国长城的评价

提到长城，几乎无人不知。在某些外国人的心中，长城就代表中国。在中国人的心目中，长城同样有着极其崇高的地位，甚至出现在国歌中，作为中华民族勤劳、智慧和坚强、勇敢的象征。由于长城的重要性，如今已形成了“长城学”，并于1987年6月成立了中国长城学会，日本等国亦有类似的学术团体。它不仅研究与长城直接相关的诸多问题，如政治、军事、民族、交通、地理、文化、旅游、保护等，而且扩展到了地震、地层新变化、黄河侵蚀、沙漠推移等方面，当然，更从中探讨其所体现的强大的精神力量。

二、其他古迹

1．古代水利工程

我国历史上先后兴建了众多的水利工程，它们对地区乃至全国的政治、经济发展曾起过重大作用，有些至今仍在创造巨大的效益。这些水利工程是古代劳动人民科学改造自然的见证，典型代表有京杭大运河、都江堰、灵渠、坎儿井等。

(1) 京杭大运河

京杭大运河北起北京，南至杭州，全长1 794千米，纵贯北京、天津、河北、山东、江苏、浙江六省市，沟通了海河、黄河、淮河、长江、钱塘江五大水系，为世界上开凿时间最早、长度最长的人工运河。京杭大运河的历史，可追溯到公元前5世纪的春秋末期，吴王为北上争霸而开“邗沟”（今淮安至扬州），此即大运河的前身。战国初期，魏国也曾开“鸿沟”（沟通黄河和颍河）。真正大规模修建运河是在隋、元两代，先后通达洛阳和北京。建成之后的京杭大运河，对我国南北方之间的政治、经济、文化交流起过重要作用，因为我国的能源基地集中在北方，而江南是富饶的鱼米之乡，在没有铁路的古代，北方的煤炭、南方的大米和其他农副产品都是靠京杭大运河进行运输。京杭大运河至今仍在发挥巨大的作用，尤其是江南段，既是江浙两省的黄金运输线，又是一条黄金旅游线，还是“南水北调”工程的主要通道之一。

2014年6月，京杭大运河被联合国教科文组织列入《世界遗产名录》。

课堂讨论

你知道世界三大运河是哪三条运河吗？

(2) 都江堰

都江堰水利工程（见图6—54）位于四川省灌县境内的岷江，建于公元前256年的战国末期，由秦蜀郡太守李冰父子主持修建，是我国现存最早的古代水利工程。此项工程由分水鱼嘴、飞沙堰溢洪坝、宝瓶口引水渠三部分组成，三者之间相互配合，形成设计科学、调度有序的水利工程，既可引岷江之水浇灌田园，又能有效分洪减灾，还有航运、输送木材等效益。新中国成立前，整个都江堰灌区灌溉成都平原300万亩良田，如今已扩大到800万亩。正是得益于都江堰的自流灌溉，使成都平原自此"水旱从人，不知饥馑"，成就其"天府之国"的美名。都江堰附近还有二王庙、伏龙观、安澜桥、玉垒山等名胜古迹。都江堰于2000年被联合国教科文组织列入《世界遗产名录》。

图6—54　都江堰

(3) 灵渠

灵渠又名湘桂运河，位于广西兴安县境内，是2 000多年前秦始皇为统一岭南，命史禄主持兴建的。灵渠全长37千米，主要工程由铧嘴、分水坝（大、小天平）、南渠、北渠、泄水坝、陡门等组成，由此把湘江与漓江连接起来，沟通了长江与珠江两大水系，从而促进了中原与岭南的经济与文化交流。尤其是陡门的设计，技术高超，解决了船只在落差大的河流中的航运问题，使船只能逐步升高，其原理和功能与现代船闸相同，只是设施简单一些而已，是现代船闸的祖先。

(4) 坎儿井

坎儿井(见图6—55)是分布于我国西北干旱地区的一项特殊水利工程，其方法是在山前地下水丰富的地带，通过若干竖井、引水暗渠、地上明渠把地下水引到适宜地点，用于生产和生活。这种方法既有效地避免了渗漏和蒸发，又保持了水质的纯净，是沙漠地区绿洲赖以存在的基础。历史上坎儿井的总长度逾万千米，现存仍有1 100多条，总长3 000多千米，以吐鲁番为最多，不愧为一项工程奇迹。

图6—55 坎儿井

2. 古代桥梁

(1) 河北赵州桥(安济桥)

赵州桥原名安济桥(见图6—56)，位于河北赵县洨河之上，由隋朝著名工匠李春主持修建，为“空腔式”石拱桥。赵州桥长50.82米，宽9.6米，跨径37.37米，由28道独立纵向并列石拱砌筑，其间用铁榫联结为一体。赵州桥跨度大而弧形平，桥拱肩敞开，主拱之肩又各建两个小拱，这一设计，既省料减轻桥重，又减少水流阻力，增大泄洪能力，外观亦轻盈美观、构思精巧，使其历时1300余年而安然无恙，乃桥梁史上的一大奇迹。

(2) 北京卢沟桥

图 6—57　卢沟桥的石狮

卢沟桥位于北京西南15千米的永定河上，初建于金，现桥为康熙三十七年（公元1698年）重建。卢沟桥长266.5米，宽7.5米，下分11个涵孔，是我国北方最大的古代石桥。桥身两侧护栏、望柱雕有精美的石狮，大小相连，难计其数（见图6—57），故老北京曾流传“卢沟桥的石狮——数不清”的歇后语，1961年北京文物部门用编号清点的办法，确定卢沟桥的石狮共计为485只。1937年7月7日，日本帝国主义在此挑起“卢沟桥事变”，发动侵华战争。

(3) 泉州洛阳桥

洛阳桥位于泉州市东约10千米的洛阳江上，始建于北宋皇祐五年（公元1053年），嘉祐四年（公元1059年）竣工，原长1 200米，现长834米，宽7米，47孔石梁横架，为我国古代多孔梁式石桥的代表。因洛阳江江阔、水深、浪高，洛阳桥建桥工程艰巨，乃首创“筏型桥基”以造桥墩，同时又大量种植牡蛎以固桥基，开生物固桥之先河。

(4) 广西程阳风雨桥

位于广西程阳的风雨桥（见图6—58），是侗族传统建筑技艺的杰出代表作。桥上建廊亭，形制特殊，可遮风避雨，也是群众贸易聚会之所，极富民族特色。

图 6—58　广西程阳风雨桥

3. 著名楼阁

楼阁是我国古代的一种传统建筑，一般都是两层或两层以上的建筑，且都以木质为主要结构。在我国古代，不管是佛、道、儒这些宗教门派，还是皇家贵族，都把楼阁看作是神圣、尊贵和威严的象征。在修建的众多楼阁中，用于观景、赏景的楼阁很多，也分布很广，南方北方都有，但是南方居多。这些楼阁一般临水而建，湖光山色，波光粼粼，景色秀美。所以，这些楼阁也是文人雅士的汇聚之所，许多文学名篇也因这些楼阁而诞生，而这些楼阁也因这些文章的流传而声名远扬。比较有代表性的是黄鹤楼、岳阳楼和滕王阁。

(1) 黄鹤楼

巍峨耸立于武昌蛇山的黄鹤楼（见图6—59），享有“天下绝景”的盛誉，与湖南岳阳楼，江西滕王阁并称为“江南三大名楼”。黄鹤楼始建于三国时期，传说是为了军事目的而建，孙权为实现“以武治国而昌”，筑城为守，建楼以瞭望。至唐朝，其由军事设施逐渐演变为著名的名胜景点，历代文人墨客到此游览，留下不少脍炙人口的诗篇。唐代诗人崔颢一首“昔人已乘黄鹤去，此地空余黄鹤楼，黄鹤一去不复返，白云千载空悠悠，晴川历历汉阳树，芳草萋萋鹦鹉洲，日暮乡关何处是，烟波江上使人愁”已成为千古绝唱，更使黄鹤楼名声大噪。

图6—59　黄鹤楼

1981年10月，黄鹤楼重修工程开工，1984年完工，1985年6月对外开放。主楼以清同治楼为蓝本，但更高大雄伟，运用现代建筑技术施工，钢筋混凝土框架仿木结构，飞檐5层，攒尖楼顶，金色琉璃瓦屋面，通高51.4米，底层边宽30米，顶层边宽18米，全楼各层布置有大型壁画、楹联、文物等。楼外铸铜黄鹤造型、胜像宝塔、牌坊、轩廊、亭阁等一批辅助建筑，将主楼烘托得更加壮丽。登楼远眺，“极目楚天舒”，不尽长江滚滚来，武汉三镇风光尽收眼底。

（2）岳阳楼

岳阳楼（见图6—60）位于湖南省岳阳市西门，紧临洞庭湖，登楼眺望，可饱览八百里洞庭美景，历来有“洞庭天下水，岳阳天下楼”的赞誉。岳阳楼的前身为三国时东吴将领鲁肃的水师阅兵台。唐开元四年（公元716年），岳州太守张说修葺了楼台，称其为岳阳楼。岳阳楼的名气，在很大程度上是由于北宋著名文学家范仲淹写了一篇不朽的散文《岳阳楼记》。据说当时巴陵郡守滕子京集资重修了岳阳楼，范仲淹应滕子京之请，为岳阳楼作记。《岳阳楼记》共360字，文情并茂，感人肺腑。文中许多警句已成为后人处世待人的格言，其中“先天下之忧而忧，后天下之乐而乐”两句，更为世人所传诵。

图6—60 岳阳楼

岳阳楼现存建筑为清同治六年（公元1867年）重建。主楼为纯木结构，整个建筑没有用一颗铁钉，一道横梁，这在中国古典建筑史上是极为罕见的。楼高21.35米，三层四角，占地251平方米，以4根楠木大柱承负全楼重量，再用12根圆木柱子支撑二楼，外以12根梓木檐柱，顶起飞檐，彼此牵制，相互咬合，稳如磐石。其建筑的另一特色，是楼顶的形状酷似一顶将军头盔，既雄伟又不同于一般。

（3）滕王阁

滕王阁原是唐永徽四年（公元653年）唐太宗之弟李元婴为饮宴歌舞而建，因李元婴被封为滕王，滕王阁因此而得名。洪州都督阎公于上元二年（公元675

年）第一次重修，“初唐四杰”之一的王勃写下了誉贯古今的《滕王阁序》，阁以文著，从此名满天下。滕王阁在1 300多年漫长岁月中，屡毁屡建，前后达28次之多。最后一次焚于1926年的军阀混战。直至1983年，南昌市人民政府做出重建滕王阁的决定，1989年重阳节，恢宏壮丽的楼阁重新屹立在赣江畔。重建的滕王阁占地43公顷，背城临江，主阁之外，还有庭园、假山、亭台、荷池等。历史上的滕王阁高30米，共3层，重建后的滕王阁高57.5米，共9层，规模远远超过了历代的滕王阁。抬头仰望，高阁碧瓦重檐，雕梁画栋，斗拱层叠，流光溢彩。南翼的“压江亭”，北翼的“挹翠亭”和主阁浑然一体。楼内有古匾、巨联及大型壁画。登高送目，远山如画，烟波浩渺，飞阁流丹，在夕阳余晖中领略“落霞与孤鹜齐飞，秋水共长天一色”的诗情画意，令人心旷神怡。

第七节　现代建筑

现代建筑是指新中国成立以后所建造的建筑。中华人民共和国成立后，我国经济发展进程日新月异，特别是改革开放以来到处呈现一派蒸蒸日上的景象，城建工程随处可见，中国建筑进入新的历史时期。中国现代建筑在传统的土壤上，结合新的时代要求和新的建筑手段，吸收外来建筑文化，创造了一批既具有时代特色，又具有中国风格的新建筑。

一、博物馆

博物馆是征集、典藏、陈列和研究代表自然和人类文化遗产的实物的场所，并对那些有科学性、历史性或艺术价值的物品进行分类，为公众提供知识、教育和文化的机构、建筑物、地点或社会公共机构。1949年新中国成立时，我国只有25个博物馆，而截至2012年年末，我国博物馆总数已达3 589个。博物馆具有教育、旅游的社会功能，其中最重要的是社会教育功能。我国诸多博物馆的建筑本身都具有文化内涵，并大多气势恢宏，庄严肃穆。

1. 河南博物院（馆）

河南博物院是位于河南省郑州市的国家级大型现代化综合博物馆。馆藏文物多来自于二十世纪初安阳、淅川、洛阳、商丘、开封、三门峡、辉县、新郑等地的考古发掘，数量达13万多件，以史前文物、商周青铜器、历代陶瓷器、玉器最具特色。其中，国家一级文物与国家二级文物5 000余件，历史、文化、艺术价值极高。

河南博物院主展馆（见图6—61）位于院区中央，其主体建筑以中国现存最早的天文台遗址——河南登封的元代古观星台为原型，经艺术夸张演绎成戴冠的金字塔造型，其底部为长63米的正方形，高45.5米，内部设计五层，其中地下一层。冠部为方斗形，上扬下覆，取上承“甘露”，下纳“地气”之意，寓意中原为华夏之源，融汇四方。外部墙面为土黄褐色，取中原“黄土”和“黄河”孕育了华夏文明之意，主馆正面从上至下有浅蓝色的透明窗与自上而下的透明采光带，具有“黄河之水天上来”的磅礴气势。主馆后为文物库房。整个建筑群设计以雄浑博大的“中原之气”为核心，线条简洁遒劲，造型新颖别致，风格独特，气势恢宏，堪称一座凝聚着中原文化特色和时代精神的标志性建筑。

图6—61　河南博物院

2. 侵华日军南京大屠杀遇难同胞纪念馆

侵华日军南京大屠杀遇难同胞纪念馆（见图6—62）是南京市人民政府为铭记1937年12月13日日军攻占南京后制造的南京大屠杀事件而建。纪念馆位于南京城西江东门茶亭东街原日军大屠杀遗址之一的万人坑，1985年8月15日落成开放，1995 年又进行了扩建。建筑物采用灰白色大理石垒砌而成，气势恢宏，庄严肃穆，是一处综合利用史料、文物、建筑、雕塑、影视等手法全面展示“南京大屠杀”特大惨案的专史陈列馆。该馆正大门左侧镌刻着邓小平手书的“侵华日军南京大屠杀遇难同胞纪念馆”馆名。陈列分广场陈列、遗骨陈列、史料陈列三大部分。广场陈列由悼念广场、祭奠广场、墓地广场等 3 个外景陈列场所组成。其中悼念广场由外形如十字架，上部刻南京大屠杀事件发生时间的标志碑、“倒下的 300 000 人”的抽象雕塑、“古城的灾难”大型组合雕塑，以及和平鸽等部分组成。祭奠广场由刻有馆名的纪念石壁、郁郁葱葱的松柏和用中英日三国文字镌刻的“遇难者 300 000”的石壁组成。墓地广场由鹅卵石、枯树、沿院断垣残壁上的三组大型灰色石刻浮雕，以及院内道路两旁的 17 块小型碑雕组成，部分地记载着南京大屠杀的主要遗址、史实。这是全市各处集体屠杀所立遇难者纪念碑的缩影和集中陈列，还有大型石雕“母亲像”、遇难者名单墙、赎罪碑、绿树、草坪等诸多景观，构成了生与死、悲与愤为主题的纪念性墓地的凄惨景象。该馆现在已成为国际上祈祷和平与历史文化交流的重要场所，同时也是“全国中小学爱国主义教育基地”“全国青少年教育基地”和“全国爱国主义教育示范基地”。

图 6—62　侵华日军南京大屠杀遇难同胞纪念馆

3．辛亥革命博物馆

辛亥革命博物馆（见图 6—63）位于武汉市阅马场首义广场南侧，是首义文化区的核心建筑，与武昌起义军政府旧址（红楼）、孙中山铜像、黄兴拜将台纪念碑、烈士祠牌坊等同处一条轴线。该馆的外形设计独特，融合了中国传统建筑元素和现代建筑特色。正面看，高台加大屋顶的架构，彰显中国建筑“双坡屋顶”和“飞檐翘角”的特质；侧面看，三块几何形拼出的“破土而出”意象，颂扬了敢为人先的首义精神。该馆基本陈列《共和之基——辛亥革命历史陈列》分为晚清中国、革命原起、武昌首义、创建共和、辛亥百年五个部分，展示了辛亥革命历史文物 428 件（套），历史照片 694 张，以及重大历史事件复原场景 27 处，艺术品 12 件，多媒体展品 20 件。

图 6—63　辛亥革命博物馆

二、单体场馆

1．国家体育场（鸟巢）

国家体育场（见图 6—64）位于北京奥林匹克公园中心区南部，为北京奥运会的主体育场。工程总占地面积 21 公顷，场内观众座席约为 91 000 个。整个体育场结构的组件相互支撑，形成网格状的构架，外观看上去就仿若树枝织成的鸟巢，灰色的钢网以透明的膜材料覆盖，其中包含着一个土红色的碗状体育场看台。在这里，中国传统文化中镂空的手法、陶瓷的纹路、红色的灿烂与热烈，与现代最先进的钢结构设计完美地融合在一起。鸟巢主体结构设计使用年限为 100 年，耐火等级为 1 级，抗震设防裂度为 8 度，地下工程防水等级为 1 级。2008 年，在这里举行了奥运会、残奥会开闭幕式、田径比赛及足球比赛决赛。奥运会后，国家体育场成为北京市民参与体育活动和享受体育娱乐的大型专业场所，并成为地标性的体育建筑和奥运遗产。国家体育场被誉为“第四代体育馆”的伟大建筑作品。

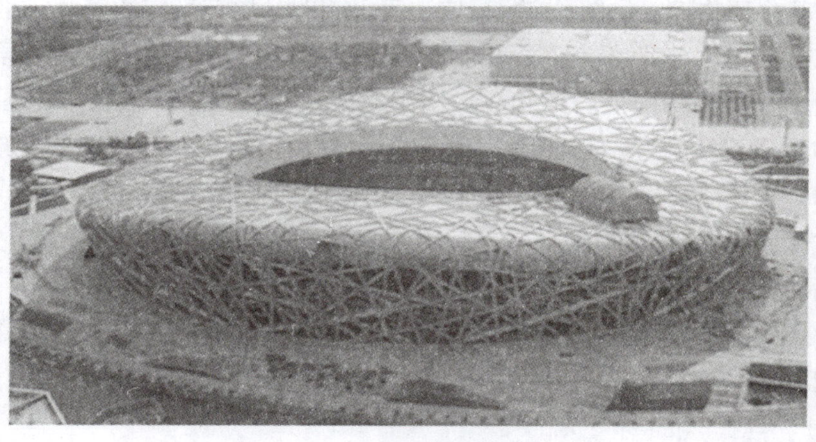

图 6—64　国家体育场

2. 中国国家大剧院

中国国家大剧院（见图 6—65）位于北京市中心，人民大会堂西侧，西长安街以南，由国家大剧院主体建筑及南北两侧的水下长廊、地下停车场、人工湖、绿地组成，总占地面积 11.89 万平方米。国家大剧院建筑物高度为 46.285 米，是亚洲最大的剧院综合体。其外部呈半椭球形，为钢结构壳体，表面由 18 000 多块钛金属板和 1 200 余块超白透明玻璃共同组成，两种材质经巧妙拼接呈现出唯美的曲线，营造出舞台帷幕徐徐拉开的视觉效果。椭球壳体外环绕人工湖，湖面面积达 3.55 万平方米，各种通道和入口都设在水面下。行人需从一条 80 米长的水下通道进入演出大厅。国家大剧院造型新颖、前卫，构思独特，是传统与现代、浪漫与现实的结合。

图 6—65　中国国家大剧院

三、现代化景观建筑

景观建筑是指那些构思巧妙，建筑形象新颖独特，富于想象，表达出一种意境，极具欣赏价值的建筑。

1. 中央电视台总部大楼

中央电视台总部大楼（见图 6—66）位于北京市朝阳区东三环中路，占地 197 000 平方米，总建筑面积约 55 万平方米，最高建筑高 234 米，内含央视总部大楼、电视文化中心、服务楼、庆典广场。主楼的两座塔楼双向内倾斜 6 度，在 163 米以上由“L”形悬臂结构连为一体，建筑外表面的玻璃幕

图 6—66　中央电视台总部大楼

墙由强烈的不规则几何图案组成，造型独特、结构新颖、高新技术含量大。

知识链接

广州塔

广州塔位于广州市海珠区阅江西路，距离珠江南岸125米，与海心沙岛及珠江新城隔江相望，是一座以观光旅游为主，具有文化娱乐和城市窗口功能的大型城市基础设施。广州塔于2009年9月建成，包括发射天线在内，高达600米，共112层，为中国第一高、世界第二高自立式电视塔，也成为广州的新地标。广州塔塔身设计的最终方案为椭圆形的渐变网格结构，其造型、空间和结构由两个向上旋转的椭圆形钢外壳变化生成，一个在基础平面，一个在假想的450米高的平面上，两个椭圆彼此扭转135°，两个椭圆扭转在腰部收缩变细。广州塔如图6—67所示。

2. 上海环球金融中心

上海环球金融中心（见图6—68）位于陆家嘴金融贸易区内，是一幢以办公为主，集商贸、宾馆、观光、会议等设施于一体的综合型大厦。中心地上101层，楼高492米，目前为中国大陆第一高楼、世界第三高楼，遥看宛如一把挺拔锋利的剑劲插于浦东大地。中心94至100层为观光、观景设施，共有三个观景台，其中94层为“观光大厅”，是一个面积约700平方米的展览场地及观景台，可举行不同类型的展览活动；97 层为“观光天桥”；在第 100 层又设计了一个最高的“观光天阁”，长约 55 米，地上高达 474 米。

图 6—68　上海环球金融中心

四、现代交通设施

作为旅游资源的现代大型交通工程设施，主要包括各种桥梁、隧道、运河、车站、机场、港口等。这些设施除了具有使用功能之外，其中不少或规模宏大、气势雄伟，或造型别致、建筑豪华，往往成为旅游者观光游览的对象。

1．武汉长江大桥

武汉长江大桥（见图 6—69）位于武昌蛇山和汉阳龟山之间的江面上，是中国在万里长江上修建的第一座桥梁，被称为“万里长江第一桥”，在中国桥梁史上具有重要意义。武汉长江大桥于 1955 年 9 月 1 日开工建设，1957 年 10 月 15 日建成通车。正桥的两端建有具有民族风格的桥头堡，各高 35 米，从底层大厅至顶亭，共 7 层，有电动升降梯供人上下。附属建筑和各种装饰均极协调精美，整座大桥异常雄伟。若从底层坐电动升降梯可直接上大桥公路桥面参观，眺望四周，望大江东去，整个武汉三镇连成一体，尽收眼底，也打通了被长江隔断的京汉、粤汉两铁路，形成完整的京广线，真是“一桥飞架南北，天堑变通途”。

图 6—69　武汉长江大桥

2．杭州湾跨海大桥

杭州湾跨海大桥（见图6—70）是一座横跨中国杭州湾海域的跨海大桥，它北起浙江嘉兴海盐郑家埭，南至宁波慈溪水路湾，全长36公里。大桥设计寿命100年以上，可以抵御12级台风和强烈海潮的冲击。大桥建设首次引入了景观设计概念，借助“长桥卧波”的美学理念，呈现S形曲线，具有较高的观赏性和游览性。大桥设有北、南两个通航孔，其中北通航孔可通过35 000吨级船舶，两座主塔高187米；南通航孔可通过3 000吨级船舶，一座主塔高202米。在大桥中部，离南岸大约14公里处，有一个面积达1.2万平方米的海中平台。这是一个海中交通服务的救援平台，同时也是一个绝佳的旅游休闲观光台。

五、现代水利枢纽工程

新中国成立之后，为了减轻和免除水旱灾害，利用水资源，适应人类生产和生活的需要，兴建了诸多水利工程，如黄河上的小浪底水利枢纽工程、长江上的葛洲坝和三峡水利工程、南水北调源头的丹江口水库大坝、广西百色水利枢纽工程等。这些水利工程不仅具有防洪、灌溉、发电、通航等功能，显示了人类利用和改造自然的气魄，而且多与自然山水有机结合，成为游人参观游览的胜地和广大青少年学习现代科技的室外课堂。

1．三峡水利枢纽工程

三峡大坝坝址位于湖北宜昌市三斗坪。它是世界上规模最大的水电站，是中国也是世界上有史以来建设的最大的水坝。三峡工程建筑由大坝、水电站厂房和通航建筑物三大部分组成。大坝为混凝土重力坝，坝顶高 185 米，正常蓄水位 175 米，共安装 32 台 70 万千瓦水轮发电机组，总装机容量 2 250 万千瓦，年发电量约 1 000 亿度。通航建筑物位于左岸，永久通航建筑物为双线五级连续梯级船闸及单线一级垂直升船机。

坛子岭景区是三峡坝区最早开发的景区，于 1997 年正式开始接待中外游客，因其顶端观景台形似一个倒扣的坛子而得名。该景区所在地为大坝建设勘测点，海拔 262.48 米，是观赏三峡工程全景的最佳位置，不仅能欣赏到三峡大坝的雄浑壮伟，还能观看壁立千仞的“长江第四峡”双向五级船闸。

2．小浪底水利枢纽工程

小浪底水利枢纽工程（见图 6—71）位于河南省洛阳市孟津县小浪底，是治理开发黄河的关键性工程。小浪底水利枢纽工程由拦河大坝、泄洪建筑物和引水发电系统组成，总装机容量为 180 万千瓦。地下发电厂房，高 160 米、长 1 667 米的黏土斜心墙堆石坝，巍峨的进水塔，壮观的出水口，在不足一平方公里范围内拥有纵横交错的 108 条洞群等，使小浪底具备了防洪、防凌、发电、排沙等多项功能，是旅游者观赏黄河沧桑巨变的一大景观。一年一度的调水调沙活动，气势雄伟，媲美钱塘潮。水库蓄水后在大坝上游所形成的浩渺水面、曲折河巷与雄伟山势竞相生辉，构成了“北国山水好风光——黄河小浪底”。

图 6—71　小浪底水利枢纽工程

思考与练习

1. 你喜欢什么形态的中国古建筑屋顶？为什么？
2. 中国古代城市有哪些建设模式？与中国人文思想有哪些联系？
3. 列举你所知道的世界著名宫殿。
4. 以故宫为例，简述中国宫殿建筑的布局特点是什么。
5. 中国古代园林有哪些艺术特征？通过哪些组成要素表现这些艺术特征？
6. 列举你所知道的世界著名陵寝。
7. 什么是长城？世界上是否只有中国有长城？
8. 中国现代建筑的主要特点是什么？

第七章 宗教文化

宗教是中国传统文化的有机组成部分，历史上曾对我国的政治、经济、文化艺术、民俗等产生过重要影响，至今在一些少数民族人民的生活中仍占重要地位。宗教建筑多为各朝代建筑的典范，宗教艺术亦是我国乃至世界艺术宝库的精华。随着旅游业的发展，宗教遗存成为重要的旅游资源，那庄严的宗教殿堂、神圣的宗教活动、精湛的宗教艺术，以及神秘的宗教氛围，无不对游客充满了强烈的吸引力。

学习目标

☆ 明确宗教的概念。

☆ 了解中国的宗教政策及宗教概况。

☆ 掌握四大宗教文化的基本概况。

☆ 掌握宗教的旅游价值。

第一节　宗教概述

一、宗教的产生及发展

原始宗教大约产生于公元前3万年到公元前1万年的中石器时代后期或更晚。由于当时社会生产力水平低下，人们对许多束缚自身的自然现象、社会现象以及生理上的做梦等现象既不能解释，更无法控制，便幻想出能够主宰一切的"神"，并由此产生"万物有灵"的观念，幻想能通过祈祷、祭献或巫术来影响、感化神灵，以达到避祸赐福、消灾免难的目的。于是，一个个神被创造出来，一套套崇拜仪式被发明出来，原始宗教由此而产生。例如，原始社会晚期埃及、希腊、罗马产生了拜物教，同一时期的中国则盛行巫术。随着社会生产力的不断发展，随着阶级和国家的出现，原始宗教逐步衰微，取而代之的是反映阶级社会形态的系统宗教。由于不同地区的自然环境、社会历史、民族及政权形式不同，出现了不同形式的宗教，如佛教、基督教、伊斯兰教、道教、神道教、印度教、犹太教等，其中佛教、基督教、伊斯兰教合称为"世界三大宗教"。

宗教产生以后，逐渐向人类生活的各个方面拓展，包括哲学、科学、艺术、社会伦理道德和社会政治制度等方面，最后导致了宗教文化的产生，宗教在世界许多国家和人民的政治、经济、文化生活中起着重要作用。

二、中国的宗教概况

1．中国主要的宗教信仰

中国是一个多民族、多宗教信仰的国家，历史上曾经流传的宗教主要有道教、佛教、基督教、伊斯兰教等，合称"中国四大宗教"。其中道教是中国土生土长的宗教，而佛教、基督教、伊斯兰教则是外来宗教，传入中国后与中国传统文化相结合，成为独具中国特色的宗教。此外，还有许多少数民族信仰一些原始宗教。

2．中国的宗教政策

为了调动一切积极因素建设社会主义，为了加强国际统一战线，中国用法律的形式保护正常的宗教活动。我国宪法第三十六条规定："中华人民共和国公民有宗教信仰自由。任何国家机关、社会团体和个人不得强制公民信仰宗教或者不信仰宗教，不得歧视信仰宗教的公民和不信仰宗教的公民。国家保护正常的宗教活动。任何人不得利用宗教进行破坏社会秩序、损害公民身体健康、妨碍国家教育制度的活动。宗教团体和宗教事务不受外国势力的支配。"

第二节　中国的宗教信仰与宗教艺术

一、佛教

1．产生、传播及分布

佛教起源于公元前，创始人为乔达摩·悉达多，成佛后佛教徒尊称他为"释迦牟尼"（意即"释迦族的圣人"）、"佛"或"佛陀"（意即"觉悟者"）。他是古印度迦毗罗卫国净饭王的太子，其母是摩耶夫人。相传他诞生于蓝毗尼花园（今尼泊尔境内）。释迦牟尼长大后深感人世间充满了生老病死等种种苦难，立志求解脱之法。于29岁（一说19岁）出家修行，苦修6年仍一无所获。他发觉修苦行并非达到解脱之路，于是放弃苦行而至菩提伽耶，在一棵菩提树下打坐静思，悟求人生真谛和解脱痛苦之法，立誓"如不成佛，誓不起座"，经七七四十九天，终于悟得"四谛"和"十二因缘"，得道而成佛。释迦牟尼得道后，在鹿野苑初转法轮，弘扬佛法，传教45年，至80岁涅槃于拘尸那迦。释迦牟尼的出生地蓝毗尼花园、成道地菩提伽耶、初转法轮地鹿野苑、涅槃地拘尸那迦是举世闻名的佛祖四大圣迹。

佛教产生之后，在印度于公元前3世纪孔雀王朝阿育王时期非常兴盛，然后逐渐分裂成大乘佛教和小乘佛教两大派别，并由印度向外传播，传播路线共分三条：一条从古印度向北传入中国，再由中国传入朝鲜、日本、越南等国，以大乘佛教为主，称为北传路线；一条从古印度向南传入斯里兰卡、缅甸、泰国、老挝、柬埔寨等国及中国云南等少数民族地区，以小乘佛教为主，称为南传路线；另一条从印度及中国内地传入青藏高原，与当地原始宗教结合，形成了藏传佛教。

佛教在世界上主要分布于东亚、东南亚地区。至 2000 年，全世界佛教徒人数达 3.59 亿，佛教成为世界第三大宗教。

2. 佛教在中国的传播

佛教产生于印度，却发展于中国，在中国已有 2 000 多年的历史。由于传入的时间、途径、地区、民族文化及社会历史背景的不同，中国佛教形成了三个派别，即汉语系佛教（大乘佛教）、藏语系佛教（喇嘛教）和巴利语系佛教（上座部佛教、小乘佛教）。

（1）汉语系佛教

关于佛教最初传入中国的时间，有多种不同观点，其中的确切事件应是“永平求法”。公元 64 年，汉明帝因夜梦金人，派蔡愔、秦景西行求经，蔡愔等偕天竺僧人摄摩腾、竺法兰以白马驮经至洛阳，公元 68 年，敕建白马寺，供西域僧人寓此译经。此事史称“永平求法”，此即中原佛教的开端。白马寺乃中原地区最早的佛寺。在此之前，西域地区已有佛教留传。至隋唐时期，流传于汉族地区的佛教逐渐被改造，与中国文化相融合，形成了中国化的佛教，并形成禅宗、净土宗、三论宗（法性宗）、天台宗、华严宗（贤首宗）、瑜伽宗（法相宗）、律宗、密宗（真言宗）等八大宗派，佛教艺术也臻于成熟。唐代以后，汉地精英佛教停滞衰退，而大众佛教长足发展，至元明时期出现“家家观世音，户户阿弥陀”的局面，其他宗派逐步衰微，而以禅宗和净土宗成为主流。近代汉地佛寺，多为禅宗丛林。

佛教传入中国，多赖西域和印度僧人来华传经，但他们往往口传经文，转译失真，或篇章不全，不能满足佛教发展的需要。于是，在中国僧人中出现了冒险西行、舍身取经的热潮，其中最著名的是东晋的法显和唐代的玄奘。

知识链接

中国古代著名的宗教旅行家

法显（见图 7—1）是中国僧人中到“西天”取经的第一人。东晋隆安三年（公元 396 年），法显为“寻求戒律，探索经文”，以 60 多岁高龄从长安出发，西出阳关，穿浩瀚沙漠，翻巍巍葱岭，遍访天竺等西域 30 多国，历时 14 年。公元 410 年，他从海路回国。法显携经东归后，已 80 高龄，仍坚持在建业（今南京）翻译佛经，并且写下了《佛国记》。《佛国记》是

图 7—1 东晋法显

研究我国西部地区、南亚、东南亚各国古代史、中印等国交通史的重要资料，也是中国现存有关海上交通的最早文献。

玄奘（见图 7—2）是唐代杰出的佛学家、旅行家和翻译家，13 岁即入佛门，专研佛法，到 27 岁时已尽习中国佛法。为钻研佛经，通明教义，解疑释惑，他决心到佛教发源地求取真经。玄奘于公元 627 年从长安出发，穿沙漠，越葱岭，到达天竺后，遍游天竺五部，历时 16 年，尽取佛学要义，于公元 643 年带着 657 部经文、佛像和舍利满载而归。回到长安后，他组织全国高僧，夜以继日地翻译佛经，历时 19 年共译出佛经 75 部、1 335 卷，共 1 399 万字，同时又口授弟子写成《大唐西域记》。

鉴真（见图 7—3）是我国唐代高僧和日本律宗创始人，14 岁即出家，立志舍身，弘扬佛法，后终成一方宗首。公元 743 年，鉴真已 55 岁，为了弘扬佛法，欣然接受日本学问僧荣睿、普照的邀请，东渡日本。10 年间鉴真先后 5 次东渡日本均告失败，并且其间双目因染疾失明，但东渡意志弥坚。至公元 754 年，鉴真以 66 岁高龄终于东渡成功，从而把佛教传入日本，成为日本律宗创始人，为中日文化交流做出了卓越贡献。

图 7—2 玄奘法师

图 7—3 鉴真大师

（2）藏传佛教

佛教约在7世纪中叶从印度、中原两个方向传入西藏地区。吐蕃赞普松赞干布与唐朝的文成公主和尼泊尔的尺尊公主联姻，这两位公主各从家乡带来佛像、法物、经典和替她们供佛的僧人。于是佛教从内地和尼泊尔两个方向正式传入吐蕃，并与当地原始宗教结合，形成了藏传佛教。在教义上，藏传佛教是大、小乘兼容而以大乘为主；大乘中显密共修，先显后密，尤重密宗，并以无上瑜伽密为最高修行，形成藏密。藏传佛教具有咒术性、对喇嘛异常尊崇、活佛转世思想、政教合一四大特征。

藏传佛教分四大派系：宁玛派（因该派僧人穿红色袈裟，故俗称红教）、萨迦派（因该派寺院墙上涂有红白黑三色花纹，故称花教）、噶举派（因该派僧人穿白色僧衣，故称白教）、格鲁派（因该派僧人戴黄色桃形僧帽，故称黄教）。其中格鲁派为宗喀巴创立，其后世弟子形成两大活佛转世制度，为藏区执掌政权的教派，势力最大。

上述藏传佛教四派加上当地原始宗教（因该派僧人穿黑色僧衣，故称黑教），合称西藏五大教派。

（3）云南上座部佛教

上座部佛教主要分布于云南省的西双版纳、德宏、思茅、临沧、保山等地，主要通过泰国、缅甸传入。傣族、德昂族、阿昌族、布朗族、佤族的大多数群众信仰上座部佛教，信徒有100多万。上座部佛教对这些民族的文化、政治生活和习俗都有深刻影响。例如，傣族每个男子都要在少年时期当一次和尚，3至7年后还俗；有些人成为终身僧侣；没当过和尚的男子被人瞧不起。

3．经典、标记、教义

佛教经典为《大藏经》，其内容包括经、律、论三部分。“经藏”是指释迦牟尼的言论集，“律藏”是指佛为弟子修行制定的清规戒律，“论藏”是佛门弟子对“经”的解说集，故《大藏经》又称《三藏经》。藏传佛教《大藏经》称为《甘珠尔》和《丹珠尔》。《甘珠尔》意为佛语部，《丹珠尔》意为论语部。

佛教的标记有法轮、“卍”（有左旋和右旋两种）字和莲花（见图7—4）。法轮是全世界公认的佛教标志，意即佛之法轮如车轮辗转，可摧毁众生烦恼。佛教的旗帜或佛像的胸间，往往有“卍”的标记，武则天将其定音为“万”，意为光芒四射的太阳或燃烧的火，后作为佛教吉祥的标记，表示吉祥万德。莲花也是佛教的标记，莲花出淤泥而不染，象征佛教的清净庄严。

佛教的基本教义有“四谛”（苦谛、集谛、灭谛、道谛）、“八正道”（正见、正思维、正语、正业、正命、正精进、正念、正定）、“十二因缘”（无明、行、识、名色、六处、触、受、爱、取、有、生、老死）、“三法印”（诸行无常、诸法无我、涅槃寂静）、“生死轮回、因果报应”等。佛教认为世界虚幻不实，人生变化无常，充满苦难，而苦难的根源在于欲望，要脱离苦海，只有依经、律、论三藏，修戒、定、慧三学，以断绝欲望、消除烦恼，超脱生死轮回，修身成佛。

图 7—4 佛教的标记

知识链接

佛教的主要节日

浴佛节（佛诞节）：纪念释迦牟尼诞生的节日，时间为阴历四月初八，是日，以香水沐浴佛像。

涅槃节：纪念释迦牟尼逝世的节日，时间为阴历二月十五。

佛成道节：纪念释迦牟尼得道成佛的节日，时间为阴历十二月初八。每至这一天，老百姓要以“腊八粥”供佛。

4．佛教建筑

佛教主要建筑有寺庙、石窟、佛塔等，合称“佛教三大建筑”。

（1）汉地佛教寺庙及神祇

佛寺是佛教徒供佛、居住、修行和举行各种法事活动的场所，也是信徒进香朝拜，参加宗教活动的中心。典型的佛寺一般为伽蓝七堂，如“禅宗七堂”即山门、佛殿、法堂、僧堂、厨库、浴室、西净。

中国佛寺带有明显的民族特色，由数进四合院组成，中轴对称。中轴线上主要建筑依次有山门、天王殿、大雄宝殿、法堂、方丈室、藏经楼等（见图 7—5）。

1）山门为佛寺大门，因有空门（中）、无相门（东）、无作门（西），象征三解脱，故又称三门。空门两侧立有哼哈二将守卫。

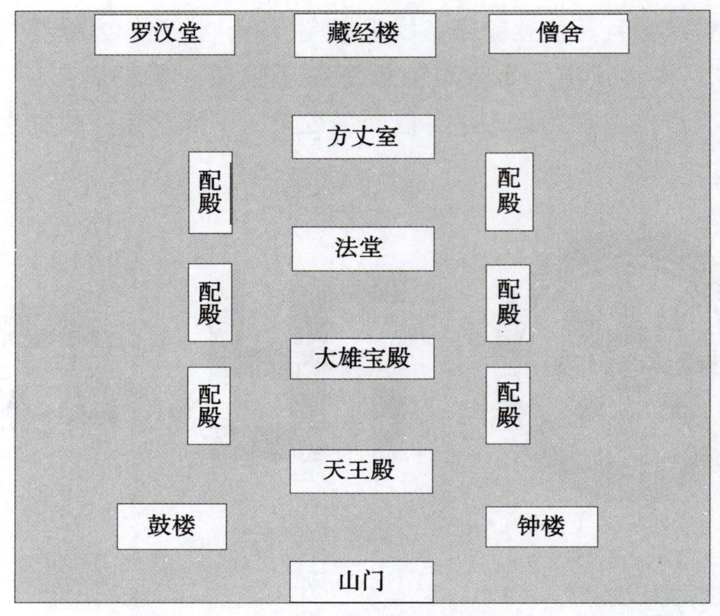

图 7—5　汉地佛教一般佛寺的平面布局

2）入山门后第一座大殿为天王殿，正中供奉的是未来世界的佛祖弥勒佛，袒胸露背，大肚开怀，笑迎天下客。背后供韦驮天，为佛寺的护法神，两侧供奉风、调、雨、顺四大天王（见图 7—6）。

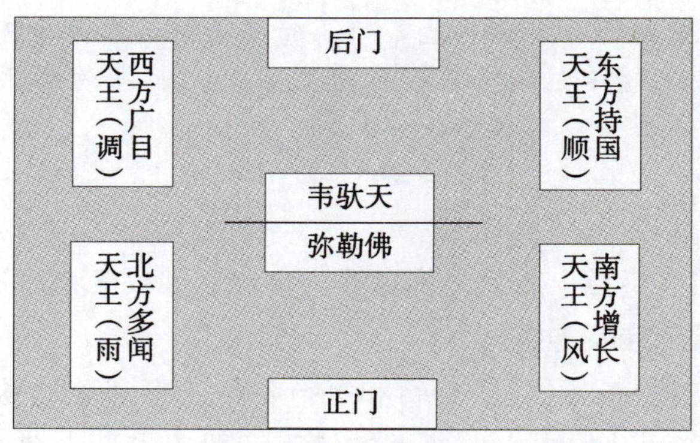

图 7—6　天王殿布局

3）大雄宝殿为佛寺正殿，又称“大殿”，有供奉一佛、三佛、五佛、七佛等情况，以三佛居多，供五佛、七佛的较少。供一佛常见的为“释迦三尊”“西方三圣”“东方三圣”“华严三圣”（普贤菩萨、毗卢遮那佛、文殊菩萨）或释迦牟尼及其弟子阿难、迦叶。供三佛常见的有三身佛、三方佛或三世佛。释迦牟尼像背面一般为海岛观音壁塑图。大殿东西两侧，常供十六罗汉或十八罗汉（见图 7—7）。

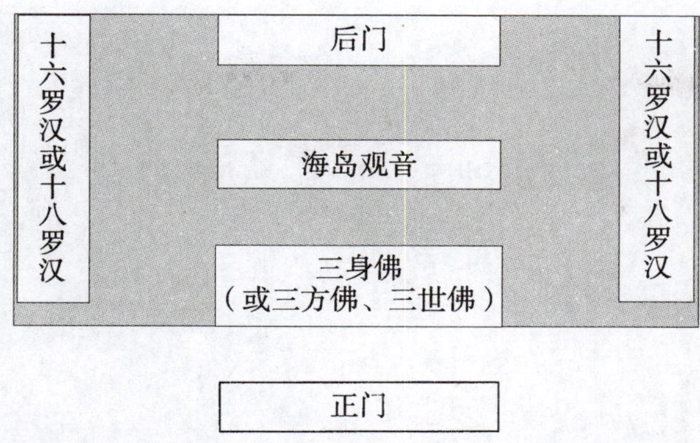

图 7—7　大雄宝殿的布局

4）大雄宝殿之后为法堂，是演说佛法皈戒集会之处。

5）法堂之后为方丈室，是佛寺方丈居住、说法与接客之处。

6）中轴线最后一进为藏经楼，是佛寺珍藏佛像、文物、经卷之所，一般为两层，下层为千佛阁，正中供毗卢遮那佛，沿壁塑小佛龛供上千座小佛像，楼上主要储藏经书。

我国佛寺建筑非常普遍，著名的有洛阳白马寺（中国第一座佛寺，历有"释源"之誉），以及南京栖霞寺、天台国清寺、山东灵岩寺与湖北玉泉寺（合称"天下丛林四绝"），其他还有少林寺、五祖寺、法门寺、大明寺等，数不胜数。

知识链接

佛教"祖庭"——白马寺

白马寺位于洛阳东郊，北依邙山，南临洛水，是佛教传入我国内地后兴建的第一座寺院（见图 7—8），始建于东汉明帝永平十一年（公元 68 年），距今已有 1 900 多年的历史。相传，汉明帝刘庄"夜梦金人，身有日光，飞行殿前，欣然悦之。明日，传问群臣，此为何神"，有臣答曰，此神即"佛"。明帝即派遣大臣蔡愔、秦景出使天竺（今印度）寻佛取经。蔡愔、秦景等人在月氏（今阿富汗一带）遇上了在该地游化宣教的天竺高僧摄摩腾、竺法兰。蔡、秦等于是邀请高僧到中国宣讲佛法，并用白马驮载佛经、佛像，跋山涉水，于永平十年（公元 67 年）来到京城洛阳。汉明帝敕令仿天竺式样修建寺院，供高僧译经之用。为铭记白马驮经之功，遂将寺院取名"白马寺"，并于寺门外塑白马雕像。故白马寺为中国佛寺之开端，在我国佛教史上占有重要地位，被尊为"释源"和"祖庭"。

图 7—8　中国第一座佛寺——白马寺

禅宗“祖庭”——少林寺

少林寺坐落于河南省登封市中岳嵩山的腹地，始建于北魏时期，相传北魏孝文帝为安顿印度高僧拔陀落迹传教而敕建，因地处少室山下的茂密丛林中，所以取名为“少林寺”（见图 7—9）。北魏正光至孝昌年间，印度另一高僧菩提达摩来中国，修禅于少林寺，他广集弟子，传授禅宗，被佛教界尊奉为中国禅宗的初祖，少林寺也被奉为禅宗祖庭。少林寺内历代建筑宏伟，规模巨大，文物古迹众多，具有极高的科学、艺术及历史价值。

少林寺还是中国武术的发祥地之一，少林武术在隋唐时已具盛名，至宋代已自成体系，成为威震天下的“少林派”，与武当武术一起成为中国武术的两大发源地，时有“北尊少林，南尊武当”之誉。

图 7—9　佛教禅宗祖庭——少林寺

（2）石窟

中国的石窟寺大约始于公元3世纪，后经北朝、盛唐、两宋三个石刻高潮时期的发展，遍布于全国各地，拥有极其丰富的石雕、泥塑和壁画，成为中华民族的艺术宝库。中国的石窟寺以敦煌石窟、大同云冈石窟、洛阳龙门石窟、麦积山石窟为代表，合称我国四大石窟艺术宝库。其中，敦煌石窟规模最大，内容最丰富，艺术成就最高，其最大特色是壁画，尤以唐代壁画艺术著称于世（见图7—10）；大同云冈石窟以石雕造像粗犷古朴、气魄雄伟、内容丰富多彩见长；洛阳龙门石窟以盛唐石造像端庄健美为特色（见图7—11）；麦积山石窟以敷彩泥塑造像清新秀丽、生活气息浓厚著称，有塑像馆之美誉（见图7—12）。

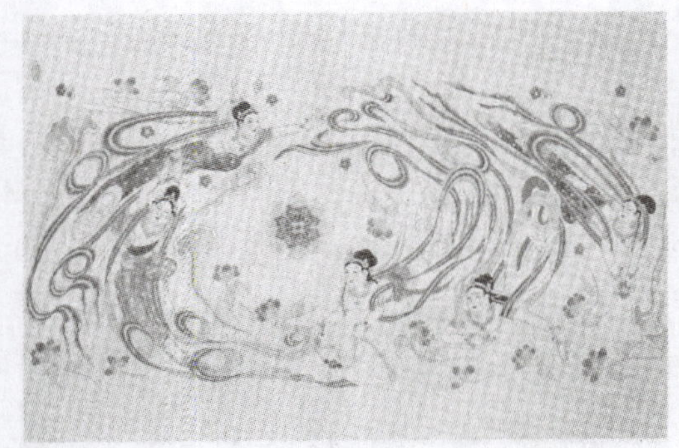

图7—10　敦煌壁画中的“飞天”

图7—11　龙门石窟造像

图7—12　麦积山石窟

（3）佛塔

佛塔起源于印度，最初是佛门弟子为藏置佛祖舍利和遗物而建，发展到后来，高僧圆寂之后亦建塔供奉。佛塔的层数一般都是奇数：一层、三层、五层、七层……中型塔多为七层，大型塔多为十三层。故俗语云：救人一命，胜造七级浮屠，浮屠即梵文中的塔。佛塔传入中国之后，用途更加广泛，除供奉舍利之外，还有登高远眺、瞭望敌情、导航引渡、装点河山等功能。佛塔依据其结构形式不同，有楼阁式、密檐式、亭阁式、覆钵式、金刚宝座式等多种形式，我国现存古塔有近万座。著名的有：位于河北定州的开元寺塔，八角十一层，高近 84 米，是我国现存最高的古塔；山西应县木塔，本名佛宫寺释迦塔，因其是全木结构，故通称应县木塔，塔高 67.31 米，是我国现存最高、最古也是唯一的木塔（见图 7—13）；北京妙应寺白塔，高 50.9 米，是我国现存最高的喇嘛塔（见图 7—14）。

图 7—13　山西应县木塔

图 7—14　北京妙应寺白塔

5. 佛教圣地

我国佛教名胜非常多，山西五台山、浙江普陀山、四川峨眉山、安徽九华山，合称四大佛教名山（又称四大道场），为明代以来禅僧和信徒集中参拜的地方。其中，五台山为文殊菩萨道场，普陀山为观音菩萨道场，峨眉山为普贤菩萨道场，九华山为地藏菩萨道场。

专题活动

如果你是餐厅服务员，在接待佛教徒时应注意哪些问题？请到附近的星级饭店进行调查，了解饭店在接待佛教徒时有何特殊规定。

二、道教

1. 产生、发展

道教是中国土生土长的宗教，是在古代的巫术、神仙方术、阴阳五行术的基础上形成的。道教的思想渊源可以追溯到先秦的道家和神仙家，其组织雏形也可以追溯到战国秦汉间的方仙道和黄老道。道教正式建立教团组织，则以张陵在东汉顺帝年间（公元 126—144 年）四川鹤鸣山创立正一盟威道为标志。正一盟威道奉老子为教祖，尊称太上老君，以《老子五千文》为主要经典，后逐步发展为天师道。在宋元时期，因我国南北方政治经济文化的差别，道教分化为正一、全真两大派别。正一道由天师道长期演变并与其他派别综合而成，以《正一经》为经典，不重修持，崇拜神仙，相信画符念咒、降神驱鬼、祈福禳灾之术。全真道于公元 1176 年由王喆（号重阳子）所创立，主张儒、佛、道三教合一，以道教《道德经》、儒教《孝经》、佛教《般若心经》为必修经典，强调清心寡欲，注重修持，主张通过除情去欲来修炼性命，使精气神结合而得道成仙。

2．经典、标记、教义

道教经典《道藏》是一部非常庞杂的著作，如明代《道藏》共有 5 485 卷，除道教经书外，广泛涉及诸子百家、天文地理、生物化学、医学保健等内容，是中国古代文化遗产的重要组成部分。

道教的标记为八卦太极图，或名阴阳八卦轮，中为太极，红色为阳，青色为阴，阴阳左右盘绕，称为太极，外为八卦，象征自然界的天、地、水、火、雷、风、山、泽八种自然现象（见图 7—15）。

图 7—15　八卦太极图

道教教义庞杂，但基本内容包括两方面：

(1) 宣扬“道”是“万物之母”

道教信仰的核心是“道”，“道”本是先秦道家的哲学概念。在《道德经》中，“道”被认为是超时空的永恒存在，是天地万物的根源，宇宙、阴阳、万象皆由此而化生。“道生一，一生二，二生三，三生万物……”道教相信“道”可以“因修而得”，只要人按照道教所规定的一系列道功道术认真修炼，自有得道成仙之日。

(2) 追求长生不老，肉身成仙

道教有一整套修炼的方法，分为内养、外养等。内养即道教气功，即运用一定方法，使人体内固有的精、气、神三者归一，达到长生和成仙的目的，外养指运用外在的力量达到养生的目的，主要通过服食丹药和草药等，以使身体健康而至长寿。

3．道教建筑及神祇

道教建筑一般称观、庙、道院，有特殊地位的道观称宫。道教建筑与仪式多借鉴佛教，但以墙壁、柱子、门窗等皆用红色为特点。道教建筑布局亦与佛教相近，中轴线上主要殿堂依次有山门、灵官殿、三清殿、玉皇殿、三官殿等。山门为道观的大门，一般供奉青龙神和白虎神。中轴线上第一座大殿为灵官殿，内供王灵官。三清殿是道观中最主要的大殿，供奉道教最高神三清天，即玉清元始天尊、上清灵宝天尊、太清道德天尊，分别为三清天教主。玉皇殿供奉玉皇大帝或供四御，即玉皇大帝、中天紫微北极大帝、勾陈上宫天大帝、后土皇地祇。三官殿供奉上元天官、中元地官、下元水官（又称三元大帝），天官赐福，地官赦罪，水官解厄。

知识链接

武当山金殿

金殿坐落在海拔 1 612 米的武当七十二峰之首的天柱峰顶，坐西朝东，建于明永乐十四年（公元 1416 年），面阔进深均为三间，高 5.54 米、长 4.4 米、宽 3.5 米，全部为铜铸鎏金，是我国现存最大的铜铸建筑（见图 7—16）。金殿重檐叠脊，檐角飞举，脊饰吻、龙、凤、鱼、马、狮等珍禽异兽，下设圆柱 12 根，门供檐椽，结构精巧。额坊及天花板上雕铸流云，旋子等图案，线条柔和、流畅。殿内神案、供器、几案中间供奉真武大帝，两侧侍金童玉女，神案下置“龟蛇二将”等，皆为铜铸鎏金，工艺精湛。殿内藻井上悬挂着铜质鎏金宝球，相传此球能镇住山风，不让它进殿门，确保神灯长明不灭，故称“避风珠”。至今殿外山风呼啸，殿内神灯火苗却一丝不摇。金殿历经 500 多年风雨雷电，酷暑严寒，仍辉煌如初，实为我国古建筑和铸造工艺中的一颗灿烂明珠。

图 7—16　武当山金殿

4．道教圣地

因道士理想乃修炼成仙，故一般选择深远幽静、花木繁茂之地作为修炼地，其中著名的有“三山五岳”和“十大洞天”。“五岳”即东岳泰山、西岳华山、中岳嵩山、南岳衡山和北岳恒山。五岳是远古山神崇拜、五行观念和帝王巡猎封禅相结合的产物，后为道教所继承而成为道教名山。“三山”又称“三神山”，即蓬莱、方丈、瀛洲，为传说中海上神山，后也将龙虎山、阁皂山、茅山称为“三山”。四川青城山、陕西终南山为道教发祥地。江西龙虎山，贵溪市天师府，湖北武当山为道教最大道场。此外，山西太原龙山石窟为最重要的道教石窟。福建泉州老君岩为道教最大造像。

知识链接

老君岩造像

老君岩造像位于福建泉州清源山风景区，是我国现存最大的道教石雕老君像（见图1—17）。老子是我国春秋时期著名的哲学家、思想家。道教尊他为教主，奉其著作《道德经》为主要经典。老子的哲学思想在我国占有重要地位，影响十分深远。老君岩造像雕于宋代，据《泉州府志》记载：“石像天成，好事者为略施雕琢。”石像高5.1米，厚7.2米，宽7.3米，占地面积为50平方米，左手扶膝，右手凭几，垂耳飘鬓，指能弹物，目光炯炯，独具超尘脱俗、仙风道骨的神韵。整座石像神态浩然，和蔼可亲，炳焕生光，充满魅力，堪称宋代石雕艺术瑰宝。

图7—17 泉州老君岩造像

专题活动

参观当地佛教建筑和道教建筑，比较两者之间的区别，并一一记录下来，查阅资料了解为何会有这些区别。

三、基督教

1. 产生、发展及分布

基督教产生于公元1世纪，发源地是罗马帝国统治之下的巴勒斯坦地区。相传，基督教创始人耶稣，是上帝耶和华的独生子，一个名叫约瑟的木匠的未婚妻玛丽亚因圣灵受孕，生耶稣于伯利恒。耶稣自30岁起，开始宣扬上帝的福音，招收十二门徒，并施行许多神术，使瞎子复明，跛子行走，死人复活，拿2条鱼、5个面饼给5 000人吃饱等。他的传教吸引了许多民众，但遭到犹太祭司和罗马统治者的仇视。后因叛徒，也是其门徒之一的犹大出卖，耶稣被钉死在十字架上，故后人把十字架作为信仰基督教的标志。据传耶稣死后第三天复活，显现于诸门徒，复活后第40天升天。据称，将来会再降人间，审判死人和活人。因耶稣受难之日是星期五，受难之前最后的晚餐中一共有13人（见图7—18），故西方人忌讳数字“13”和星期五，日常生活中尽量避开。

图7—18　达·芬奇的名画《最后的晚餐》

知识链接

《最后的晚餐》欣赏

《最后的晚餐》是意大利画家达·芬奇于1495—1498年费时三年为米兰圣玛利亚修道院的餐厅所做的壁画。这幅画着重刻画耶稣的门徒在听到主说“你们中间有一个人要出卖我了”的时候所表露出来的不同的心理反应：十二位门徒中，有的非常愤怒，有的异常吃惊，有的充满疑惑，有的在苦苦思索，只有耶稣个人镇定自若，而出卖他的犹大，表情惊恐万状，一只手慌忙地按住钱袋，心虚地急忙扭动身子，惊恐地想远离耶稣。正是他为了30块银币把耶稣出卖给犹太教总督彼拉多，耶稣最后被钉死在十字架上。相传画家在创作这幅画时极为慎重，有时站在画前沉思徘徊半天不能落笔。修道院的院长十分恼火，指责他是有意怠工，拖延时间。画家正愁找不到犹大头像的模特儿，觉得这个令人讨厌、粗暴无知的院长正合适，便用他的面孔作为犹大的形象。我们在画中所看见的犹大，阴沉而丑陋，又显得特别粗鲁，与旁边的约翰和彼得形成鲜明的对比，令人望而生厌。

请同学们找一找，哪一位是令人生厌的犹大呢？

原始基督教产生之后，逐渐受到罗马帝国的认可，公元313年君士坦丁大帝发表“米兰敕令”，宣布基督教为合法宗教。尤其是公元392年，狄奥多西一世定其为国教，基督教迅速发展。后经欧洲封建化过程及欧洲资本主义的殖民扩张，基督教广泛传播到世界各地，且分裂为天主教、东正教、新教三个不同教派。到2000年，全世界基督教徒达19.99亿，主要集中在欧洲、美洲和大洋洲，基督教成为世界第一大宗教。

2．经典、标记、教义

基督教的主要经典是《圣经》，包括《旧约圣经》和《新约圣经》，其中，《旧约圣经》源于犹太教。《新约圣经》曾被译成近2 000种语言和方言，对世界文化产生了深远的影响。基督教教义有上帝创世说、原罪说、救赎说、天堂地狱说、驯服说等观点。基督教认为上帝创造了世界并主宰着世界，耶稣基督是上帝之子，被派到世上拯救人类。世人应忍耐、顺从、宽恕，如此则来世可升入天国。

基督教的标记为十字架，基督教主要节日有圣诞节、受难节、复活节、降临节等。

知识链接

基督教的主要节日

圣诞节：时间为阳历 12 月 25 日，是纪念基督教创始人耶稣诞生的节日，是基督教国家亲人团聚、合家欢庆的盛大节日，其隆重程度相当于中国人的春节。节日期间还有丰富多彩的活动。

受难节：纪念耶稣在十字架上遇难的节日，时间是在复活节前的星期五，故西方人往往称之为“黑色星期五”。

复活节：纪念耶稣复活周年节日，时间是每年春分月圆后的第一个星期天（3 月 21 日至 4 月 25 日）

降临节：据说耶稣复活后第 40 天升天，第 50 天圣灵降临，于是他的门徒受圣灵开始传教。因此，降临节的时间是在复活节后的第 50 天。

3．基督教建筑

基督教建筑为教堂，是基督教举行礼拜和重要宗教仪式的场所。不同时代的教堂有不同的建筑风格，但总体说来，都讲究立面效果，采用复杂而精致的结构，使用高耸而细尖的塔楼，直刺蓝天，在视觉上造成飞升的效果。教堂内部空间巨大，流光溢彩，充满神秘的宗教色彩，教徒置身其中深感自己的渺小，而不得不乞求上帝的保护。例如，法国巴黎圣母院、德国的科隆大教堂、梵蒂冈的圣彼得大教堂等皆为此种建筑的典范。我国著名的教堂有上海徐家汇天主堂、圣三一堂、广州圣心大教堂、北京南堂和北堂、哈尔滨圣索菲亚教堂等。

知识链接

中国比较著名的教堂

1. 上海徐家汇天主堂

徐家汇天主堂位于上海徐汇区蒲西路 156 号，是上海天主教三自爱国会所在地，始建于 1851 年，后因教徒日增，于宣统二年（1910 年）建成哥特式的徐家汇大堂，1980 年重修。徐家汇天主堂是上海地区最大教堂，也是远东地区最大教堂之一，现为天主教上海教区主教座堂。

徐家汇天主堂为中世纪哥特式风格建筑，双尖顶砖石结构，门窗都是哥特尖拱式，嵌彩色玻璃，镶成图案和神像。平面呈长十字形，正面向东，两侧建钟楼，钟楼全高约60米，堂脊高27～28米，宽30米，钟楼尖顶上的两个十字架直插云霄，庄严而神秘，如图7—19所示。

图7—19 徐家汇天主堂

2. 哈尔滨圣索菲亚教堂

圣索菲亚教堂始建于公元1907年，是哈尔滨现存最大的东正教堂，属俄罗斯拜占庭式建筑。整座教堂气势恢宏，精美绝伦。教堂的墙体全部采用清水红砖，上冠巨大饱满的洋葱头穹顶，统率着四翼大小不同的帐篷顶，形成主从式的布局，四个楼层之间有楼梯相连，前后左右有四个门出入。正门顶部为钟楼，由训练有素的敲钟人手脚并用，敲打出抑扬顿挫的钟声。巍峨壮美的圣索菲亚教堂，构成了哈尔滨独具异国情调的人文景观和城市风情。同时，它又是沙俄入侵东北的历史见证和研究哈尔滨市近代历史的重要资料，如图6—20所示。

图7—20 哈尔滨圣索菲亚教堂

课堂讨论

- 餐厅服务员在为信奉基督教的客人服务时应注意什么问题？

四、伊斯兰教

1. 产生、发展及分布

伊斯兰教产生于公元7世纪初的阿拉伯半岛，创始人为穆罕默德。相传穆罕默德于公元570年出生于麦加，年轻时忧虑于麦加人的社会风气，经常进入麦加附近的希拉山洞沉思，专心致志地思索神圣之道。公元610年，穆罕默德初步创立伊斯兰教，公元622年他迁往麦地那，建立政教合一的宗教公社。伊斯兰教起初提出反对高利贷、号召赈济、释放奴隶等宣传，得到下层人民的支持，并以“圣战”的方式征服阿拉伯半岛，到公元630年统一了阿拉伯半岛，建立了政教合一的国家和社会。公元632年，穆罕默德逝世于麦地那。此后，伊斯兰教通过战争、商业活动传入北非、南亚、东南亚等地。到2000年，全世界穆斯林（伊斯兰教徒称呼，意为“归顺者”）人数达11.88亿，主要分布于西亚、北非、南亚、东南亚等地，伊斯兰教成为世界第二大宗教。

伊斯兰教在我国也称回教、清真教等，约于唐贞观年间经由海路和陆路传来中国，故早期伊斯兰建筑多集中于广州、泉州、杭州、扬州等沿海城市。例如，广州怀圣寺（狮子寺）、泉州清净寺（麒麟寺）、杭州真教寺（凤凰寺）、扬州仙鹤寺为中国沿海伊斯兰教四大古寺。另外，伊斯兰教也经陆路由西域传入中国。伊斯兰教主要分布在我国西北地区，与回族、维吾尔族、哈萨克族等少数民族的历史、文化及世俗生活息息相关，同时也散布在全国各省。

2. 经典、标记、教义

伊斯兰教的经典《古兰经》（亦名《可兰经》），是伊斯兰教最根本的经典，包含着伊斯兰教基本信仰、宗教制度、道德规范及思想学说等，是伊斯兰教国家立法的基础。

伊斯兰教的基本教义是：信奉安拉是唯一的神，穆罕默德是安拉使者。具体包括两方面：在思想理论方面，坚持六大信仰，即信安拉、信天使、信使者、信经典、信前定、信后世；在实践和行为方面，规定教徒必须做“五功”和“善行”，“五功”是指念清真言、做礼拜、守戒斋、纳天课、朝觐五项宗教义务，“善行”是指穆斯林必须遵循的道德规范。

伊斯兰教的标记为新月，主要节日有开斋节、古尔邦节、圣纪节等。

知识链接

伊斯兰教的主要节日

开斋节：开斋节在我国新疆地区称肉孜节，顾名思义，即庆祝斋戒期满的节日，时间是在伊斯兰教历十月一日（斋月最后一天寻看新月，见到新月的第二天即行开斋，未见月牙，则顺延，但不得超过三天）。

古尔邦节：古尔邦节在我国新疆地区称为宰牲节，时间是伊斯兰教历的十二月十日。穆斯林每年十二月上旬都要到圣地麦加举行大朝，大朝结束之日举行古尔邦节。节日期间，富有的穆斯林纷纷宰羊杀驼，分送穷人。

圣纪（圣忌）节：时间是伊斯兰教历三月十二日，是为纪念穆罕默德诞生和逝世的节日，相传穆罕默德诞生于公元570年4月20日（伊斯兰教历三月十二日），逝世于公元632年4月20日（伊斯兰教历三月十二日），故伊斯兰教历三月十二日既是他的诞辰纪念日，亦是他的忌日。

3．伊斯兰教建筑

伊斯兰教主要建筑是清真寺，也称礼拜寺，是穆斯林举行宗教仪式、传授宗教知识的寺院的通称，有礼拜殿、望月楼、邦克楼、浴室等特有建筑。典型的清真寺为阿拉伯式风格，多采用圆形拱顶，犹如苍天笼罩大地万物，结顶部收束为优美的尖塔，同样给人以飞升之感。寺内不设偶像，也不以动物形象作装饰，只是在建筑细部上多用阿拉伯文经文和花草加强装饰性。一般祭坛设于背向麦加的墙上，以使教徒向着麦加方向朝拜，这种规定有效地强化了圣地麦加在穆斯林心目中的地位，因麦加位于中国的西方，故中国清真寺朝向为坐西朝东，有别于中国传统的建筑。

我国著名的清真寺有泉州清净寺、广州怀圣寺、杭州真教寺、扬州仙鹤寺、北京牛街清真寺、西安化觉寺、喀什艾提尕尔清真寺等。

知识链接

喀什艾提尕尔清真寺

喀什艾提尕尔清真寺位于喀什市中心广场，是一座典型的阿拉伯风格建筑，迄今已有五百多年的历史（见图7—21）。相传该寺始建于1442年，喀什噶尔的统治者桑尼斯·米尔扎首先在这里建立一所清真寺，用来为他亲友们的亡灵祈祷。后来又经过历代多次扩建和修缮，成为现在的形式和规模，是新疆地区最大的清真寺，也是新疆伊斯兰教最高学府所在地。全寺面积 16 800 平方米，由礼拜堂、教经堂、门楼、水池等建筑物组成。恢宏的气势、宽敞的廊檐、雕花大柱及精美的花卉图案，充满了强烈的阿拉伯气息。

图 7—21　喀什艾提尕尔清真寺

第三节　宗教与旅游

宗教是一项吸引力极强的旅游资源，其旅游价值主要体现在以下几方面：

一、宗教本身的吸引力

每一种宗教都有大量信徒，世界上仅基督教、伊斯兰教、佛教三大宗教信徒人数就高达 35 亿之多。古往今来，为求法朝圣，虔诚的教徒不绝于路，由此形成一股庞大的宗教朝觐旅游流。例如，伊斯兰教圣地麦加仅每年大朝期间就有几百万穆斯林从世界各地云集于此。同时，宗教活动、宗教文化对广大非教徒游客亦有很强的吸引力，因为宗教仪式、活动往往笼罩着浓重的神秘色彩，能满足游客猎奇的心理；而透过宗教文化，游客不仅能获得大量的宗教知识，还可了解一个国家或地区一定历史时期社会、经济、科技、文学艺术的发展面貌，从而满足求知的欲望。

二、宗教建筑的吸引力

出于人们对神佛的崇拜，著名的宗教建筑几乎都成为当时建筑的典范。它们不仅在结构、用料、装饰、布局等方面体现着时代建筑的艺术高峰，而且易造就庄严、肃穆的气氛，尤其是在与环境关系的处理方面，往往形成强烈、神秘的宗教色彩，提高宗教建筑的心理感应效果。

西方的宗教建筑重在外现人心中的宗教激情，把人内心中的迷惘和狂热、幻想和茫然都化成实在的视觉形象，借助这形象进一步把人的情感推向更高的境界。除希腊神庙外，西方宗教建筑都浸泡在沸腾的激情中，具体表现为超凡的巨大尺度、强烈的空间对比、神秘的光影变幻，配以雕刻的体形，激情飞扬的动势。尽管有不同程度上的差别，但它们在表达宗教的非理性这一方面是共通的，其作用都在于通过建筑艺术来感染人。

中国宗教建筑和西方宗教建筑大有不同，它要求一种精神的宁静和平和。道教认为炼气、服食丹药是升仙途径，其建筑多在深山幽谷之中。如道教圣地武当山主峰海拔 1 612 米，建有紫霄宫、太清宫、玉虚宫。禅宗主张在个人的内心中寻求解脱，深山养息、面壁打坐，寻找平和宁静。著名的五台山、普陀山（见图 7—22）、九华山、峨眉山合称我国佛教四大名山，山涧古刹隐现，林

图 7—22　普陀山

海梵语吟吟，云雾香火袅袅，寺在山中仿佛就是一幅画卷。“刹”是梵语音译，既可指佛国，也可指佛寺。中国的佛寺本身就是佛国精神的象征或净土的缩影。中国的宗教建筑相比民用建筑来说是宏伟瑰丽的，但相对于代表皇权的建筑而言，始终处于从属地位。

总的说来，中国宗教建筑在气质上更重精神，重意境，西方宗教建筑重物质，重外观。前者是群体的统一，内在而含蓄；后者是单体的突出，外在而恢宏。简言之：前者具“绘画”之美，而后者更多的带有“雕刻”之美。

三、宗教的艺术成就

宗教艺术是世界艺术宝库中极其珍贵的一部分。宗教艺术的内容同样有绘画、雕塑、音乐、舞蹈、书法等形式，无不散发着强烈的感染力，为旅游者提供多种美感享受。以绘画为例，中国历史上因艺术造诣而闻名的宗教画家，如东晋、南北朝的顾恺之、张僧繇、曹仲达，唐代的吴道子，清代的朱耷、石涛等。顾恺之、张僧繇的画极富神采，尤以眼睛最为生动，成语“画龙点睛”即源于张僧繇为安乐寺作画的故事。曹仲达与吴道子所绘佛像，画艺高超，形象生动，且神态各异。曹仲达所绘神像衣饰紧贴身体，如才自水出，充分体现人体之美；吴道子所绘佛像衣饰飘扬，如随风起舞，有飘然若仙之感。世称“曹衣出水，吴带当风”。

宗教绘画是我国艺术宝库中一颗璀璨的明珠，克孜尔的龟兹石窟、敦煌莫高窟、麦积山石窟等，其精美绝伦的佛教壁画，不仅展现出极高的艺术造诣，而且对于历史、宗教、美术等研究均具有极高价值。道教壁画以山西永乐宫（又称纯阳宫）壁画为代表（见图 7—23），永乐宫除山门外，四主殿均绘有精美的道教壁画，总面积达 1 000 余平方米，各种神仙像惟妙惟肖，特别是巨大的线条流畅而多变，令观者为之倾倒。

图 7—23 永乐宫壁画

而在雕塑方面，从北魏到隋唐时期，中国佛教的雕塑艺术创造了很多伟大的工程，包括四大石窟在内的各地众多石窟中，以北魏隋唐时代的最为精美，其中云冈石窟与龙门石窟的石刻可为代表。其他全国各寺院中的金铜造像、石刻造像碑、木雕、夹贮干漆造像，更是不计其数。佛教对于中国雕刻与彩塑艺术的发展产生了很大的影响，北魏时期的石窟造像（见图 7—24），受到较多外

图 7—24　麦积山北魏造像

来影响，但与印度犍陀罗造像和笈多造像相比，也颇有自己的风格；至唐代逐渐形成我国独有的民族形式，造像妙相庄严，表现了中国人的气魄，以甘肃的敦煌石窟和麦积山石窟为代表的唐代彩塑，达到了我国雕塑艺术的一个高峰；自宋元以后，各寺泥塑甚多，此种技法，也是中国佛教艺术特有的。道教最初不奉神像，后从魏晋南北朝时期开始，道教造像逐渐兴起，最初受到佛教造像影响较多，至唐代逐渐形成自己独特的制作模式。现存著名的道教造像主要有西安碑林博物馆保存的唐代老子石刻像、太原晋祠宋代侍女像、山西晋城玉皇庙金元时代的二十八宿造像等，均为世界著名的中国古代雕塑珍品。

藏传佛教艺术是我国宗教艺术中的一朵奇葩，其中以壁画、唐卡、雕塑、酥油花、堆秀等最为著名。

专题活动

到附近著名的寺庙、道观、清真寺或教堂参观游览，欣赏建筑、绘画、雕塑等精湛的宗教艺术。

思考与练习

1. 简述宗教的含义。
2. 我国佛教分哪三大教派？我国各少数民族的宗教信仰情况如何？
3. 我国四大石窟艺术宝库、四大佛教名山分别指什么？
4. 基督教分哪三大教派？
5. 宗教的旅游价值主要体现在哪几个方面？

第八章 民俗风情旅游资源

民俗风情旅游是以观光、休闲和体验各民族独特的风俗习惯为主要目的的旅游活动。广泛散布于乡村和城市的民族民间文化为民俗风情旅游开发储备了取之不尽的资源。旅游与生活一体化的构想为建立充满生命活力的文化生态系统提供了理论保证，也为民族民间文化的保持、传承和发展提供了有效途径。

学习目标

☆了解民俗风情的特点。

☆明确中国民族节日。

☆初步掌握中国部分民族的婚丧习俗。

☆掌握中国部分民族的建筑、服饰、工艺品的特点。

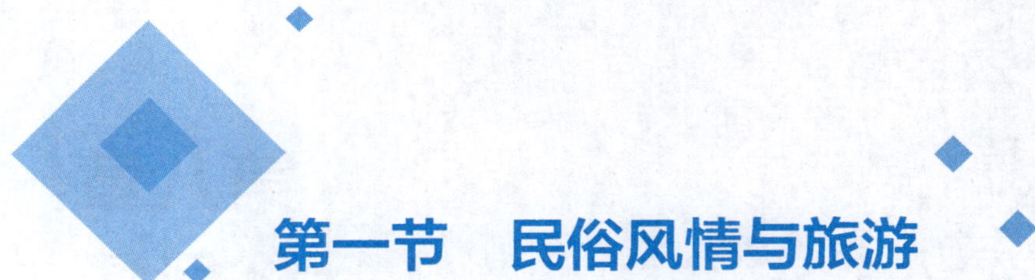

第一节　民俗风情与旅游

一、民俗风情旅游资源的形成

民族是一个历史范畴，是人类社会发展到一定阶段的产物。它产生于原始社会末期，一般经由氏族、部落、部落联盟逐步发展而形成。《中国大百科全书》解释民族是“人们在历史上形成的有共同语言、共同地域、共同经济生活，以及表现于共同文化上的共同心理素质的稳定的共同体”。

最能显示出一个民族与另一个民族的不同之处的便是民俗风情了，民俗风情是一个民族历史文化的积淀。任何民族的民俗风情，都是在长期的历史进程中逐步形成而发展起来的。民族的多样性造就了民俗风情的丰富性，各民族不同的民俗风情为我们营造出一个多彩的世界。民俗风情旅游资源，是指那些突出表现了每个民族特点和他们所居住地区地方性特征的因素，从显而易见的建筑、饮食、服饰、礼仪、节庆活动、婚丧嫁娶、文体娱乐、乡土工艺，到思维方式、心理特征、道德观念、审美情趣等。民族不同是形成民俗风情差异的关键。但是，不同民族如果生活于同一地区，这种差异会逐渐削弱，各民族之间会相互融合、同化，所以如今民风民俗主要表现在地域的差异上。

二、民俗风情旅游资源的特点

1．民俗风情的社会性

民俗风情是社会普遍传承的风尚和喜好。它是人们在共同生活中形成和约定的风俗习惯，并靠群体流传下来。个人的生活习惯、爱好，只有同社会习俗相结合，才会得到社会承认，融于社会的民俗中。

2．民俗风情的稳定性

民俗风情一旦形成，社会每个成员都必须共同遵守，并成为约束行为的标准，具有相对的稳定性，形成一定模式之后，就按这一模式代代相传。

3．民俗风情的传播性

民俗风情是以一种传统方式出现的，是大规模的时空连续载体。在时间上，他们要把祖先遗留下来的东西一代一代流传下去。但民俗事项在流传的过程中，由于受社会的、政治的、生活的种种因素的影响，会产生内容和形式上的变化。在口头和行为的流传中能有一些变化，但稳定的核心和“母题”部分被保留下来，例如，过春节的习俗延续了几千年，每一个时代可能都有变化，但除夕通宵的庆祝活动、北方的吃饺子和喜庆拜年活动等一直保存下来。

课堂讨论

● 班上都有哪些民族的同学？你属于哪一个民族？说说你所知道的本民族的习俗，并简单与其他民族的习俗作比较。

第二节　绚丽多彩的民俗风情

寻求差异，开阔眼界，扩大知识面，满足猎奇心理，从中获得美的享受，是旅游的基本动机之一。而最能全面满足这一需求的旅游资源，也许要数民俗风情了。

从民俗风情中，旅游者不仅可以获得多方面、丰富的人类历史文化知识，开阔视野，而且可以得到新鲜有趣的生活感受，入乡随俗，从而更深入地了解各民族心理特征，也促进了各民族间理解和交流。

一、传统节日

根据有关资料统计，中国 56 个民族从古到今约有节日 1 700 多个，其中少数民族民间节日就有 1 200 多个，汉族节日约 500 个。中国节日数量众多，每逢节日期间，整个生活节奏都会服从节日活动的需要。

1. 时序节日

时序节日主要是依据一年内的季节变化而形成的节日，它们历史悠久、流传面广，其中影响较大，至今仍广泛流传的主要节日，按时序先后分别是春节、元宵节、清明节、端午节、中秋节和重阳节。

(1) 春节

春节俗称“过年”，是中华民族最隆重的传统节日。春节起源于原始社会的腊祭，我国古代居民在岁尾年初之际，用一年的收获物来祭祀众神和祖先，并歌舞戏耍，举行各种娱乐活动，逐渐形成了新春佳节。如今人们从腊月二十三过小年起就开始打扫房间、置办年货、添新衣、贴春联、挂年画、祭灶、祀祖，大年三十人们合家吃团圆饭、守岁等，节日期间人们还互相拜年、吃年糕和饺子、放爆竹、舞狮子和龙灯、扭秧歌、踩高跷、跑旱船等。

知识链接

“年”的来历

“年”最初的概念是与农作物生长的周期性和人类生产和劳动的周期性相关联的，庄稼获得好收成，百姓们不免要庆祝一番，久而久之，就成了一个节日。所以年是收获的象征，所谓“五谷熟曰年”。另一种传说是：相传在远古时代，有一种凶猛的怪兽叫“年”，一年四季都在深海里，但逢新旧岁之交，便出来糟蹋庄稼，伤害人畜，百姓叫苦连天。有一次它又跑到村庄里为非作歹，被一家门口晾的大红衣服吓跑了，到了另一处，又被火光吓得抱头鼠窜。于是人们掌握了“年”怕声音、怕红色、怕火光的弱点。每至年末岁首，人们就在家门口贴红联、放鞭炮、挂红灯，在院子里烧柴禾、拢旺火，用菜刀剁菜和肉，发出声音把“年”吓得逃回海里，不再危害人畜，久而久之便形成了过年的种种习俗。到了大年初一，亲朋好友就互相拜访，祝贺没有受到“年”的伤害，逃过“年”的这一难关，所以“过年”又称“年关”，这也是拜年的由来。

(2) 元宵节

元宵节是正月十五日，这是每年第一个望月，又称上元节，在元宵节之夜有放灯、观灯、赏灯的习俗，故元宵节又称“灯节”。

(3) 清明节

清明原为二十四节气之一，后演变为节日。清明节节期在公历每年 4 月 5 日前后，标志着春耕时节的到来。清明节有禁火、寒食、扫墓、插柳、踏青、放风筝、荡秋千等一系列民俗活动。

(4) 端午节

端午节节期在农历五月初五，是中国民间夏季最重要的传统节日，又名端阳节、五月节、女儿节、天中节、诗人节等，其由来以纪念屈原说流传最广。端午节期间有赛龙舟（见图 8—1）、吃粽子、挂钟馗像、饮雄黄酒、插菖蒲等活动。

图 8—1　端午节赛龙舟活动

(5) 中秋节

中秋节节期在农历八月十五日，因恰值三秋之中，故名之。中秋节的一切活动均围绕月亮这个主题，包括吃月饼、赏月、拜月等。

(6) 重阳节

农历九月九日，是中国的一个古老的传统佳节——重阳节。中国古人以九为阳数，九月初九，两阳相重，故叫“重阳”。重阳节又有“老人节”之称。登高插茱萸、饮菊花酒、吃重阳糕是重阳节的重要习俗，重阳节这一天，人们赏玩菊花，佩戴茱萸，携酒登山，畅游欢饮。

2．少数民族节日

我国少数民族丰富多彩的民族节日，具有浓郁的民族风情，是吸引旅游者观赏和参与的一项极有潜力的旅游资源。

知识链接

天贶节

农历六月初六是天贶（贶是赐赠的意思）节，该节起源于宋真宗赵恒。某年的六月初六，他声称上天赐给他天书，遂定这天为天贶节，还在泰山脚下的岱庙建造了一座宏大的天贶殿。天贶节的民俗活动虽然已渐渐被人们遗忘，但有些地方还有残余。例如，江苏东台市人在这一天早晨全家老少都要互道恭喜，并吃一种用面粉掺和糖油制成的糕屑，有“六月六，吃了糕屑长了肉”的说法。还有“六月六，家家晒红绿”的俗谚，“红绿”指五颜六色的各样衣服。此谚的后一句，又作“家家晒龙袍”。江苏扬州有个解释，说乾隆皇帝在扬州巡游的路上恰遭大雨，淋湿了外衣，又不好借百姓的衣服替换，只好等待雨过天晴，将湿衣晒干再穿，这一天正好是六月六，因而有“晒龙袍”之说。此外还有给猫狗洗澡的趣事，叫做“六月六，猫儿狗儿同洗浴”。

（1）泼水节

泼水节（见图8—2）是傣族人民一个古老的传统节日，被视为傣族的春节。一般在傣历六月中旬（农历清明节前后十天左右）举行。最主要的节日活动是人们以清水互相泼洒，被人泼水越多，说明受到的祝福越多。

图8—2 泼水节

（2）火把节

中国云南、四川两省彝、白、佤、布朗、拉祜、纳西、阿昌等民族，都有欢度火把节的传统，一般在农历六月二十四日前后举行。节日期间，村寨和田野里的火把彻夜不熄，在节日高潮的夜晚，人们举着火把又唱又跳，闪动的火把不时组成各种绚丽多彩的图案。

（3）那达慕大会

那达慕大会（见图8—3）是蒙古族最具民族特色的传统盛会，多在夏秋（农历七八月）牲畜肥壮季节择日举行。“那达慕”是蒙古语音译，意为游戏和娱乐。那达慕大会起源于古代的祭敖包，早期只有赛马、摔跤、射箭等活动，后渐有说书、下棋、拔河、歌舞表演及物资交流等活动。

图 8—3　那达慕大会

(4) 三月街

云南大理白族自治州的白族“三月街”(见图 8—4)，又称“观音街”，是白族人民的盛大街期和传统盛会。三月街最初是崇信者们礼拜诵经，祭祀观音的节日，后发展成为远近闻名的物资交流大会，农历三月十五日至二十一日在大理城北举行。节日期间，大理白族和附近各族人民云集于此，交流和选购各种商品，近年来，国内外客商也纷纷前往。

图 8—4　三月街

知识链接

表 8—1 为部分少数民族节日。

表 8—1 部分少数民族节日

民族	节日名称	时间	主要活动
拉祜族	春节（过年）	农历正月初一至初四，初九至十二	对歌、跳芦笙舞、爬花杆
傈僳族	阔时节	农历正月初九、初十	跳三弦、“都达”“跳嘎”、过火海
景颇族	目脑纵歌	农历正月十五之后	歌舞、狂欢
纳西族	三朵节	农历二月初八	赛马、跳“阿哩哩”、野餐
彝族	补年节	农历二月初十、十一	吃团圆饭、跳铜鼓舞
壮族	歌圩节	农历三月初三	青年男女对歌社交、抛绣球、碰花蛋
布依族	牛王节	农历四月初八	吃牛王粑、让耕牛休息、散食、歌舞
白族	绕三灵	农历四月二十三至二十五	绕山、祭祀、跳霸王鞭舞、八角鼓舞
藏族	雪顿节	藏历六月底七月初	吃酸奶子、藏戏、展佛
哈尼族	苦扎扎	农历六月中旬	对歌、跳舞、祭天神、打磨秋
回族	开斋节	回历十月一日	礼拜、赠“油香”
阿昌族	会街节	农历九月中旬	耍青龙、耍白象、跳象脚鼓舞
独龙族	卡雀哇	农历腊月（各地不一）	剽牛、祭天、跳锅庄舞、互邀作客
水族	端节	现为农历十一月第一个亥日	跳铜鼓舞、对歌、寻偶

二、婚丧习俗

1．婚嫁习俗

中国古代婚姻礼仪讲究“六礼”，即纳彩（说媒）、问名（合八字）、纳吉（正式提亲）、纳征（送彩礼、嫁妆）、请期（定娶亲吉日）、亲迎（娶亲），它是完整的婚姻礼仪中缺一不可的环节。现代的婚姻礼仪主要指定亲和娶亲中的一系列仪式。而最有特色和情趣的就要数千奇百怪的迎娶仪式了。

(1) 哭嫁

土家族的哭嫁（见图 8—5）极有特色。一是哭期长，从出嫁前三个月就开始，后缩减为一个月或二十天；二是陪哭，不只是姑娘一个人哭，而是群体性的哭；三是哭的项目多，至少有 20 多种，出嫁当晚是哭嫁的高潮，哭得越伤心，就越表现出女儿依依不舍的离别之情和对长辈的尊敬。

图 8—5　哭嫁

(2) 抢亲

傣族、彝族、苗族、侗族、瑶族、傈僳族等民族至今仍有抢亲的习俗。抢亲（见图 8—6）最初产生是因为男方出不起彩礼钱而抢来新娘，如今抢亲已是双方自愿，事先约定的，它使婚礼更加热闹。

图 8—6　抢亲

（3）打亲

仡佬族和哈尼族很多人有打亲的习俗。在迎娶仪式中，大家拳打或棒打新郎，意在打掉新婚夫妇的是非口角，使新人婚后恩爱和睦。

2. 丧葬习俗

不同民族由于社会形态、文化状况、生产力发展水平和地理环境等因素综合作用，形成了各种不同的丧葬习俗。

（1）土葬

土葬又叫墓葬，历史久远。古代墓葬中，死者地位越高，经济条件越好，棺木和墓室越考究。而少数民族又呈现不同的民俗形态，如蒙古族土葬不见坟丘。

（2）水葬

水葬是指把尸体投入水中。具体做法是一般先用白布包裹尸体，然后投入江海。

（3）悬棺葬

悬棺葬是指将装有死者的棺木放置于形势险峻的崖洞内，崖洞或是天然的，或是人工所凿。悬棺葬的地点一般在水边山崖上，有让灵魂随水逝去之意。

（4）火葬

火葬这一习俗起源很早，可以追溯到原始社会时期，而且先流行于少数民族，如羌族、彝族、白族等。这一习俗在如今的中国已被广泛采用。

（5）树葬

树葬是一种非常古老的葬法，它是把死者置于深山或野外的大树上，或把死者存放于专门做的棚架上，任其风化的一种葬法。过去鄂伦春、鄂温克等族有这种习俗。

课堂讨论

● 我国还有许多有特色的婚丧习俗，你所知道的有哪些？查阅各种资料了解更多相关信息，然后与老师、同学进行交流。

三、民居

以民居为主的各类民用建筑，不仅保证了居民的生活需要，也反映着民众利用自然、战胜自然的智慧及建筑艺术美。它既是旅游者的观光对象，还可作为旅游途中的特色旅舍，对旅游者具有极强的吸引力。

1. 蒙古包

蒙古包（见图 8—7）是草原上牧民为适应游牧生活而使用的圆形穹庐顶的流动住宅，在蒙古族、哈萨克族等民族中被广泛使用。蒙古包大小不等，一般直径 4 米，周围高 2 米，中高 4～5 米，由木栅栏和白毛毡构成。

图 8—7 蒙古包

2. 吊脚楼

土家族的吊脚楼（见图 8—8）就其结构而言，最基本的特点是正屋建在实地上，厢房除一边靠在实地和正房相连，其余三边皆悬空，靠柱子支撑，正屋和厢房（即吊脚部分）的上面住人，厢房的下部有柱无壁，用来喂养牲畜、堆放杂物。总的看来，吊脚楼还是应属于干栏式建筑，但与一般所指干栏有所不同。干栏应该全部悬空的，所以称吊脚楼为半干栏式建筑。过去土司和土官居住的吊脚楼，雕梁画栋，极具特色。

图 8—8 吊脚楼

3. 窑洞

黄土高原地区的人民创造了窑洞式民居，其历史可追溯到穴居时代，人们利用黄土干燥时立而不塌的特点，挖洞居住，省工省料，又冬暖夏凉，更体现了浓郁的黄土气息。

4．四合院

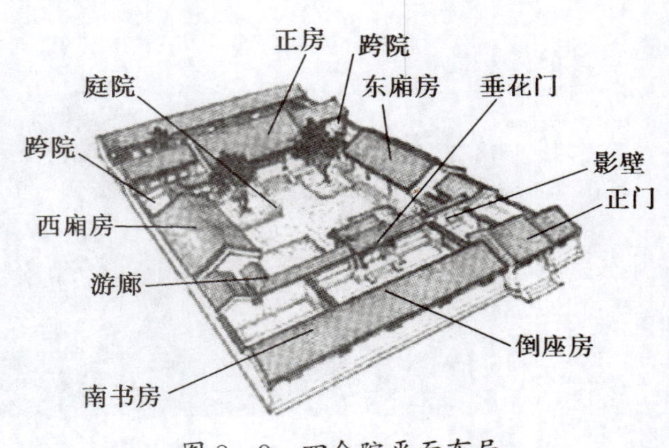

图 8—9　四合院平面布局

四合院（见图 8—9）是北京典型民居代表。它由四座房屋组成，北房为正房，前出廊后出厦，在北京的自然条件下，冬暖夏凉，是长辈的居室；东、西厢房为晚辈居室；南房做客房、书房。四座房子围成一个院落，是全家共同活动的空间。这种四合院环境幽静，家中长幼分明，每一对夫妻与未成年子女都有自己的独立空间，又有全家人交流感情的场所，非常符合中国人的家庭观念与生活习惯。

5．客家围屋

客家围屋（见图 8—10）有悠久的历史和独特的风格。从唐宋至今，一千多年来，先后有土围楼、五凤楼、围龙屋、四角楼、纵列式和中西合璧楼等客家围屋。虽时逾千年，形式多变，但其共同特点有三：一是大，便于聚族而居，数代同堂；二是坚固安全，以防盗贼、防野兽、防外人侵犯；三是富丽堂皇，显耀中原文化。

图 8—10　客家围屋

四、民间工艺品

民间工艺品是旅游购物的主要对象，在旅游收入中所占的比例举足轻重，因为它们具有的民族特色和地方味道让旅游者爱不释手。中国民间工艺品历史悠久，种类繁多，工艺精湛。

1．陶瓷

中国陶瓷生产历史悠久，早在六、七千年前的新石器时代，中华民族的祖先就开始烧制各种陶器器皿。商代中期，原始瓷器问世。陶器是用黏土成型，经 700～800℃ 的炉温焙烧而成的无釉或上釉的日用品和陈设品。中国著名的陶器有江苏宜兴的紫砂陶、山东淄博的雨点釉陶、河南洛阳的仿唐三彩陶和四川会理绿陶等。瓷器是以精选或淘选的瓷土为原料，经 1 200℃ 以上的高温焙烧而成的器皿。中国一直被誉为“瓷器之国”，著名瓷器有江西景德镇瓷器（见图 8—11）、湖南醴陵的釉下彩陶、福建德化的白瓷、浙江龙泉的青瓷、河南禹县的钧瓷等。

2．染织

染织是染和织的合称。染即染色，织即织造、织花。中国染织工艺品著名的有蜡染、丝绸、缂丝、地毯等。如今，土家族和苗族地区的蜡染很有特色。中国是世界上最早发明丝织的国家，早在公元前 3 世纪，就以盛产丝织物而闻名于世，被誉为“丝国”。当代三大名锦为南京的云锦（见图 8—12）、四川的蜀锦和苏州的宋锦。缂丝是中国传统的采用通经断纬织出花纹的丝织工艺品之一，最著名的缂丝是苏州缂丝。

图 8—11　景德镇瓷器

图 8—12　云锦

3．刺绣

刺绣是用针引线在绣料上穿刺出一定图案和色彩花纹的装饰织物，是中国著名的传统工艺，被誉为“东方艺术明珠”。苏州的苏绣（见图 8—13）、湖南的湘绣、广东的粤绣、四川的蜀绣被誉为我国四大名绣。

4．漆器

中国自古盛产生漆，漆器制作始于六七千年前，是用天然生漆涂在各种器物表面，制成具有透明、发亮、防腐、耐酸碱等特点的各种制品。当代漆器以北京雕漆、扬州镶嵌漆器、平遥推光漆器、福州脱胎漆器、成都雕嵌填彩漆器、甘肃天水雕填漆器、贵州大方皮胎漆器为典型代表。

5．金属工艺品

金属工艺品是用金、银、铜、铁、锡等金属为原料，采用掐、錾、点抽、烧制、镶嵌等工艺制成的各种富丽堂皇或清雅实用的工艺品。铜器工艺品主要有北京景泰蓝（见图 8—14）和云南会泽斑铜等；金银器工艺品主要有成都银丝制器和蒙古族银器；锡器工艺品主要有云南个旧锡制品和福建锡雕；铁器工艺品主要有安徽芜湖铁画、浙江龙泉钢剑、新疆英吉沙小刀和藏腰刀。

图 8—13　苏绣

图 8—14　北京景泰蓝

6．雕塑工艺品

雕塑工艺品是中国工艺美术品中种类最多的一类，包括玉雕、石雕、竹刻和泥塑等。玉雕（见图 8—15）亦称玉器，是我国的特种工艺品之一。距今 7 000 年的新石器时代就有玉制工具，玉器是由玉制工具发展而来的。著名的玉雕有北京玉雕、扬州玉雕、苏州玉雕和甘肃酒泉的夜光杯。石雕中，以我国三大佳石福建寿山田黄石、浙江青田冻石和浙江昌化鸡血石为原料的艺术品十分独特而珍贵。竹刻是以竹为原料雕刻成的各种艺术品，以湖南邵阳翻篢竹刻、上海嘉定竹刻、浙江黄岩翻篢竹刻等最为著名。泥塑是用泥做原料，在黏土中掺入少许棉花纤维，捣匀后捏成各种人物、动物的泥坯，经阴干后制成，若再上粉底，施以彩绘，则为彩塑。泥塑的典型代表有无锡惠山泥人和天津“泥人张”彩塑。

图 8—15　玉雕

7. 文房四宝

笔、墨、纸、砚素称“文房四宝”，而浙江湖州的湖笔、安徽歙县和休宁的徽墨、安徽泾县的宣纸和广东肇庆的端砚，被称为“文房四宝”之首。

知识链接

四大名砚

最古老的砚在战国时就已经产生了。它是由一块较大的圆饼形石头和一小块石头相互配合使用，把最原始的墨放在大石头上，加水用小石头来研磨。唐宋时是砚发展的鼎盛时代。如今我国的四大名砚是广东肇庆的端砚、江西婺源的歙砚、甘肃洮河的洮河砚和山西新绛的澄泥砚，其中以端砚和歙砚最负盛名。

8. 木版年画

木版年画是中国民间美术中颇具特色的一个艺术门类。刻制、张贴木版年画从早期的神祇信仰、驱邪祈福，逐渐发展为增添喜庆气氛、装点家庭环境的节日风俗活动，表达了民众传统朴素的思想情感和向往美好生活的愿望。木版年画出现于雕版印刷术发明之后的宋代。著名年画产地主要有天津杨柳青（见图 8—16）、江苏苏州桃花坞和山东潍坊杨家埠。

五、民族服饰

服饰包括两部分：一部分为服装，即衣、裤、裙、鞋、袜等；一部分为头、手、颈、胸、足等人体部位所佩戴的各种饰物。人类早在石器时代便已有衣服和饰物，这说明服饰的作用首先是遮羞和美化自己。在服饰的发展进程中，服饰也成为身份、地位、职业的重要标志。而在旅游活动中，民族服饰和身体修

图 8—16　天津杨柳青木版年画

饰是民族文化中最易被人觉察、最具魅力的组成部分之一，很多时候单凭服饰便可判断某人的民族成分或了解其所传递的信息。以下简单介绍几种传统民族服饰。

图 8—17　旗袍

1．旗袍

旗袍（见图 8—17）起源于十六世纪中期满族人民的民族服饰，因当时是旗人穿着，故称“旗袍”，如今中国妇女爱穿旗袍是因为旗袍造型与妇女体型相适合，线条简练，优美大方，以其浓郁的民族风格，体现了中华民族传统的服饰美。旗袍不仅成为中国女装的代表，也被公认为“东方传统女装”的象征。

2．蒙古族服饰

蒙古族服饰（见图 8—18）可分为首饰、长袍、腰带、靴子四个组成部分。首饰是蒙古族妇女用于头上的装饰品，一般用玛瑙、珍珠、宝石、金银制成，多在逢年过节、探亲访友时使用。平时，牧区女子多用红、绿等色的长绸子缠在头上。蒙古族男女老幼都喜爱穿长袍。这种袍子宽大袖长，下端左右一般不分岔，领子较高，纽扣在右侧，领口、袖口、边沿常用漂亮的花边点缀。腰带是穿蒙古袍必备的。靴子尖稍向上翘起，上至膝盖，可防风防寒。

图 8—18　蒙古族服饰

3. 苗族服饰

各地苗族服饰有不同特点，以贵州东南的苗族妇女服饰（见图 8—19）特点更为突出。她们多将银饰钉在衣服上，称为“银衣”，头上戴着形如牛角的银质头饰，高达尺余，独具特色。有的苗族妇女盛装上的银饰重近 10 千克。

图 8—19　苗族服饰

4．藏族服饰

藏袍（见图 8—20）是藏族的主要服装，有明显的高原民族特色。长及脚面，袖子宽大而长，既无口袋，亦无纽扣，穿时只要在腰间束一根带子，日常用品诸如木碗、小糌粑袋等可放在胸前。藏族妇女喜爱的饰物是“帮典”，意为围裙，它是羊毛织品，色彩鲜艳，编织精密。

图 8—20 藏族服饰

5．傣族服饰

傣族男子一般上着无领对襟或大襟小袖短衫，下着长裤，冷天外披毛毡，多用白布或蓝布包头，男子文身的习俗很普遍。妇女的服饰（见图 8—21）虽上身衣服各地有所不同，但下身普遍着花筒裙，裙大都长至脚。

图 8—21 傣族服饰

图 8—22 纳西族服饰

6．纳西族服饰

云南丽江地区纳西族妇女服饰（见图 8—22）极具民族特色，上身穿宽腰大袖大褂外加坎肩，下穿长裤，系百褶围裙，脚穿绣花鞋，在领、袖、襟等处绣有花边，衣料多为蓝、白、黑三色，以黑为贵。劳动或出门披黑羊皮七星披肩。过去在披肩的肩部缀有两个大圆布圈代表日、月，背上并排缀着七个小圆布圈，垂穗七对，用丝线绣成各种图案，俗称“披星戴月”，象征着辛勤劳动。

六、购物美食

1．名街名店

旅游途中，能够购买到称心如意的商品或纪念品是许多游客的愿望，著名的商业街及街上的知名商店往往是游客们必到和流连忘返之处。

（1）北京王府井

王府井大街（见图 8—23）是北京著名的商业区，有“中国第一街”之称。它的历史可以追溯到辽金时代，明代便有商贩在此搭棚设摊，后逐渐繁荣，在北京享有“金街”的美誉。王府井大街的南口紧邻著名的长安街，由南向北全长 810 米、宽 40 米，大街两侧分布着 760 多家大大小小的商店，百年老店、名店、特色商店交错林立，互为衬托，商业服务设施总建筑面积达到 150 万平方米。

图 8—23　王府井大街

王府井大街犹如一座博物馆，它汇聚着博大精深的传统文化。同升和、盛锡福、瑞蚨祥、东来顺、全聚德、翠华楼等诸多老字号记录着历史的沧桑巨变。王府井大街更像一个万花筒，新东安市场、北京百货大楼、工艺美术服务部、新中国儿童用品商店、东方新天地等老店新商更显出现代化商业中心区的恢宏气势。

（2）上海南京路步行街

上海素有“东方巴黎”的美称，旅游者到了上海，除了要领略大都市的风光外，还要疯狂购物一番，上海南京路步行街（见图 8—24）是每个旅游者的必到之地。上海南京路步行街西起西藏中路，东至河南中路。这条步行街是国庆 50 周年时落成的，使百年南京路焕然一新，成为上海又一处靓丽的城市新景观。

图 8—24　上海南京路步行街

（3）南京新街口

南京新街口现有的商业街区面积为 0.275 平方千米，1 600 余户大小商家星罗棋布。在南京市的几大商圈中，新街口商圈在设施、商品、价格和服务方面具有明显的优势。

（4）苏州观前商业街

苏州古城区的观前街开始成为商业街，是在清末和民国时期。这条农耕经济培育出来的商业街，百店林立，繁荣一时。现在的观前街，东西长 800 米，南北长 700 米，占地 58.3 万平方米，共有 40 条街巷，人、建筑、环境和谐融合，展示出现代都市的休闲特色和特有的姑苏氛围。

知识链接

中国十大著名商业街

中国步行商业街工作委员会对全国30多个城市的商业街进行调查和评定，产生了首批中国十大著名商业街，入选首届中国著名十大商业街的是：北京王府井大街、上海南京路、南京新街口、苏州观前街、沈阳中街、大连天津街、芜湖中山路、长沙黄兴街、乌鲁木齐中山路、天津和平路。

2．风味美食

品尝风味美食，是旅游者旅游过程中不可缺少的内容。品尝风味美食的目的不在果腹，而在获得特殊的精神享受。

当今世界，中国烹饪、法国烹饪和土耳其烹饪，被认为是三大烹饪流派的代表，中国烹饪由于历史最悠久、特色最丰富、文化内涵最为博大精深，使用人口最多等特点而首屈一指。

中国烹饪风味流派依地域不同，有四大菜系之说，即山东（鲁）、淮扬（苏）、四川（川），广东（粤）。又有“八大菜系”之说，即四大菜系再加上浙江（浙）、安徽（徽）、湖南（湘）、福建（闽）四个菜系。

（1）山东风味

鲁菜的特点是注重以当地特产为条件选料，味型以咸鲜为主，善于用葱香调味。鲁菜代表菜有爆双脆、葱爆海参、九转大肠、清汤燕菜等。鲁菜的面点小吃品种繁多，以面制品最具特色，其中福山抻面、周村酥烧饼、济南扁食、潍县杠子头火烧等较为著名。

（2）四川风味

川菜的特点是取料广泛，味型丰富，百菜百味，擅长麻辣、鱼香、怪味等。川菜代表菜有宫保鸡丁、麻婆豆腐、鱼香肉丝、水煮肉片、干煸牛肉丝、怪味鸡块等。川菜的面点小吃制法多样，味型多样，以钟水饺、赖汤圆、灯影牛肉等较为著名。

（3）江苏风味

苏菜的特点是取料不拘一格而物尽其用，重鲜活，调味重清爽、鲜淡、平和。苏菜代表菜有三套鸭、清炖狮子头、叫花鸡、松鼠鳜鱼（见图8—25）、生炒蝴蝶片、霸王别姬等。苏菜的面点小吃荤素兼备，清淡而咸淡适中，造型多而美观，以蟹黄汤包、常熟莲子血糯饭、芙蓉藿香饺、黄桥烧饼等较为著名。

(4) 广东风味

粤菜的特点是取料广博、奇杂而重“生猛”，调味重清脆、鲜爽、嫩滑而突出原味。粤菜代表菜有三蛇龙虎会、白云猪手、白焯螺片、东江盐焗鸡、瓦罉煀水鱼等。粤菜的面点小吃花色品种丰富。制作精细，味型多样，以各式月饼、糕点、粥品、蟹黄灌汤饺、鸡仔饼等较为著名。

图 8—25　松鼠鳜鱼

(5) 浙江风味

浙菜的特点是味美滑嫩，色彩鲜明，脆软清爽，菜式小巧玲珑。浙菜代表菜为西湖醋鱼、东坡肉（见图 8—26）、龙井虾仁、干菜焖肉等。浙菜的面点小吃以虾爆鳝面、宁波汤圆、猫耳朵、五芳斋粽子等较为著名。

图 8—26　东坡肉

(6) 福建风味

闽菜的特点是以炸、熘、焖、炒、炖、蒸为特色，尤以烹饪海鲜见长，具有鲜、淡、香、烂，稍带甜、酸、辣的独特风味。闽菜代表菜为佛跳墙、炒西施舌、沙茶焖鸭块、梅开二度等。闽菜的面点小吃以蚝煎、薄饼、手抓面、锅边糊等较为著名。

(7) 湖南风味

湘菜的特点是制作精细，用料广泛，讲究原料的入味，且重油、重辣。湘菜代表菜有麻辣仔鸡、生溜鱼片、腊味合蒸、板栗烧菜心等。湘菜的面点小吃以火宫殿臭豆腐、姊妹团子、健米茶、大边炉等较为著名。

(8) 安徽风味

徽菜的特点是重油、重色、重火工。徽菜代表菜有葡萄鱼、黄山炖鸽、问政山笋、符离集烧鸡等。徽菜的面点小吃以寿县大救架、合肥鸡血糊、和县霸王酥、芜湖虾子面等较为著名。

知识链接

北京烤鸭

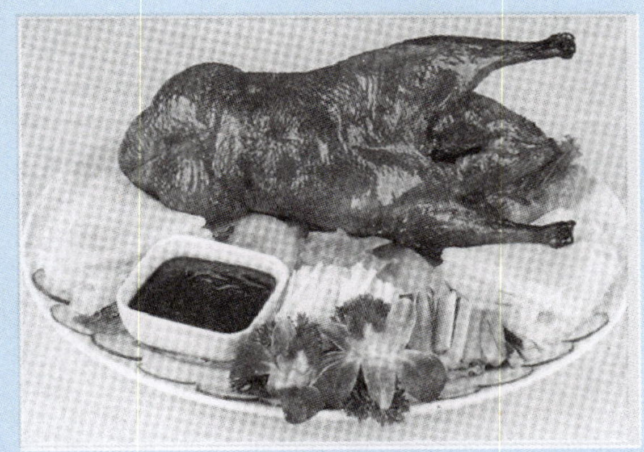

图 8—27　北京烤鸭

北京烤鸭历史悠久，早在南北朝的《食珍录》中就有“炙鸭”的记载。地道的“北京烤鸭”，则始于明朝。15 世纪初，明代迁都北京，烤鸭技术也带到北京，并得到进一步发展。清代同治三年，北京出现了“全聚德”烤鸭店，从此“北京烤鸭”就驰名中外。此菜驰名全国，并流传到世界上许多国家，现已成为世界闻名的菜肴，被许多外宾誉为“天下第一美味”（见图 8—27）。北京烤鸭以北京填鸭为主料，经烤制而成．其特点是色泽红润，皮脆肉嫩，腴美醇香。北京烤鸭的吃法有多种，通常是将烤熟的鸭子趁热片成片（可以皮肉不分，片片带皮带肉，也可以皮肉分开，先片皮后片肉），蘸甜面酱，加葱白、黄瓜条，用特别的荷叶饼卷着吃；也可将酱油和蒜泥拌匀，同烤鸭肉一起用饼卷着吃；喜食甜的，可以蘸白糖吃；用空心芝麻烧饼夹烤鸭肉吃，味道也极佳。片净肉的鸭架还可以加白菜、冬瓜煮汤，别有风味。

课堂讨论

● 我国各地的风味美食有很多，谈谈自己家乡的风味美食，交流其特色、味道，并讨论其对游客的吸引力如何。

思考与练习

1. 民俗风情为什么对旅游者具有吸引力？
2. 简述你所知道的世界和中国的有特色的节日。
3. 蒙古族服饰与藏族服饰有哪些差别？
4. “八大菜系”是指哪八大菜系？各有些什么代表菜？
5. 简述苗族服饰的特点。

第九章 文学艺术旅游资源

文学艺术是指那些源于生活而又高于生活，以非物质形式表现为主的审美性文化产品。文学艺术的形式极为多样，包括诗词、小说、游记、散文、楹联、神话传说、音乐、舞蹈、戏剧、绘画、雕塑、书法、影视等。同时，文学艺术也是一项极富感染力、充满着无穷艺术魅力的旅游资源。中国文化源远流长，独特精湛，为广大旅游者提供了一座富有旅游吸引力的艺术宝库。

学习目标

☆ 掌握文学艺术旅游资源的特点和功能。

☆ 掌握旅游文学作为旅游资源的特点和价值。

☆ 掌握碑文石刻作为旅游资源的特点和价值。

第一节　文学艺术旅游资源的特点和功能

一、具有广泛的群众性和强烈的感染力

文学艺术是人类文化的重要组成部分，同其他旅游资源相比，文学艺术在内容上更接近生活，更充满作者的激情，更能引起人们心灵的共鸣；在形式上更为直观，更易为广大游客所喜爱和接受。而且，文学艺术在形式上多姿多彩，可满足不同类别游客的欣赏口味。尤其是不同艺术形式之间可相互转换：小说可改编为电影、戏剧，诗词可改编为音乐、绘画等，使文学艺术具有了长久不衰的艺术感染力，这是文学艺术区别于其他旅游资源的一大特点。

二、导致旅游资源的产生

1．文学艺术直接构成旅游资源

文学艺术中的摩崖题刻、雕塑、影视作品等形式，自身就是极具吸引力的旅游资源。例如，到海南三亚旅游，人们最留恋的是“天涯海角”刻石（见图 9—1），到泰山也绝不会错过观赏“纪泰山铭”和“经石峪”等题刻（见图 9—2）。而雕塑更是西方城市最引人注目的旅游资源，如罗马的城徽母狼哺婴图案，布鲁塞尔的“第一市民”塑像，丹麦首都哥本哈根的美人鱼铜像等，都被视为所在城市的标志。

图 9—1　三亚“天涯海角”的“天涯”刻石

2．借助文学艺术的魅力而产生旅游资源

例如，晋代陶渊明的《桃花源记》描绘了一个美好的世外桃源，一直为人们所向往。因此，湖南桃源县一个风光优美的旅游地便被逐渐按照陶渊明的描写建成了“桃花源”。

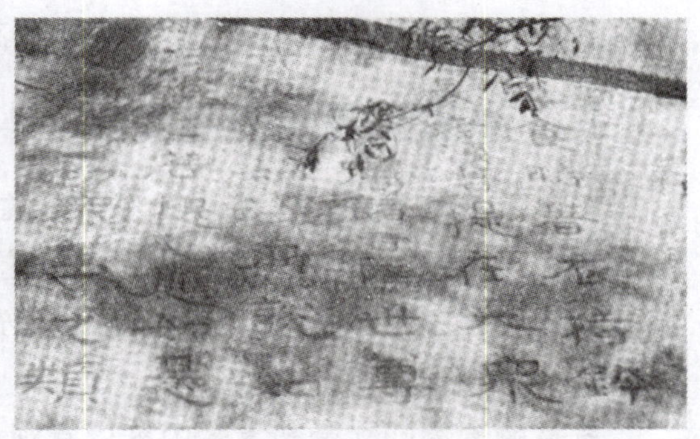

图 9—2　泰山经石峪（局部）

又如，三国时赤壁大战实际发生于蒲圻赤壁。而北宋大文豪苏轼当年贬居黄州时，常在黄州的赤鼻矶游憩，此地断崖临江，形势险要，他诗兴大发，先后写下了《前赤壁赋》和《后赤壁赋》，成为千古佳作（见图 9—3）。由于文学的渲染，以至黄州赤鼻矶竟名在真正的赤壁之上，人们不得不称蒲圻赤壁为“武赤壁”，称黄州赤鼻矶为“文赤壁”或干脆称“东坡赤壁”，以示区别，可见苏轼作品影响之大。其他如《红楼梦》与大观园、《西游记》与花果山、《西厢记》与普救寺、《水浒传》与梁山泊等，都是借助文学艺术的魅力而产生的旅游资源，类似的例子举不胜举。

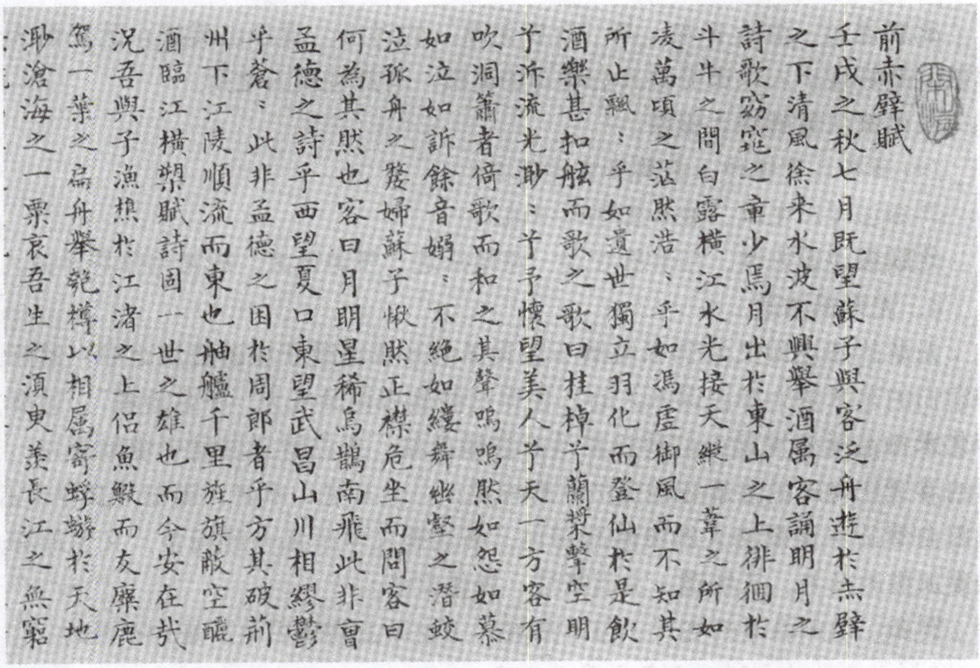

前赤壁賦
壬戌之秋七月既望蘇子與客泛舟遊於赤壁
之下清風徐來水波不興舉酒屬客誦明月之
詩歌窈窕之章少焉月出於東山之上徘徊於
斗牛之間白露橫江水光接天縱一葦之所如
凌萬頃之茫然浩浩乎如馮虛御風而不知其
所止飄飄乎如遺世獨立羽化而登仙於是飲
酒樂甚扣舷而歌之歌曰桂棹兮蘭槳擊空明
兮泝流光渺渺兮予懷望美人兮天一方客有
吹洞簫者倚歌而和之其聲嗚嗚然如怨如慕
如泣如訴餘音嫋嫋不絕如縷舞幽壑之潛蛟
泣孤舟之嫠婦蘇子愀然正襟危坐而問客曰
何為其然也客曰月明星稀烏鵲南飛此非曹
孟德之詩乎西望夏口東望武昌山川相繆鬱
乎蒼蒼此非孟德之困於周郎者乎方其破荊
州下江陵順流而東也舳艫千里旌旗蔽空釃
酒臨江橫槊賦詩固一世之雄也而今安在哉
況吾與子漁樵於江渚之上侶魚蝦而友麋鹿
駕一葉之扁舟舉匏樽以相屬寄蜉蝣於天地
渺滄海之一粟哀吾生之須臾羨長江之無窮

图 9—3　文徵明所书《前赤壁赋》（局部）

此外，因某部文学名著或某种艺术可以形成隆重的节日。这些节日同时也是重大旅游活动。例如，意大利因《木偶奇遇记》而形成的木偶节、奥地利维也纳的国际音乐节、中国潍坊的国际风筝节、美国的奥斯卡金像奖评奖活动、法国的戛纳电影节、德国的柏林电影节、意大利的威尼斯电影节、俄罗斯的莫斯科电影节等，节日期间都会形成旅游的高潮。

三、渗透到各类旅游资源之中

文学艺术作为一种艺术形式，可以独立存在，但作为旅游资源，多数时候是渗透于其他旅游资源之中，从而赋予这些旅游资源浓厚的文学色彩，使其更具艺术感染力。这种渗透可分为有形的渗透和无形的渗透两种情况。

1．有形的渗透

有形的渗透即文学艺术的内容以直观的形象出现于其他各类旅游资源之中。例如，楹联、匾额、书画、题刻等历来是中国古建筑中的点睛之笔，这些艺术形式或内容精辟，或富含哲理，或书法精湛，或言辞隽永，从而增添建筑的文化内涵，赋予其高度的艺术鉴赏价值。

例如，杭州西湖岳飞墓前楹联：

“青山有幸埋忠骨，
白铁无辜铸佞臣。”

此联通过“青山有幸”与“白铁无辜”的对比，揭示出英雄永远受到人们尊敬，而奸佞小人永远受到人们唾骂的真理，有箴世规人之用。

又如武汉黄鹤楼之楹联：

“一楼萃三楚精神，云鹤俱空横笛在；
二水汇百川支流，古今无尽大江流。”

此联虽为景物联，但形胜壮观，意境深远，气势博大，故常用作导游词。

2．无形的渗透

无形的渗透即文学艺术虽然不以具体的形象出现于旅游资源之中，然而由于它们的艺术魅力早已深入人心，使得这些旅游资源成为“千古胜景”。这类文学艺术作品能激发起人们前往某地旅游的愿望，或在游览过程中增加游兴。无形的渗透比有形的渗透范围更广、影响更大。尤其是山水诗、游记等文学作品，皆因自然山水激发诗人的灵感而写出，而这些文学作品一经问世，又使原有景点更加显胜扬名。正所谓：文因景成，景借文传。

例如，杭州西湖的名气，与苏东坡的《饮湖上初晴后雨》是分不开的：

“水光潋滟晴方好，山色空蒙雨亦奇。
欲把西湖比西子，淡妆浓抹总相宜。”

寥寥数语，写尽了西湖千变万化的景象，并使其获得“西子湖”的美誉。

苏州寒山寺，寺并不大，景亦平常，但自唐朝至今，香火不绝，游人不断。奥妙就是因唐朝诗人张继的一首《枫桥夜泊》让它出尽了风头（见图 9—4）：

“月落乌啼霜满天，江枫渔火对愁眠。

姑苏城外寒山寺，夜半钟声到客船。”

鼎鼎有名的江南三大名楼都是因一文而扬名。

岳阳楼自唐开元盛世建成之后，李白、杜甫、白居易等大诗人都曾在此临风赋诗，但真正使它扬名的则是北宋名臣范仲淹的《岳阳楼记》（见图 9—5）。范仲淹不仅写景出色，更因他忧国忧民的崇高思想，留下了“先天下之忧而忧，后天下之乐而乐”的千古名句，因而文垂千古，景亦流芳百世。

月落乌啼霜满
天江枫渔火对愁眠
姑苏城外寒山寺夜
半钟声到客船
唐张继诗 陈锡山

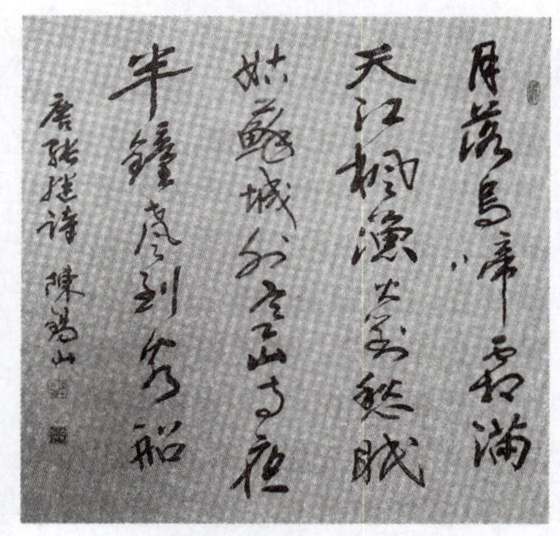

图 9—4　陈锡山所书《枫桥夜泊》

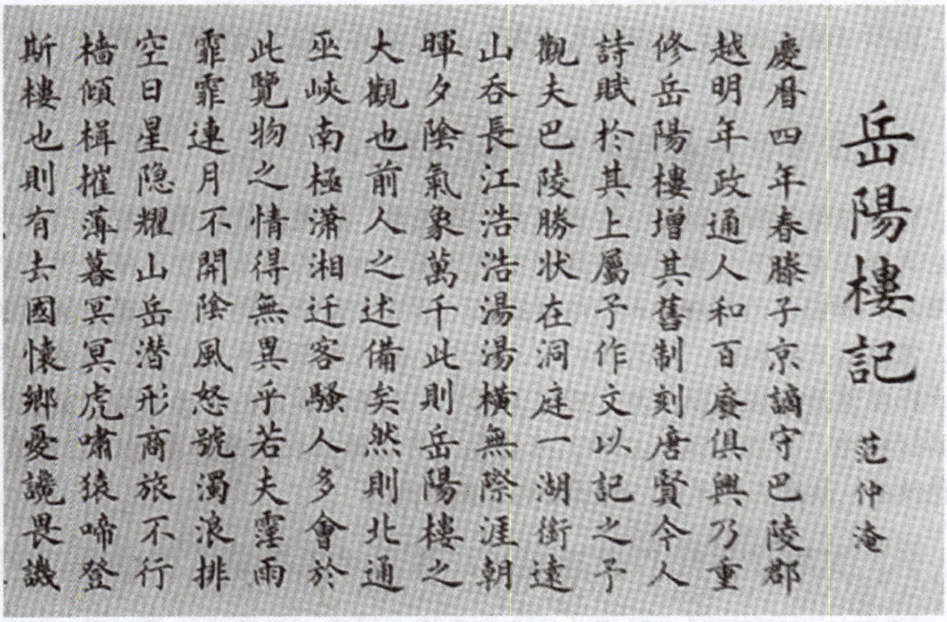

岳陽樓記
范仲淹
慶曆四年春滕子京謫守巴陵郡
越明年政通人和百廢俱興乃重
修岳陽樓增其舊制刻唐賢今人
詩賦於其上屬予作文以記之予
觀夫巴陵勝狀在洞庭一湖銜遠
山呑長江浩浩湯湯橫無際涯朝
暉夕陰氣象萬千此則岳陽樓之
大觀也前人之述備矣然則北通
巫峽南極瀟湘遷客騷人多會於
此覽物之情得無異乎若夫霪雨
霏霏連月不開陰風怒號濁浪排
空日星隱耀山岳潛形商旅不行
檣傾楫摧薄暮冥冥虎嘯猿啼登
斯樓也則有去國懷鄉憂讒畏譏

图 9—5　周作炳所书《岳阳楼记》（局部）

武汉黄鹤楼则是因唐朝诗人崔颢的七律《黄鹤楼》而扬名：

“昔人已乘黄鹤去，此地空余黄鹤楼。

黄鹤一去不复返，白云千载空悠悠。

晴川历历汉阳树，芳草萋萋鹦鹉洲。

日暮乡关何处是，烟波江上使人愁。”

这首诗一经写出，就被认为是题黄鹤楼的千古绝唱。相传诗仙李白登黄鹤楼见此诗，也叹而搁笔。

南昌滕王阁更是因一篇鸿文而名垂青史，蜚声中外。滕王阁本是唐太宗之弟李元婴所修，建成之初，默默无闻。但过了22年之后，因初唐四杰之一的王勃写了一篇才华横溢的《滕王阁序》（见图9—6），局面立即改观。滕王阁俨然成为一个文学聚会中心，文人墨客莫不以登临此阁为人生快事。在此后的1 300多年岁月里，滕王阁屡毁屡建，共经历过近30次重修，造型越建越美，声誉越建越高。究其原委，皆因《滕王阁序》本身的艺术魅力及王勃写《滕王阁序》时所留下的千古佳话。

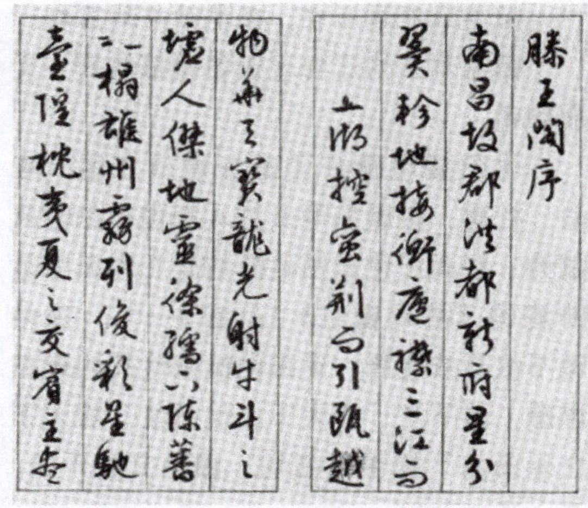

图 9—6　文徵明所书《滕王阁序》（局部）

四、文学艺术具有旅游审美的作用

旅游过程实质上就是一个追求美、发现美、欣赏美的审美过程。历代文人雅士具有较高的文化素质和较高的审美水平，他们的旅游活动伴随着强烈的审美渴求。他们以艺术家特有的敏锐眼光，捕捉大自然之美，尤其是能捕捉到一般人常熟视无睹的美，以艺术的手法道出一般人常言而不达之意。并通过文学艺术作品营造出或清丽淡雅，或雄浑博大，或幽深邈远的审美意境。旅游者在旅游过程中，借助于这些文学艺术作品，可唤醒自己的审美意识，启发想象，催化情感，获得美的享受，从而达到审美的目的。

五、文学艺术修养是旅游从业者尤其是导游人员必备的素质

“腹有诗书气自华”。对旅游从业者来说，提高文学艺术修养，不仅可以激发爱国情感，陶冶情操，还能净化人的心灵，鼓舞人的精神，培养高雅的气质，从而提高服务水平和服务质量，提升服务档次。

导游人员在旅游活动中担负的主要任务就是为游客提供导游和讲解服务。要完成好这一任务，导游人员必须具备较高的文学艺术修养，掌握与旅游景点相关的历史典故、风物传说等，尤其要掌握有关的文学知识。眼前的景物，游客同导游人员一样能看得到，但要讲出美之所在，就要求导游人员能将游客看不到的文化背景、历史佳话、奇闻趣事等用文学的语言来做生动的讲解。让游客在观景的同时，深入了解相关的典故传说等背景知识，既能提高游兴，又能

开阔视野，增长知识。这对于历史古迹游览地尤为重要。如在西安汉唐皇宫遗址，呈现在游客面前的不过是一些断壁残垣。有的导游人员竟能旁征博引有关诗词歌赋、历史典故，滔滔不绝地讲述两个多小时，足以令人发思古之幽情，兴无穷之感叹。又如我国的“古三国旅游”和“古丝绸之路”等游览线路，沿途历史古迹、遗址众多，历史典故知识浩如烟海，更需要导游人员掌握有关的历史文学知识，具有较高的文学艺术修养，才能真正起到导游的作用。

专题活动

搜集与学校附近著名旅游景点有关的文学作品，尝试阅读、欣赏，并背诵。

第二节　文学艺术旅游资源的类别

一、旅游文学

旅游文学是以旅游生活为反映对象，抒发旅游者在整个旅游过程中的感受、情绪和审美情趣的文学作品，具有旅游性、文学性、地理性、知识性、审美性及抒情性的特点。旅游文学的体裁形式多样，包括山水诗、游记散文、楹联匾额、碑文石刻、神话传说等。

1．山水诗

山水诗通过对山水景物、田园风光等的描写，借景生情，抒发作者对祖国大好河山、名胜古迹的赞颂。山水诗语言简洁凝练，含蓄而有韵律，读起来朗朗上口，韵味无穷，具有独特的艺术风格和优美的艺术情趣，给人以无穷的美的享受。

我国山水诗的发展，始于南北朝的谢灵运。他一生遍游永嘉、新安、会稽、匡庐等名胜，写有“池塘生春草，园柳变鸣禽”和“野旷沙岸净，天高秋月明”等不少佳句，开我国山水诗之先河，被称为山水诗的鼻祖。

唐代开始有了较完善的科举制度，文人入京应试，少不了翻山涉水，大大开拓了游览的途径，游览之作如群星灿烂。李白、杜甫、王维、孟浩然、白居易……皆留下了大量诗词歌赋。尤其是王维的诗，描绘风光特别潇洒和优美。如“江流天地外，山色有无中”“明月松间照，清泉石上流”（见图9—7）“欲投人处宿，隔水问樵夫”，被后人赞曰“诗中有画，画中有诗”，把我国山水诗发展推向一个新高峰。

图9—7 王维诗意

宋代山水诗不仅描山状水，且蕴含哲理，使游人在欣赏景色之余，又得到理性的启迪。如苏轼的《题西林壁》中“不识庐山真面目，只缘身在此山中”，道出了“当局者迷，旁观者清”的道理。再如王安石的《登飞来峰》中：“不畏浮云遮望眼，只缘身在最高层”，早已成为激励人们奋发向上的至理名言。又如陆游的《游山西村》“山重水复疑无路，柳暗花明又一村”，千古传诵，皆因它不仅生动地描写了深山野谷的山村风光，更富含深刻的哲理。

2．游记散文

游记是一种以旅途的山水景物、名胜古迹为描写对象的文学体裁。我国游记散文的创作源远流长，晋代僧人慧远的《庐山诸道人游石门诗序》可说是我国古代游记中最早的作品。之后，陶渊明的《桃花源记》、郦道元的《水经注》、柳宗元的《永州八记》、欧阳修的《醉翁亭记》、范仲淹的《岳阳楼记》、袁宏道的《虎丘记》、袁枚的《游黄山记》等源源不断，都是游记文学的上乘之作。这些游记不仅描绘山川景物，揭示自然之美，更寓情于景，寓理于景，给游人以莫大的人生启迪。如王安石《游褒禅山记》中的一段：

夫夷以近，则游者众；险以远，则至者少。而世之奇伟、瑰怪、非常之观，常在于险远，而人之所罕至焉。故非有志者不能至也。有志矣，不随以止也。然力不足者，亦不能至也。有志与力，而又不随以怠，至于幽暗昏惑而无物以相之，亦不能至也。

这岂止是对旅游而发的感慨，人生的道路不也正是如此吗？

3．楹联匾额

我国寺庙园林、名胜古迹多有楹联匾额，往往寥寥几句，就把当地极有特色的景、物、人、事表现出来，或描绘祖国山川的壮丽景象，或歌颂历代名人的轶闻趣事，或记事铭志，或评古论今，或写景抒怀……往往对风景起到画龙

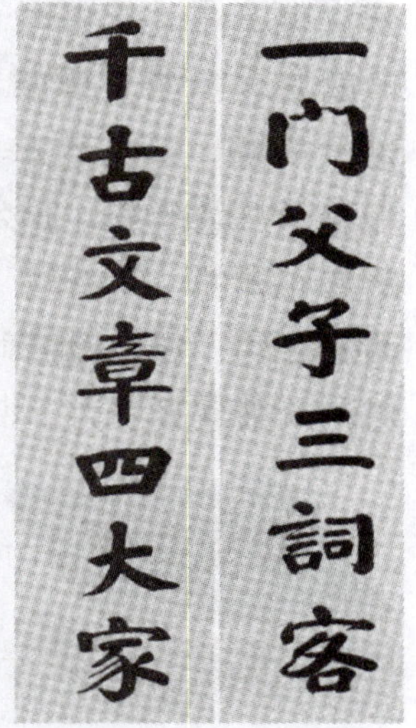

图 9—8　四川眉山三苏祠正门对联

点睛的作用。如长城山海关对联：

“两京锁钥无双地，
万里长城第一关。”

这副对联简明扼要地点出了山海关的特点：地势险恶，气象雄伟，一关雄踞，万夫莫开。

又如四川眉山三苏祠的对联（见图 9—8）：

“一门父子三词客，
千古文章四大家。”

这副对联评述了三苏父子在我国文学史上的地位，及其产生的深远影响。

再如滇池大观楼长联：

“五百里滇池，奔来眼底。披襟岸帻，喜茫茫空阔无边。看：东骧神骏，西翥灵仪，北走蜿蜒，南翔缟素。高人韵士，何妨选胜登临。趁蟹屿螺洲，梳裹就风鬟雾鬓；更苹天苇地，点缀些翠羽丹霞。莫辜负：四围稻香，万顷晴沙，九夏芙蓉，三春杨柳。

数千年往事，注到心头。把酒凌虚，叹滚滚英雄谁在？想：汉习楼船，唐标铁柱，宋挥玉斧，元跨革囊。伟业丰功，费尽移山心力。尽珠帘画栋，卷不及暮雨朝云，便断碣残碑，都付与苍烟落照。只赢得：几杵疏钟，半江渔火，两行秋雁，一枕清霜。”

上联写景，但写景中有抒情，滇池风光充满诗情画意；下联记事，记事中生议，历数云南历史变迁，揭示了历史必然前进的客观规律。此对联对仗工整，意境高超，字句洗练，气势不凡，被誉为“海内第一佳长联”。

更有妙趣横生的叠字联，回文联等。如山海关孟姜女庙对联：

“海水朝朝朝朝朝朝朝落，浮云长长长长长长长消”。

同字异音，构思巧妙，内含哲理，意味深长。游客至此，欣赏海水与浮云之变化，联想孟姜女哭长城的悲壮故事，莫不流连忘返。

又如杭州西湖：

“山山水水处处明明秀秀，晴晴雨雨时时好好奇奇。”

好一幅迷人的西湖风景，与苏东坡笔下的西湖景色有异曲同工之妙。若将这副对联倒念：“秀秀明明处处水水山山，奇奇好好时时雨雨晴晴。”仍是一幅迷人的山水图画。正看反读，都具韵味，妙趣横生。

4．神话传说

流传于祖国各地，特别是风景名胜区的优美的神话传说和民间故事，把自然风景美和人文特色美巧妙而协调地结合起来，更增添风景名胜区的魅力。如我国著名的四大传说——石宝寨“女娲补天”的传说、嵩山“启母石”及大禹治水传说、山海关孟姜女哭长城的传说、杭州西湖“白蛇传”的传说，使传说地更添奇妙色彩。此外，如西安华山的“劈山救母”、长江三峡的“巫山神女”、路南石林的“阿诗玛”、洞庭君山的“柳毅传书”、陕西白水的“仓颉造字”、陕西骊山的“烽火戏诸侯”等传说，无不具有深厚的民间基础和浓郁的民族特色，对游人极富吸引力，也使传说地更具旅游价值。

知识链接

美丽传说

1. 巫山神女的美丽传说

游客乘船从巫峡穿行时，会发现群山之中有一人形石柱，恰似一位亭亭玉立的少女，那便是传说中的神女。相传大禹治水时，三峡中有十二条恶龙在此兴风作浪，危害人民。玉皇大帝的小女儿天女瑶姬知道后邀众姐妹下凡，斩了十二条恶龙，并向大禹授天书，帮助大禹疏通了三峡河道，消除了水患。但三峡地区滩多水急，其险无比，经常造成过往船只船翻人亡。瑶姬及十二姐妹便自愿守护在三峡两岸，为过往的船只导航指引方向，化为十二座山峰。这就是今天人们所见的巫山十二峰，其中最富诗情画意的神女峰便是那瑶姬的化身。多少年来，有无数的文人墨客为之倾倒，写下了洋洋的赞美之词（见图 9—9）。

图 9—9　云雾中的巫山神女峰

知识链接

2. 阿诗玛的传说

聪明、善良、美丽的彝族姑娘阿诗玛与勇敢憨厚的牧羊人阿黑相爱。头人的儿子阿支软硬兼施地追求阿诗玛并将她关进牢笼逼婚，阿诗玛坚决不从。阿黑赶来相救，妒火燃烧的阿支，放出洪水吞噬了这对恋人。最后，阿诗玛回归大自然——变成了一座美丽的石像，永驻石林（见图 9—10）。

图 9—10　路南石林中的阿诗玛

专题活动

搜集有关泰山、杭州西湖、岳阳楼及扬州市的文学艺术作品，然后与同学交流、欣赏，并背诵其中的名篇。

二、碑文石刻

遍布全国各地的碑文石刻，是一种结合了文学和书法艺术的旅游资源。我国碑文起源于周文王时期，现存最古老的碑文当属存于北京国子监的《石鼓文》。此外，碑碣数量较多的有泰山刻石、西安碑林、孔庙碑林、桂林桂海碑林等。碑碣石刻的旅游价值体现在三个方面：

其一，这些碑碣石刻所刻的文章多源出于名人名篇，或蕴含典故，耐人寻味；或富含哲理，能箴世规人；或语言凝练，能点题传神。

其二，碑文石刻的原书法多出自名家手笔，书艺精湛，令人倾倒。如泰山“五岳独尊”（见图8—11）、“秦二世刻石”“纪泰山铭”、经石峪等。再如浙江仙居风景区内的全国最大的单字摩崖石刻“佛”字，游人观之无不肃然起敬；安徽黄山岩壁上的“大好河山”四个大字，遒劲有力，与奇美的黄山相映成辉。

图 9—11　泰山石刻

其三，不少石刻作品同时还兼有历史文化价值，从而使旅游景地更具吸引力。在苏州虎丘景区，有“虎丘剑池”四个苍劲有力的大字，据说曾是唐代颜真卿所题，后“虎丘”二字经岁月侵蚀，被刻石名家章仲玉摹钩重刻才重现光彩。因此也就有了“真剑池，假虎丘”之说（见图9—12）。正是这一典故使游人的游兴大增，无一不在“虎丘剑池”摩崖石刻前驻足留影，表现出书法艺术强烈的感染力和旅游审美价值。

绍兴兰亭因书圣王羲之的《兰亭集序》而成为我国书法史上的圣地。兰亭有一鹅池碑，上书“鹅池”二字，相传为王羲之父子合书。某日，王羲之正饱墨临书，写完一“鹅”字，闻皇帝诏至，即出接诏。时其小儿子王献之八岁，见碑未写完，即提笔续上一“池”字。现细观“鹅池”二字，“鹅”字铁划银钩，字体偏瘦，而“池”字则浑厚，风格微有差别。一碑二字，父子合璧，历史上传为佳话（见图9—13）。

图 9—12　苏州“虎丘剑池”石刻

图 9—13　绍兴兰亭景区鹅池碑

思考与练习

1. 文学艺术旅游资源的特点有哪些？

2. 简述碑碣石刻的旅游价值。

3. 江南三大名楼是指哪三座著名的建筑？各是因何人何篇名作而扬名？

4. 简述与绍兴兰亭、滇池大观楼、苏州寒山寺、云南迪庆香格里拉、湖南桃花源、湖北黄州赤鼻矶等景观有关的名篇佳作。